TANGO ARGENTINO
Memoria y testimonio

García Blaya, Ricardo
    Tango argentino: memoria y testimonio . - 1a ed. - Ciudad Autónoma de Buenos Aires: Prosa y Poesía Amerian Editores, 2015.
    264p. ; 24x16 cm.

    ISBN 978-987-729-059-2

    1. Narrativa Argentina.
    CDD A863

Fecha de catalogación: 23/12/2014

Arte de portada: **Brindis de sangre**, (acrílico en tela 120 x 90 cm), por el autor.

PROSA AMERIAN Editores, 2014
Uruguay 1371 - C.A.Bs.As.
Tel: 4815-6031 / 0448
ventas@prosaeditores.com.ar

Impreso en la Ciudad Autónoma de Buenos Aires, Argentina,
enero de 2015, en Amerian S.R.L.
(011) 4815 6031 / 0448
info@ameriangraf.com.ar

ISBN Nro: 978-987-729-059-2
Hecho el depósito que marca la ley 11.723

Ricardo García Blaya

TANGO ARGENTINO
Memoria y testimonio

Apuntes sobre títulos, letras y discos

Libro auspiciado por la Academia Nacional del Tango, por The Argentine Tango Society y Todotango.com

PROSA
AMERIAN EDITORES

A María, la más mia, la cercana

ÍNDICE

Presentación

Cuando mi amigo Ricardo me pidió que aportara en la medida de lo posible, los datos discográficos y registrales de las obras que fundamentan este trabajo, no pensé que me retribuyera permitiéndome redactar esta presentación. Pero así fue y aquí estoy escribiéndola.

Ante el título, el potencial lector podría pensar: ¡Otro libro sobre el tango! Efectivamente, éste lo es, pero debemos hacer dos salvedades. En primer término, no es una mera recopilación de "letras tangueras", folletos que ciertamente abundan. Distintivamente, su enfoque se desarrolla valorando, explorando el entresijo, no sólo de algunos vocablos claves de ellas sino también de sus títulos.

¿Y qué resulta claramente evidenciado? Pues algo que a pesar de ser obvio, usualmente no se pondera debidamente: el tango es mucho más que un género musical, una danza o un cúmulo de poesías. Y mucho más también que la suma de sus tres partes constitutivas, pues ya desde su comienzo -ubiquémonos simbólicamente en el año 1900- configuró un fenómeno socio-cultural. Ello implica que el tango estaba presente, era copartícipe como si tuviese existencia propia, de la vida cotidiana de Buenos Aires. Lo cual no excluye un rol en cierta medida equivalente en muchas ciudades del interior.

En consecuencia, los acontecimientos, conmemoraciones, alegrías, tristezas, sentimientos patrióticos, tipos y costumbres características, etc, se vieron reflejados en él. Inicialmente, lo fue a través de muchos de sus títulos. Cuando hacia mediados de la década del '10 aparecen los poetas encabezados por Pascual Contursi, todas esas vivencias entran de lleno a desarrollarse en las letras. La descripción de una ecléctica selección de estas improntas, conforma el meollo de esta obra.

He dejado para el final, la segunda salvedad. Y es que las múltiples facetas abarcadas por el universo llamado "tango", siempre aceptan -y necesitan- un libro más que las explicite. A lo cual contribuye el presente caso, escrito no sólo con amor al género, pues su elaboración ha implicado la consulta de fuentes documentales, poseyendo así un mayor valor y rigor que si se tratase de una simple obra de evocación.

Enrique Binda

Palabras iniciales

Hace algunos años, los porteños nos juntábamos en el café a charlar de la política, de las minas, de los cantores, del fútbol y los caballos. Algunos muchachos la jugaban de expertos y daban cátedra de tango y poesía, otros de turf y "pedigrés", y todos opinábamos de esto y aquello. También el billar amenizaba las veladas donde no faltaban las apuestas y las gastadas (bromas) y el paño verde se convertía en el epicentro de la reunión. Otros, peregrinaban hacia los naipes y el tute, el mus y el truco, agregaban un sonido más efervescente.

Eran costumbres de una época que la modernidad fue modificando, a veces de modo cruel, acaso sin darnos cuenta. Hoy, el bar fue remplazado por la computadora y las discusiones del café, por los tuits y los comentarios en el muro de facebook. De alguna forma, nos fuimos corporalmente alejando y, al mismo tiempo, cambiando la esencia de las discusiones, los asuntos de las charlas.

El tango documentó aquellos años y esos momentos irrepetibles en el que el café –"la escuela de todas las cosas"–, era una madre y la barra un conjunto de "sabiondos y suicidas". Cuando vuelvo atrás el almanaque y recuerdo mi juventud, esa imagen me viene a la memoria en sus músicas y sus letras. La nostalgia es una invasora nocturna que me entristece el corazón y otras noches, arranca una sonrisa de mi memoria.

Pienso que el motivo de esta asociación entre la vida y el tango, se debe a que su universo temático es muy extenso, en ocasiones profundo y de una calidad que quizás, no encontremos en otros géneros populares.

En los títulos de las obras como en sus letras, hay una variada gama que va desde los sentimientos a las cosas, de los hechos cotidianos a los acontecimientos coyunturales e históricos, de las personas de carne y hueso a los héroes o —como diría Chesterton[1]—, del hombre común al hombre excepcional. En fin, desde lo sencillo a lo sustancial, desde lo material a lo metafísico.

En ese abanico, conviven los sentimientos más profundos en consuno con la vieja, los amigos, la barra, el café, los sueños, las traiciones, los duelos, la timba, las minas, los burros, la milonga, el alcohol, la nostalgia, la ciudad, el barrio, el carnaval, el mar, el campo, la amistad, los puertos, la política, los milicos, el bandoneón y hasta el tango evocándose a sí mismo. Y así podríamos seguir sin esforzarnos demasiado en esta tarea ímproba de enumerar temas. La cantidad de argumentos y de tramas es notable y, en este marco, se expresan diferentes categorías que dispararon la inspiración de infinidad de autores.

Es lógico que todas las letras no manifiesten una misma calidad, ni todos los que las hicieron puedan ser llamados poetas. La gran mayoría fueron escritas por letristas ocasionales o aficionados, amigos de artistas o meros vecinos, con páginas que son absolutamente olvidables.

Gran parte de esas plumas obedecieron a pautas que no pasaban por la literatura y mucho menos por la poesía. La necesidad urgente de estrenar un tango o el compromiso de colaboración en su factura o, simplemente, la búsqueda de una fácil repercusión, pueden ser alguna de las causas que expliquen este fenómeno; pero es fundamental que tengamos presente que, en aquellos años dorados, se componían montones de tangos todos los días, las casas de música vendían mayoritariamente discos de tango, la música ciudadana copaba las salas de grabación de los sellos discográficos y todo esto por una única razón: el tango era la música preferida de los jóvenes. Con el tango se expresaban, se comunicaban, se enamoraban, en conclusión, era la música que los identificaba.

De vez en cuando, podemos observar en las letras de estos creadores "amateurs", el logro de pequeños aciertos, en aspectos descriptivos de determinadas situaciones de época, historias sencillas bien contadas. En algunas, hasta podría tratarse de una bella pintura costumbrista. Pero la realidad es que gran parte de ellas, son verdaderos

---

1- Gilbert Keith Chesterton, escritor inglés (1874-1936).

bodrios, historias naif o argumentos cursis, donde abundan moralinas que hoy causan gracia.

Eduardo Arolas

Pero sería injusto no decir, también, que son cientos los tangos que poseen letras exquisitas, con versos y metáforas de gran belleza que habitan el reino de la alta gama poética.

Paradójicamente, esos versos escritos por talentosos poetas —de los mejores de Argentina—, no tienen la consideración intelectual que se merecen. En otros países ocurre lo opuesto. Los franceses, los españoles o los norteamericanos y otros muchos pueblos, sienten devoción por sus grandes letras a pesar de que ellas habitan sólo en el papel de los libros y no llegaron, como en nuestro caso, a habitar la música popular. Una excepción —a partir de los ´60—, citable por su calidad y popularidad, es la obra del catalán Joan Manuel Serrat. Cantautor que puso en melodías, los versos de grandes poetas como Antonio Machado, León Felipe y, por supuesto, las suyos.

Y qué decir de aquellos músicos que fueron artífices de maravillas musicales, que perduran incólumes, en los repertorios de las formaciones orquestales. Los tangos de Eduardo Arolas, a mi criterio un creador genial, ubicado un escalón arriba del resto, luego los de Agustín Bardi y Juan Carlos Cobián, seguidos más o menos en orden cronológico, por los de Vicente Greco, Juan Maglio "Pacho",

Charlo

Agustín Bardi

Francisco Canaro, Roberto Firpo, Enrique Delfino, Rafael Rossi, Anselmo Aieta, Carlos Vicente Geroni Flores, Osvaldo Fresedo, Julio De Caro, José Martínez, Horacio Pettorossi, Eduardo Pereyra, Pedro Maffia, José María Aguilar, Guillermo Barbieri, Francisco Pracá-

15

nico, Pedro Laurenz, Charlo, Juan de Dios Filiberto, Sebastián Piana, Edgardo Donato, José Dames, Joaquín Mora, Mariano Mores, Manuel Sucher, Carlos Di Sarli, Osvaldo Pugliese, Aníbal Troilo, Antonio Rodio, Alfredo Gobbi, Lucio Demare, Enrique Francini, Armando Pontier, Virgilio Expósito, Horacio Salgán, Héctor Stamponi, Julián Plaza, Atilio Stampone, Carlos García, Raúl Garello y, por supuesto, la obra del máximo, Carlos Gardel y del polémico y genial Astor Piazzolla. Sin ninguna pretensión de que esta lista sea taxativa.

Al igual que lo que ocurre con las letras, ocurre con los títulos de las obras instrumentales, la calidad no es pareja, ya por las melodías, ya por las construcciones orquestales de las piezas. Fueron más de mil las partituras que revisamos y consultamos, muchas de ellas, muy raras.

En este trabajo tuvimos en nuestras manos páginas de la Guardia Vieja, con compositores de la talla de Ángel Villoldo, Rosendo Mendizábal, Alfredo Eusebio Gobbi, Alfredo Bevilacqua, Prudencio Aragón, Manuel Aróztegui, Augusto Berto, Manuel Campoamor, Samuel Castriota, Luis Teisseire, Domingo Santa Cruz, Ernesto Ponzio, Juan Carlos Bazán. Pero también, incontables títulos —ediciones muy antiguas—, de firmas desconocidas.

Lo cierto es que, nuestro tango criollo, argentino hasta la médula, con una extensión geográfica —de obligada mención— en la otra banda del Río de la Plata, de ser una manifestación exclusivamente orquestal en sus orígenes, se transformó a partir de mediados de la década del diez, en un increíble vientre de la mejor poesía, en las plumas de Pascual Contursi, Alfredo Le Pera, Celedonio Flores, Francisco García Jiménez, Mario Battistella, Enrique Cadícamo, Enrique Santos Discépolo, Homero Manzi, José María Contursi "Katunga", Cátulo Castillo, Homero Expósito, Armando Tagini, Francisco Gorrindo, Carlos Bahr, Enrique Dizeo y los posteriores, Horacio Ferrer, Héctor Negro, Chico Novarro y Eladia Blázquez. Sin olvidar, a la nueva camada representada por Marta Pizzo, Adrián Abonizio, Ernesto Pierro, Raimundo Rosales, Alejandro Szwarcman, Fabián Russo, Alfredo Rubín, Juan Vattuone, Claudia Levy, Bibí Albert, Acho Estol, Norma Montenegro, Haidé Daiban y Andrea Bollof. En este brevísimo recuento, corro el riesgo de estar olvidándome de algún otro joven poeta. Pido disculpas.

Pero nada de estos nombres significaría algo para nosotros si no hubieran existido los artistas que interpretaron su arte y lo colocaron en nuestros oídos. Y tan importante cuestión, será la causa del desfile por el derrotero del presente libro, de los nombres de: Juan Maglio "Pacho", Julio De Caro, Francisco Canaro con sus cantores emblemáticos, Roberto Maida y Ernesto Famá; Francisco Lomuto con Fernando Díaz y Jorge Omar; Osvaldo Fresedo con Roberto Ray y Ricardo Ruiz; Edgardo Donato con Horacio Lagos y Romeo Gavioli; Ciriaco Ortiz; Alberto Gómez; Hugo del Carril; de las pioneras: Rosita Quiroga, Azucena Maizani, Ada Falcón, Libertad Lamarque, Mercedes Simone, Tita Merello, Imperio Argentina, Carmen Duval, Nelly Omar, Tita Galatro, María de la Fuente, Elsa Rivas, Nina Miranda y tantas otras; como también los inolvidables binomios de los años cuarenta: Tanturi-Castillo, D´Agostino-Vargas, Troilo-Fiorentino, Di Sarli-Rufino, Pugliese-Morán, Caló-Berón. Para ellos, nuestro recuerdo y gratitud.

Libertad Lamarque

En este abanico que hoy presentamos, no se aborda la totalidad temática del tango ni mucho menos -lo que de por sí sería una tarea imposible—, por tal motivo, si las musas aparecen nuevamente, intentaremos agregar nuevos ítems en un próximo trabajo. Asimismo, quiero prevenir al lector, que ni el orden de los asuntos ni su prioridad obedecen a ningún protocolo y se suceden de acuerdo a como fueron surgiendo en mi cabeza.

Debo confesar que este libro nació de mis ganas de explicarme y explicar todo ese invalorable bagaje de cultura que representa el tango; sus títulos y sus letras —con pequeñas y grandes historias—, que fueron provocando la necesidad de desguazar sus misterios y sus metáforas. En definitiva, un ejercicio que pretende otra mirada de esta música que nos identifica en el mundo.

Pero además y fundamentalmente, es un intento sincero de honrar a los compositores, poetas e intérpretes que quiero y admiro; amigos de verdad, testigos de muchas noches de amor, bohemia y melancolía.

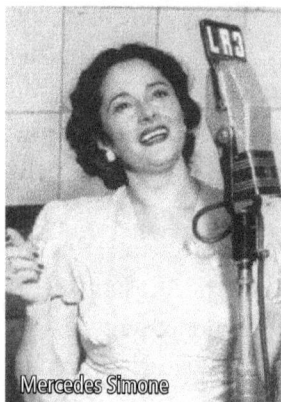

Mercedes Simone

Para terminar, invito a los lectores a ingresar en el fantástico universo del tango; iniciando el viaje con las partituras, documento esencial en nuestra investigación —con sus títulos, sus imágenes artísticas, sus fotos, sus dedicatorias, los avisos de las editoras y la variada información que muchas tenían de la época—; continuando con las etiquetas de los discos, con los datos que de ellas pueden extraerse —muchas veces plagadas de errores o curiosidades—, el sello, los títulos, los intérpretes, en algunas lugar y año, el número del ejemplar y la matriz sobre la pasta; por último, con las letras, que junto a los títulos, determinan el abanico de temas.

Ricardo García Blaya

CAPÍTULO I

El tango, el juego de la vida

La existencia es una rula,
con cien números de engaño...[2]

Me había confiado una misión: ganar la
ruleta fuese como fuese.
No tenía tiempo
de preguntarme por qué ni en cuanto
tiempo había que ganar Por el momento,
tenía otra cosa que hacer: era preciso
encaminarse a la ruleta.
Fiódor Dostoievski, El Jugador

Si hay un tema fascinante por los muchos aspectos que involucra, por los vericuetos metafóricos que expresa, es el juego, "la peca" o "la timba" para los lunfardistas. Asunto recurrente en títulos y letras de tango; fue utilizado con asiduidad por los autores, para describir y pintar costumbres y personajes.

Lo notable es que a veces los versos (también los títulos) establecen valores contradictorios, conductas o actitudes positivas o negativas, estereotipos con variadas aristas psicológicas, intentando un tratamiento que transita los aspectos existenciales e ideológicos del ser humano.

La peca, el escolaso, la timba, la carpeta son algunas de las muchas denominaciones que utiliza la poética tanguera como sinónimos del término. Cuántas veces debemos explicar estas palabras que provie-

---

2- Héctor Marcó, del tango *Mis consejos* (1954).

nen del lunfardo, para que sean comprensibles por el común de la gente y, especialmente, por los extranjeros.

En algunos tangos, con versos que contienen originales metáforas, el juego es parte de una pintura costumbrista de época. En ese sentido, lo invoca Discépolo cuando afirma que el café, es «como una escuela de todas las cosas», y subraya que es:

> lo único en la vida
> que se pareció a mi vieja...

Enrique Santos Discépolo

Y confiesa:

> En tu mezcla milagrosa
> de sabihondos y suicidas,
> yo aprendí filosofía... dados... timba...
> y la poesía cruel
> de no pensar más en mí.
> (*Cafetín de Buenos Aires*, de Mariano Mores
> y Enrique Santos Discépolo)

Es el sitio donde los porteños dan plena fe de su idiosincrasia, el templo donde se sacraliza, se debate y se juega. El refugio de los muchachos de la barra y el resto de los parroquianos para discutir el fútbol, la política, contar las conquistas y romances, dar cátedra de burros, mientras los más viejos, consumen su tiempo leyendo o jugando a las cartas.

Otro ejemplo, en este mismo sentido pero con versos más sencillos, aparece en la bella página de Tito Cabano, donde pinta un instante en la vida de un bar o café, en este caso de Montevideo —por la nacionalidad del autor—, que comienza diciendo:

Un boliche como tantos,
una mesa como hay muchas,
un borracho que serrucha
su sueño de copetín.

Y más adelante:

Una partida de tute
entre cuatro veteranos
que entre naipes y toscanos
despilfarran su pensión.
(*Un boliche*, de Carlos Acuña y Tito
Cabano)

Todo un cuadro sobre costumbres y conductas.

Carlos Acuña

Celedonio Flores menciona la timba en un sentido secundario —
sólo para una descripción—, cuando detalla el perfil de un compadrito, un fanfarrón de menor cuantía:

Tenorio del suburbio que se ha engrupido
que por él las pebetas viven chaladas
y alardea de triunfos que ha conseguido
con mujeres, en timbas y puñaladas.
(*Por seguidora y por fiel*, de Ricardo Luis Brignolo
y Celedonio Flores)

En otro de sus tangos, El Negro Cele hace una referencia parecida
a la anterior pero resaltando la conducta negativa del protagonista
con una metáfora cruda y condenatoria:

Malandrín de la carpeta
te timbeaste de un biabazo
el caudal con que tu vieja
pudo vivir todo un mes.
(*Mala entraña*, de Enrique Maciel y Celedonio Flores)

21

Manuel Romero, en cambio, juzga al juego y utiliza una comparación misógina, en extremo machista:

> la timba más tarde me tuvo apurado
> el juego es más perro que toda mujer.
> (*Las vueltas de la vida*, de Francisco Canaro y Manuel Romero)

En ocasiones, el personaje se describe a sí mismo con una muy buena consideración de su persona, definiéndose como astuto y canchero, como aquel que se las sabe todas:

> en la timba soy ligero, yo nací pa'l escolaso.
> (*Pa´ que sepan cómo soy*, de Emilio González y Norberto Aroldi)

Todo un ícono del valor de la experiencia y de la sabiduría en la vida.

En esto de los perfiles y los méritos de unos y de otros, es muy interesante la observación que se hace en *Muchacho*, cuando el relator de la historia, evidentemente, un experto observador, dice:

> Muchacho que porque la suerte quiso
> vivís en un primer piso
> de un palacete central,
> que pa' vicios y placeres,
> para farras y mujeres
> disponés de un capital.

Y luego, describe su perfil ubicándolo en su justa medida:

> que no sabés qué es secarse
> en una timba y armarse
> para volverse a meter.
> (*Muchacho*, de Edgardo Donato y Celedonio Flores)

Edgardo Donato

Como vemos, el "muchacho" es el opuesto del personaje de Aroldi; en este tango el protagonista consigue las cosas por el dinero, a diferencia del otro que las logra por su "cancha". Y para terminar con estas dos obras —pese a que nuestro análisis es sobre las letras—, no quiero dejar de destacar la belleza melódica de ambos tangos, que adornan de musicalidad los versos.

Pero mi mayor interés, sobre el juego y el tango es abordar los aspectos ideológicos y existenciales que surgen constantemente y con gran profundidad en las letras, por supuesto, con la visión de un lego en filosofía.

Alexis, el personaje principal de "El jugador" de Fiódor Dostoyevsky[3], no es otro que el propio escritor, que fue un jugador compulsivo —conducta que le trajo innumerables problemas—, a tal punto que no podía volver a Rusia a causa de sus deudas. En aquella época, corría el riesgo de ser juzgado y terminar en la cárcel.

Al igual que Alexis, el personaje del tango está convencido que entre todas las oportunidades que le brindó la vida, la única chance se la dio el juego. Y demuestra su certeza cuando nos da este sincero testimonio:

> Y pensar que condenado
> por la ley del escolaso
> juego igual si el mismo mazo
> me lo tiran otra vez.
> (*Escolaso*, de Anselmo Aieta y Francisco García Jiménez).

El tipo tiene clara su debilidad y, sin embargo, insiste.

También, se da la otra cara de la moneda, cuando el jugador apuesta con su vida, cuando se la juega. En este sentido, son los versos de Aznar en *El último guapo*:

3- Fiódor Mijáilovich Dostoyevsky (1821-1881), destacado escritor ruso, entre sus obras se destacan *Crimen y castigo, El idiota, Los hermanos Karamazov, Memorias del subsuelo.*

Jugará con desprecio su vida
por el sol de un florido percal.
(*El último guapo*, de Leo Lipesker y Abel Aznar)

No es común, encontrar una metáfora tan lograda en los tangos de Aznar, pero esa frase que usa para mencionar el motivo de tanto coraje, es muy inspirada: «por el sol de un florido percal». Es muy poético como el autor presenta a la musa que despierta la valentía del guapo.

Otra imagen muy repetida, refiere al fatalismo, al destino predeterminado, resultando de este modo, que el juego y la vida son la misma cosa. Que el destino no depende de las personas.

la vida es un mazo marcado
baraja los naipes la mano de Dios.
(*Monte criollo*, de Francisco Pracánico y Homero Manzi)

La voluntad o el deseo del hombre, no tienen nada que hacer. Aquí, el juego y su resultado no se rigen por la pericia ni la experiencia ni la plata, es algo que está fuera de la órbita de los seres humanos. Es el sino de la vida y, ese sino, sólo lo establece la decisión divina.

Otros ejemplos, donde los hombres comprenden su destino previamente fijado, su fatalidad, los encontramos en varias frases:

En el naipe del vivir, para ganar, primero perdí.
(*Suerte loca*, de Aieta y García Jiménez)

O cuando el poeta se despacha:

La existencia es una rula con cien números de engaños.
(*Mis consejos*, de Héctor Marcó)

Estos dos últimos, son coincidentes con aquella frase de Ovidio[4]: «Para no perder, el jugador no cesa nunca de perder».

4- Publius Ovidius Naso (43 a.C-17 d.C), poeta romano autor de *El arte de amar* y *Las metamorfosis*.

En la misma tesitura:

> ya lo dijo un viejo poeta:
> muchachos que andan paseando
> la vida es una carpeta.
> (*Naipe*, de Aníbal Troilo y Enrique Cadícamo)

Aquí la síntesis es total, la vida y el juego son la misma cosa, Cadícamo no da lugar para la duda, es categórico.

Una arista diferente, pero muy interesante, la constituye la obligación que se impone el hombre a sí mismo de apostar entre lo bueno y lo malo, donde se sufre la angustia de optar, de decidir, tal cual cuenta el protagonista hablando de su historia:

> En la timba de la vida me planté con siete y medio
> siendo la única parada de la vida que acerté
> yo ya estaba en la pendiente de la ruina, sin remedio,
> pero un día dije planto y ese día me planté.
> (*Tengo miedo*, de José María Aguilar y Celedonio Flores)

El hombre abandona la farra, las mujeres y el descontrol de su vida y elige volver con su vieja (su madre). Se trataría de un ejemplo de lo que nos relata Blaise Pascal[5] en su argumento conocido como "La apuesta de Pascal", en el que se opta y se apuesta al bien como valor, como una categoría axiológica. En el juego de creer o no creer en Dios, apuesta a creer.

Es lo que ocurre en el ya mencionado *Monte criollo*, en el que el personaje acepta la existencia de Dios y, de alguna manera, apuesta a creer, reconociendo que la suerte está en sus manos divinas: «baraja los naipes la mano de Dios».

Un ejemplo simpático de apostar por el bien, pero sin exageraciones, nos la entrega la milonga *Por culpa del escolaso*:

5- Blaise Pascal (1623-1662), matemático, físico, filósofo, teólogo y escritor francés.

Hoy le rajo al entrevero
de timbas y de paradas
minga de vida alocada,
ya no tira la carpeta;
una paica que me aquieta
acusa los beneficios
y sin hacer sacrificios,
cuando hay tornillo en invierno,
me tomo el sol de Palermo
de paso despunto el vicio.
(*Por culpa del escolaso*, de Roberto Grela y Mario Cecere)

El tipo hizo la opción por una vida alejada del vicio y de la farra, abandona el juego para estar tranquilo con su mujer, pero de tanto en tanto, se da una vueltita por el hipódromo.

Tampoco, en el tango falta la advertencia para el muchacho inexperto, que de tener mucho cuidado porque:

burros, timbas y quinielas,
bailes, copas, damiselas
son placeres de ocasión.
(*Mis consejos*, de Héctor Marcó)

Pero el hito más alto de este grupo temático, está en una obra que refleja todo el paradigma porteño, en el marco de una bella música compuesta por Roberto Grela. El poeta —Francisco Gorrindo—, detalla con un lenguaje simple pero sustantivo, la amargura de aquel que vivió intensamente y decide transformar en sentencias de vida su infeliz experiencia. Es una profunda descripción de los sentimientos y las conductas que no tiene desperdicio.

Héctor Marco

Vieja calle de mi barrio
donde he dado el primer paso,

vuelvo a vos, gastado el mazo
en inútil barajar.

El mazo de naipes es una metáfora que mezcla su cuerpo, su estado de ánimo, en resumen, su vida. Y luego de una serie de dramáticas consideraciones remata:

La vez que quise ser bueno
en la cara se me rieron;
cuando grité una injusticia,
la fuerza me hizo callar;
la experiencia fue mi amante;
el desengaño, mi amigo...
Toda carta tiene contra
y toda contra se da!"
(*Las cuarenta*, de Grela y Francisco Gorrindo)

Algunos títulos y versiones fonográficas de los tangos relacionados con este capítulo: el juego

A mi juego me han llamao (milonga de Ricardo Luis Brignolo y Dante A. Linyera), por OT Brignolo con Luis Díaz, Brunswick 1915-A, matriz 1167 (1930).

Cafetín de Buenos Aires (de Mariano Mores y Enrique Santos Discépolo), con innumerables versiones, por OT Troilo con Edmundo Rivero, Victor 60-1643, matriz 83998 (8/7/1948); por OT Fresedo con Osvado Cordó, Victor 60-1647, matriz 91008 (20/7/1948); por OT Piazzolla con Fontán Luna, Odeon 30365, matriz 17127 (25/11/1948); por Tania con orquesta, Victor 60-1641, matriz 83994 (1/7/1948); por orquesta Mariano Mores con Enrique Lucero, Odeon 61019, matriz 21824 (28/1/1957); por OT Basso con Héctor de Rosas, Music Hall (1964); por OT M. Caló con Alberto Marino, Odeon LDB-126, matriz 33451 (15/5/1967); por Roberto Goyeneche con orquesta, RCA-Victor (14/3/1968); por Rubén Juárez con orquesta, EMI-Odeon (1982).

Cafetín del barrio pobre (de Sergio Sosa), por Azucena Maizani con orquesta, Brunswick 2133, matriz 2106 (1931); por OT Brignolo con Teófilo Ibáñez, Brunswick 1935 (1931).

Carpeta (de Roberto Rufino y Enrique Cadícamo), por OT D´Arienzo con Alberto Echagüe, Victor 1A-0878, matriz S 4965 (23/5/1956).

Cartón ligador (de Edgardo Donato, Roberto Fontaina y Víctor Soliño), por OT F. Canaro, Odeon 4514-B, matriz 3742 (23/2/1929); por Orquesta del Maestro Lacalle, Columbia USA 3776-X, matriz W 97470-2 (1929); por Mario Pardo con guitarras, Odeon 6680-B, matriz 4853 (12/11/1929); por OT Donato, Pampa PM 11029-B, matriz MAI-380 (17/9/1951).

Cartón lleno (de Damián Ficarra, Miguel Ángel Caruso, Roberto Collia y David Divan), por Héctor Darío con orquesta, Polyband CD007 (2003).

Che timbero (de César Zagnoli y Héctor Ángel Bello Schmitt), por OT D´Arienzo con Armando Laborde, Victor AVL-3688, matriz RAAN5376 (27/9/1965).

De salto y carta (de Alberto Acuña y José De Cicco), por Carlos Gardel con guitarras, Odeon 18805, matriz 5154/1 (31/12/1929); por OT D´Agostino con Ángel Vargas, Victor 39746, matriz 84001 (15/10/1942).

El quinielero (de Luis Cluzeau Mortet y Roberto Aubriot Barboza), por Carlos Gardel, Odeon 18829-A, matriz 6052 (17/9/1930); por OT F. Canaro con Charlo, Odeon 4677-A, matriz 6225/1 (29/10/1930); por OT Sánchez Gorio con Luis Mendoza, Columbia 15075, matriz CAO 50 (8/2/1955); por Miguel Montero con orquesta, RCA-Camden CAS-3223 (2/12/1963).

El último guapo (de Leo Lipesker y Abel Aznar), por OT Basso con Alfredo Belusi, Odeon 52414-A, matriz 23543 (7/10/1958); por OT Troilo con Tito Reyes, Victor AVL-3678, matriz RAAN5860 (13/4/1966); por Luis Cardei (1995).

Escolaso (de Anselmo Aieta y Francisco García Jiménez), por Edmundo Rivero con guitarras, TK S-5416, matriz 1083 (1955); por Reynaldo Martín con guitarras, Almalí 125075 (1988).

Escolaso (de Astor Piazzolla), por Conjunto Eléctrico Astor Piazzolla, Trova DA 5005 (1975); por San Francisco Tango Orchestra (2005).

Falta envido (Juan Carlos Rodríguez y Tito Rueda), por Rosita Quiroga con guitarras, Victor 47385, matriz 60176 (30/4/1930); por Trío Los Nativos, Victor 47241-B, matriz 44487 (15/10/1929).

Falta envido (de José María Ruffet), por OT F. Canaro, Odeon 4046-A, matriz 2505 (1925).

Falta envido y truco (Para el día que será) (de Carlos Galván), por Orquesta Carlos Galván, SOCSA DS827 (2004).

Flor y truco (ranchera de Severino de Rosas), por Samuel Aguayo con guitarras, Victor 47466, matriz 60387 (6/8/1930); por OT Victor, Victor 47201-B, matriz 44858/2 (18/10/1929).

Flor y truco (de Silvestre Arturo Carelli), por Quinteto Criollo Carelli, Atlanta faz 65548 (1913/14).

Hagan juego (de Alfredo Ossi y Emilio Maurno), por OT Victor, Victor 79780-B, matriz BAVE-1051/2 (13/12/1926).

Juego limpio (de Francisco Canaro), por OT Fripo, Odeon 558-A, matriz 93 (1919).

Juego limpio (de Sacri Delfino y Gabriela Echeverría), por Trío El Berretín con Patricia Ferro Olmedo, Universidad Nacional de Lomas de Zamora, CD-1842 (2000).

La pasión del escolaso (de Eladia Blázquez), por Rodolfo Morales, CBS 19569 (1976); por Julián Rosales con orquesta, Tonodisc IMP-14062 (1980).

La timba (de Omar Torres), por Quinteto Omar Torres, GAPP Records 9127 (2000).

Las cuarenta (de Roberto Grela y Francisco Gorrindo), innumerables versiones, por Charlo con guitarras, Odeon 16111, matriz 9095 (2/6/1937) y Odeon 51740, matriz 19940 (19/1/1950); por Alberto Serna con guitarras, Victor 38337, matriz 12001 (10/12/1937); por OT F. Canaro con Roberto Maida, Odeon 5053-A, matriz 9208 (8/11/1937); por OT F. Lomuto con Jorge Omar, Victor 38241, matriz 93836 (3/7/1937); por Roberto Quiroga con orquesta (Venezuela, 1950); por OT Attadía con Armando Moreno (29/10/1951); por Dante Ressia con guitarras, RCA-Victor (19/5/1955); por Alberto Marino con guitarras, Odeon (3/8/1956); por Rolando Laserie con orquesta —como bolero—, Gema LP-1001 (La Habana, 1958); por OT D´Arienzo con Alberto Echagüe, RCA-Victor AVL-3883, matriz RAAN9176 (1/8/1969); por OT De Angelis con Carlos Aguirre, Odeon 2312-A, matriz 37724 (23/11/1970); por Héctor Mauré con orquesta, Music Hall 2179 (1971); por Adriana Varela, Nueva Dirección CDND-447 (1998).

Las vueltas de la vida (de Francisco Canaro y Manuel Romero), por OT F. Canaro con Charlo, Odeon 4481-A, matriz 3290e (3/10/1928); Charlo con OT F. Canaro, Odeon 16207-B, matriz 3313/1e (5/10/1928); Ada Falcón con OT F. Canaro, Odeon 11210-B, matriz 6732 (24/6/1931); OT F. Canaro con Alberto Arenas, Odeon 51814-B, matriz 20369 (2/8/1955); por OT Rafael Canaro con Carlos Dante, Odeon RS-1314, matriz K1589 (Francia, 1929); por Charlo con guitarras, Odeon 16120, matriz 10362/1 (27/3/1940); OT Rotundo con Floreal Ruiz, Odeon 55504, matriz 18664 (23/10/1952); por Edmundo Rivero con orquesta, RCA-Victor (6/8/1953).

Mala entraña (de Enrique Maciel y Celedonio Flores), por Carlos Gardel, Odeon 18967-A, matriz 954e (20/6/1927); por OT Fresedo, Odeon 5173-B, matriz 1248 (25/8/1927); por OT Gobbi con Héctor Coral, Victor 60-1931, matriz 91604 (27/3/1950); por Edmundo Rivero con guitarras, RCA-Victor (9/12/1952) y con orquesta, Philips (1962); por Rubén Juárez con orquesta, RCA-Victor (3/8/1978).

Mis consejos (de Héctor Marcó), por Edmundo Rivero con guitarras, TK S-5317, matriz 798, (1954); por Orquesta Caldara-Ruiz-Lesica con Rodolfo Lesica, Music Hall 30098 (1963).

Monte criollo (de Francisco Pracánico y Homero Manzi), por Azucena Maizani con piano y violín, Odeon 12105-A, matriz 8143, (24/5/1935); por Alberto Gómez con guitarras, Victor 37755, matriz 86844 (13/5/1935); por OT F. Lomuto con Jorge Omar, Victor 37756, matriz 86841 (9/5/1935); por Nelly Omar, RCA-Victor LZ-1509 (1981); por Alejandro Dolina, MBB 9715 (2003).

Muchacho (de Edgardo Donato y Celedonio Flores), por OT De Caro, Victor 79590-B, matriz BA-662 (21/9/1925); por Rosita Quiroga con orquesta, Victor 79587-A, matriz BA-656/7 (17/9/1925); por Ignacio Corsini con guitarras, Odeon 18450-A, matriz 3282 (1925); por OT Lomuto, Odeon 7635-A, matriz 3210 (1925); por OT F. Canaro, Odeon 4151-A, matriz 3610 (1925); OT D´Agostino con Ángel Vargas, Victor 39136, matriz 39632 (13/11/1940); OT D´Agostino con Rubén Cané, Victor 68-1054, matriz S 1622 (3/9/1953); por Mercedes Simone con orquesta, TK (1951) y H&R 6015 (1966); por OT Donato con Carlos Almada, Pampa 14001, matriz 470 (13/11/1951); por Ángel Vargas con Trío Scarpino, RCA-Victor 68-1830, matriz SO-3337 (19/9/1954); por Edmundo Rivero con orquesta, Philips P 13959 L (1962); por Nelly Omar con guitarras, Magenta 5053 (1969); por Dorita Davis con guitarras, Microfón PROM-433 (1973); Adriana Varela con su conjunto, Melopea CDMSE-5047 (1991) y Melopea ND-02 (1996); por Luis Cardei, DBN CD-51686 (2000).

Naipe (de Aníbal Troilo y Enrique Cadícamo), por OT Troilo con Alberto Marino, Victor 60-0494, matriz 79746 (27/6/1944); por OT F. Canaro con Carlos Roldán, Odeon 5253-B, matriz 13959 (21/7/1944); por Roberto Rufino, con orquesta,RCA-Victor AVS-4539 (1978).

Naipe marcado (Naipe marcao) (de Ángel Greco),por Carlos Gardel con guitarras, Odeon 18884-A, matriz 7428 (13/5/1933); por Ángel Vargas con orquesta, Victor 63-0116, matriz 94284 (5/7/1951); por OT F. Canaro con Alberto Arenas, Odeon 30130-A, matriz 17060 (10/9/1948); por orquesta Mariano Mores, Odeon 61024-A, matriz 22714 (29/11/1957); por OT Fresedo con Carlos Barrios, Columbia 8318, matriz CAO 269 (3/9/1961); por OT Figari con Enrique Dumas, RCA-Victor (1957); por OT Troilo, RCA-Victor AVL-3918, matriz 9854 (14/4/1970).

Nuestra última partida (de Manuel Sucher y Abel Aznar), por Rodolfo Lesica con orquesta (sin datos); por Blanca Money con orquesta, Diapasón (1970); por Héctor Mauré con orquesta, Music Hall 2392 (1973); por Ricardo Pereyra con orquesta, CBS-Columbia 19915 (1978).

Oro, copa, espada y basto (de Antonio Tello y Emilio Magaldi), por Agustín Magaldi con guitarras, Victor 37837, matriz 93005 (31/10/1935).

Pa' que sepan como soy (de Emilio González y Norberto Aroldi), por OT Francini-Pontier con Julio Sosa, RCA-Victor 63-0118, matriz 94294 (10/7/1951); por OT Carlos García con Claudio Bergé, EMI-Odeon 4250 (1971); por OT Ahumada (1983).

Paño verde (de Oscar D'Angelo y Luis Alposta), sin registro de grabaciones.

Póker de ases (de Emilio Brameri), por OT Pacho, Odeon 7525-B, matriz 636e (19/4/1927).

Por culpa del escolazo (de milonga de Roberto Grela y Mario Cecere), por Edmundo Rivero con guitarras, Cabal LPL 7003 (1975).

Por seguidora y por fiel (de Ricardo Luis Brignolo y Celedonio Flores), por OT Lomuto, Odeon 7766-A, matriz 2897e (14/7/1928); por Carlos Gardel con guitarras, Odeon 18970-A, matriz 5619 (22/5/1930); por OT Francini-Pontier con Julio Sosa, Victor 63-0173, matriz 94959 (19/6/1952); por OT F Rotundo con Enrique Campos, Odeon 55429-B, matriz 18405 (19/5/1942).

Qué flor para mi truco (de Raúl Garello y Horacio Ferrer), por OT Garello con Gustavo Nocetti, LTBA-0101 (1988); Esteban Riera con Orquesta Vale Tango, EPSA Music 0612-02 (2005).

Quintelero (de Raimundo Petillo, Juan Francisco Noli y Carlos Schinelli), por OT Lomuto con Charlo, Odeon 7823-A, matriz 4599 (17/9/1929).

Suerte loca (de Anselmo Aieta y Francisco García Jiménez), por OT F. Canaro con Charlo, Odeon 4458-A, matriz 2957e (1/8/1928); por Charlo con OT F. Canaro, Odeon 16212-B, matriz 3533/1e (26/11/1928); por Roberto Maida, Odeon (España, 23/1/1929); por Luis Mandarino con orquesta, (Berlín, 1930); por OT E. Rodríguez con Armando Moreno, Odeon 7235-B, matriz 11528 (24/10/1941); por OT Troilo con Francisco Fiorentino, Victor 39627, matriz 69757 (15/6/1942); por Quinteto Aieta, TK S-5241, matriz 615 (30/10/1953); por OT D´Arienzo con Armando Laborde, Victor AVL-3688, matriz RAAM4561 (9/10/1964); por Roberto Goyeneche con orquesta, RCA-Victor AVS-4395 (1976); por Reynaldo Martín con orquesta, Micro-fón PROM-20073(1984); por OT Pugliese, Odeon (18/6/1986); por Lisandro Adrover con Carlos Morel, Luis Bravo Producciones, CD s/nº (1998).

Tahur (de Joaquín Mora y Libardo Parra Toro), por OT Mora con Alberto Podestá, Sonolux (Colombia, 1960)

Tapete verde (de Lorenzo Olivari), por OT Cobián, Victor 77261-B, matriz BA-371-2 (14/8/1923).

Tengo miedo (de José María Aguilar y Celedonio Flores), muchas versiones, por Rosita Quiroga con guitarras, Victor 79764-B, matriz BAVE 1019-2 (25/11/1926); por Carlos Gardel, Odeon 18934, matriz KI 2055-2 (15/12/1928); por Alberto Vila con guitarras, Victor 47132-B, Matriz 44677-2 (24/07/1929); por Celia Gamez (1939); por Trío Ciriaco Ortiz, Victor 38697, matriz 12731 (04/04/1939); Armando Pontier y su OT con Julio Sosa, Columbia 8180, matriz CAO 153 (1958); por Carlos Roldán con Donato Racciatti (1961); por Juan D´Arienzo con Alberto Echagüe (1970).

Tengo miedo (de Daniel Moreno), por OT F. Canaro con Charlo, Odeon 4572-B, matriz 4254e (19/6/1929); por Ada Falcón con OT F. Canaro, Odeon 11175-B, matriz 4610e (19/9/1929).

Timbero (de Joaquín Barreiro y Armando Tagini), por OT F. Canaro, Odeon 4398-B, matriz 1964-1e (3/1/1928).

¡Truco! (de Luis Teisseire), OT Firpo, Odeon 6044-B, matriz 774 (1922).

¡Truco a la parda! (de Antonio Lagomarsino), Rondalla del Gaucho Relámpago, ERA 61940 (1911/12).

Un boliche (de Carlos Acuña y Tito Cabano), por OT Troilo con Goyeneche, Odeon 52507-A, matriz 23712 (15/12/1958); por Ángel Vargas con orquesta, Victor 1A-1781, matriz KAAB992 (17/4/1959); por Josefina con orquesta, CBS- Columbia 570098 (sin dato de fecha); por Carlos Acuña con guitarras (1983).

Una partida (de Roberto Firpo) por OT Ferrer, Victor 67602-A, matriz B-15931 (22/4/15); por OT Firpo, Odeon 515-B, matriz 360 (1914); por OT Firpo, Odeon 339, matriz 339 (1914); OT Firpo, Odeon 3168-A, matriz 10965 (8/1/1941).

Un partido al truco (de milonga de Roberto Díaz y Pedro Berto-to) por dúo de Roberto Díaz y Carlos Lafuente con guitarras, Victor 37065, matriz 60955 (14/9/1931).

Vidas marcadas (Juego) (de Rodolfo Sciammarella), por OT D'Arienzo con Alberto Reynal, Victor 39611-A, matriz 69689 (29/4/1942).

CAPÍTULO II

El alcohol, un tango triste

Su voz no puede ser, su voz ya se durmió.
¡Tendrán que ser nomás fantasmas de mi alcohol![6]

Un vaso de vino entre las flores:
bebo solo, sin amigo que me acompañe.
Levanto el vaso e invito a la luna:
con ella y con mi sombra seremos tres.

Li Po

La bebida, el alcohol y sus contingencias, constituyen otro de los temas habituales en las letras y, también, en los títulos de los tangos. Es común que los personajes, a través de los versos de esas obras, intenten explicarnos el motivo de sus libaciones, su necesidad de embriagarse, generalmente en un marco de inmensa tristeza.

El engaño o el abandono de una mujer, son algunas de las razones más frecuentes, pero hay otras. En efecto, en la extensa cantidad de páginas relacionadas al tema, no todas tienen que ver con la necesidad de olvidar o recordar o con las penas de amor; están aquellas que narran encuentros, o momentos especiales de una pareja, o confesiones de sus fracasos o, simplemente, pinturas de la vida cotidiana.

Hay muchísimos ejemplos de tangos sobre personajes que beben para olvidar, para no pensar. Lo comprobamos en *La última copa*, cuando el hombre pide al mozo:

6- Homero Manzi, en su tango *Tal vez será mi alcohol (Tal vez será su voz)* (1943).

Eche amigo, nomás, écheme y llene
hasta el borde la copa de champán,
que esta noche de farra y de alegría
el dolor que hay en mi alma quiero ahogar.
(*La última copa*, de Francisco Canaro y Juan Andrés Caruso).

Juan Andrés Caruso

O, cuando, en *Bien frappé* el personaje requiere:

A ver, mozo, traiga y sirva
caña fuerte, grappa o whisky
bien frappé,
para auyentar estas penas...
(*Bien frappé*, de Carlos Di Sarli y Héctor Marcó)

O, en estos otros versos:

Para ahogar hondas penas que tengo,
que me matan y que no se van,
yo levanto temblando en mis manos
esta copa de rubio champán.
(*Destellos*, de Francisco Canaro y Juan Andrés Caruso)

O, en el mejor estilo discepoleano, después de sorprenderse con la facha decrépita de la que fuera su amor, el personaje nos dice con todas las letras:

Esta noche me emborracho bien,
me mamo... ¡bien mamao!,
pa' no pensar.
(*Esta noche me emborracho*, de Enrique Santos Discépolo)

En otros tangos es al revés, insólitamente se bebe para recordar como el caso de:

36

quiero beber pa' recordar el tiempo aquel...
(*Un copetín*, de Juan Maglio "Pacho" y José Fernández)

También, en *Viejo curda*, el personaje añora a su mujer fallecida y por eso bebe:

¡Vieja mía me has dejado pero
nunca tu recuerdo he de olvidar!
(*Viejo curda*, de Guillermo Barbieri
y José De Grandis)

En *Noche de locura* se plantea una situación especial, el tipo está turbado por el alcohol y excitado, le pide a la mina que "no piense tanto", que deje "el vaso de licor" y se entregue al amor.

Carlos Bahr

Deja la copa,
dame tu boca
y atúrdeme de amor en vez de alcohol.
¿Por qué es que no me besas...?
No tengo a dónde ir y allá en la pieza
me esperan los demonios del rencor.
No, no estoy loco,
muerde mi boca
y déjame creer que esto es amor.
(*Noche de locura*, de Manuel Sucher y Carlos Bahr)

Hay tres tangos antológicos, en que el alcohol se comparte en compañía de una dama. En *Los mareados*, Cadícamo propone el momento en que una pareja hace una suerte de balance final y el hombre sentencia la separación con una frase antológica:

Hoy vas a entrar en mi pasado,
en el pasado de mi vida...

Y, en un momento, suma a su dolor, el dolor de la mujer:

> Esta noche, amiga mía,
> el alcohol nos ha embriagado...
> ¡Qué me importa que se rían
> y nos llamen los mareados!
> Cada cual tiene sus penas
> y nosotros las tenemos...
> Esta noche beberemos
> porque ya no volveremos
> a vernos más...
> (*Los mareados*, de Juan Carlos Cobián y Enrique Cadícamo)

Es una pena que expresa una pérdida para ambos, una confesión conjunta presentada como un sino fatal.

Los versos de *La última curda* tienen un sentido distinto y muy profundo, con un planteo de raíz existencialista cuando dicen:

> La vida es una herida absurda,
> y es todo, todo tan fugaz
> que es una curda, ¡nada más!
> mi confesión.

Enrique Cadícamo

El personaje que bebe está reconociendo su fracaso en la vida, descubre la náusea y se lo confiesa, posiblemente, a una mujer cualquiera. La letra es compleja y llena de metáforas, algunas memorables como cuando dice:

> Cerrame el ventanal
> que arrastra el sol
> su lento caracol de sueño,

¿no ves que vengo de un país
que está de olvido, siempre gris,
tras el alcohol?
(*La última curda*, de Aníbal Troilo y Cátulo Castillo)

Continuando con las letras que pintan libaciones entre los dos sexos, el tercer ejemplo es de un crudo dramatismo, es el caso de *Una canción*, en el que la dama es requerida para seguir cantando: "la dura desventura de los dos"; mientras toman ron en el frío de una mesa, los dos en curda.

Más allá de esta imagen patética y desesperanzada, la letra manifiesta una delicada belleza:

¡A ver, mujer! Repite tu canción
con esa voz gangosa de metal,
que tiene olor a ron
tu bata de percal
y tiene gusto a miel
tu corazón...
(*Una canción*, de Aníbal Troilo y
Cátulo Castillo)

Cátulo Castillo

Nuevamente, podemos entender que este corazón con gusto a miel es en realidad el alma.

Un caso muy diferente, porque aclara desde el principio que no toma para olvidar ni por otro motivo, sólo por el gusto de beber, es el tango *De puro curda*:

Me gusta y por eso le pego al escabio,
a nadie provoco ni obligo jamás
y al fin, si tomando me hago algún daño,
lo hago conmigo... ¡De curda nomás!
(*De puro curda*, de Carlos Olmedo y Abel Aznar)

También, está el que quiere festejar e invita a los amigos a beber:

> vengan todos muchachos, que yo invito
> y diviértanse pues, a mi salud.
> Beban mucho, no importa que se gaste,
> tengo plata y la quiero derrochar
> que la vida es corta y es preciso
> alegrarla con tangos y champán.
> (*La garçonniere*, de Francisco Canaro y Juan Andrés Caruso).

Otra situación se plantea en *Whisky*, en el que el tipo está viviendo un fracaso amoroso y alguien lo incita a tomar:

> ¡Vamos! ¿No ves que ella ríe?
> ¡No es de este siglo llorar!
> ¡Dale! ¡Mandate otro whisky!
> ¡Total, la guadaña
> nos va a hacer sonar!
> (*Whisky*, de Héctor Marco)

En este tango no queda muy claro quien está hablando, por momentos parece que fuera un tercero, pero en realidad es el mismo sufriente el que se hace el convite.

Hay otras páginas en las que se brinda por muy diferentes razones.

En *Brindemos compañero* (José Luis Padula y Enrique Cadícamo), el hombre invita a cuatro amigos a una "champañada" para rememorar viejos tiempos. Algo parecido sucede en *Brindis de tango* (Carlos Demaría, Juan Maffia y Andrés Chinarro), en el que también el protagonista invita a sus camaradas a recorrer la calle Corrientes y escuchar las diferentes orquestas del cuarenta –menciona a varias-, y de paso brindar por Gardel.

De muy distinto tenor es el brindis de:

> "Soy el novio de María.
> Sirva dos cañas pulpero".

Alza su copa colmada
y dice al rival de un día:
"¡Brindo por la puñalada
que va a dejar estirada
o tu osamenta o la mía!"
Y sobre el pucho, bravía,
la topada.
(*Brindis de sangre*, de Abel Fleury y José Suárez)

Uno de los que va a protagonizar el duelo a cuhillo por la mujer amada, invita al otro a tomar una caña, como queriendo entonarse para el desafío aunque podría ser además, un gesto de despedida. Al mismo tiempo, una extraña forma de camaradería en la antesala de la muerte.

En las antípodas está este, otro brindis dedicado a la familia, con una dosis de cursilería importante, común en muchos tangos:

Yo levanto esta copa y al brindar.
Deseo que hoy al brillar
la estrella que a todos guía
sea aquella, la del día de Navidad.
(*Brindis para navidad*, de Aquiles Roggero y Julio César Curi).

Más allá de la pobreza de esta última letra, nuestra intención es marcar, como ya dijimos, la diversidad de los brindis tangueros.

El champán, el vino y la caña, son las bebidas más mencionadas en los tangos —tanto en los que transitan por esta temática, como en otros relacionados con el cabaret y la mala vida—, también, se anotan el whisky, la ginebra, el pernod, el ajenjo y el ron, entre otras.

Algunos títulos y versiones fonográficas de los tangos relacionados con el alcohol

A 005 EL COPETIN (Academia)

Anoche estaba curda (de Charlo), por Hernán Salinas con orquesta, Odeon 6590 (17/3/1977).

Bebiendo contigo (de Enrique Francini y Carlos Bahr), por OT Francini con Oscar Gallardo, RCA-Victor (23/4/1963); por OT M. Caló con Alberto Podestá, Odeon LDI 545, matriz 28920 (23/4/1963).

Bebiendo para olvidar (de Aníbal Marconi), por Enrique Lear con orquesta, Almalí A/D1032 (1985).

Bien frappé (de Carlos Di Sarli y Héctor Marcó), por OT Di Sarli con Roberto Rufino, Victor 39295, matriz 39894 (20/5/1941).

Bien frappé (de Ángel Maffia), por OT Fresedo, Victor 77292-A, matriz BA-402/2 (24/9/1923).

Borracha (de José Cursi), por OT F. Lomuto, Odeon 7647, matriz 3345 (1925).

Borracho... porque digo la verdad (de Francisco Canaro y Homero Manzi), por OT F. Canaro con Alberto Arenas, Odeon 30134, matriz 17353 (13/7/1949).

Brindis (vals de Enrique Rodríguez, Carlos Goicochea y Rogelio Cordone), por OT E. Rodríguez con Armando Moreno, Odeon 7259-A, matriz 13378 (19/11/1943).

Brindemos compañero (de José Luis Padula y Enrique Cadícamo), por OT J. L. Padula con Ángel Vargas, Odeon, matriz 8415 (4/11/1935).

Brindis de sangre (de Abel Fleury y José Suárez), por Azucena Maizani con dúo Rodio-Delfino, Odeon 12106-A, matriz 8173 (7/6/1935); por OT Pontier con Julio Sosa, CBS-Columbia 8096, matriz CAO 123 (9/8/1957).

Brindis de tango (de Carlos Demaría, Juan Maffia y Andrés Chinarro), por OT Demaría con Roberto Cortés, Pampa PM 11030, matriz MAI 216 (18/5/1951).

Brindis de tango (de Angel Sanzó y Alberto Morales), por Alberto Morales con Quinteto Angel Sanzó, D&D GS17651-2 (2005).

Burbujas (de Carlos Figari y Cátulo Castillo), por Francisco Fiorentino con orquesta, Odeon 32010 (30/01/1946).

Brindis para navidad (de Aquiles Roggero y Julio César Curi), por la Orquesta Símbolo "Osmar Maderna" con Adolfo Rivas, Victor 1A-2171, matriz 2037 (14/10/1960).

Caña (de Enrique Mónaco, Enrique Esviza y Julián Araujo), por OT D´Arienzo con Armando Laborde, Victor 60-1787, matriz 91281 (6/4/1949) y Victor AVL-3537, matriz RAAM 4396 (30/6/1964); por Rodolfo Lesica con OT Caldara-Lesica, Music Hall 30473 (1965); por Héctor Mauré con orquesta, Music Hall 738 (1968).

Caña amarga (de Roberto Lurati y Juan Bautista Abad Reyes), por Alberto Vila con guitarras, Victor 80852-B, matriz 44085/4 (26/5/1928).

Champagne tango (de Manuel Aróztegui), por OT Firpo, Odeon 517-A, matriz 354 (1914); por Orquesta Victor Popular, Victor 47252-B, matriz 44820 (20/10/1929).

Con cuatro copas encima (de Toto Rodríguez y Enrique Dizeo), por OT De Angelis con Carlos Dante, toma radial (sin fecha).

Copa de ajenjo (de Juan Canaro y Carlos Pesce), por OT F. Canaro con Francisco Amor, Odeon 5190-B, matriz 11269 (19/6/1941); por Azucena Maizani con piano y guitarras, Victor 39512, matriz 59979 (9/1/1942).

Copa de amargura (de Miguel Caló y Enrique Maroni), por Ada Falcón con OT F. Canaro, Odeon 11232-B, matriz 7246 (23/9/1932); por OT F. Canaro con Félix Gutiérrez, Odeon 4822-B, matrices 7244 y 7244/1 (23/9/1932).

Copa de silencio (de Alberto Arenas), por OT F. Canaro con Alberto Arenas, Odeon 51978, matriz 21084 (15/6/1956).

Copas, amigas y besos (de Mariano Mores y Enrique Cadícamo), por OT Troilo con Alberto Marino, Victor 60-0606, matriz 79990 (19/12/1944); por Alberto Castillo con orquesta, Odeon 7713, matriz 14468 (7/3/1945).

Copas y llantos (de Antonio Marano), por Gloria Díaz con guitarras, Tangos de lujo 5001 (1978).

Copetín vos sos mi hermano (de Andrés Domenech y Diego Flores), por Carlos Gardel con guitarras, Odeon 18226-A, matriz 1604e (22/10/1927); por OT F. Canaro con Agustín Irusta, Odeon 4353-B, matriz 1271e (3/9/1927); por OT Firpo, Odeon 8704-A, matriz 1493e (13/10/1927); por OT F. Lomuto, Odeon 7742-B, matriz 1893e (2/12/1927); por OT Fresedo, Odeon 5223-B, matriz 1952e (22/12/1927).

Cosas de borracho (milonga de Ubaldo Martínez), por Alberto Gómez con guitarras, RCA-Victor (16/10/1961).

Curda completa (de Roberto Firpo), por el Quinteto Criollo Tano Genaro, Atlanta faz 65148, matriz 41z (1912); por OT Firpo, Odeon 503-B o faz A 86123, matriz BA 084 (1913); por OT Ferrer, Victor 67609-B, matriz B-16132/1 (9/7/1915); por OT Arolas, Sonora 9007, Orophon 1905 o Tocasolo sin Rival 4013, matriz 28125 (1913/14); por Quinteto Polito, Homokord, matriz 70829 (1914).

De puro curda (de Carlos Olmedo y Abel Aznar), por OT Basso con Alfredo Belusi, Odeon 52218, matriz 22405 (27/8/1957); por OT D'Arienzo con Armando Laborde, Victor AVL-3634, matriz RAAM 5392 (14/10/1965); por Rodolfo Lesica con orquesta, Embassy (1979).

Destellos (de Francisco Canaro y Juan Andrés Caruso), por Ignacio Corsini con guitarras, Odeon 18436-A, matriz 2828 (1925) y Odeon 18555-B, matriz 2762e (14/6/1928); por OT F. Canaro, Odeon 4084-A, matriz 2335 (1924); por OT F. Canaro con Charlo, Odeon 5048-A, matriz 5867 (8/7/1930); por OT F. Canaro con Carlos Roldán, Odeon 51117-A, matriz 14335 (22/12/1944); por OT F. Canaro con Juan Carlos Rolón, Odeon DSOA/E 1591, matriz 21338 (20/9/1956); Ada Falcón con OT F. Canaro, Odeon 11195-A, matriz 5820/1 (1/7/1930); por OT D'Agostino con Ángel Vargas, Victor 60-0911, matriz 82053 (29/3/1946); y muchísimas versiones más.

Dos copas (de Anselmo Aieta y Reinaldo Yiso), por Horacio Casares con orquesta, Discos Zero B.501, matriz SZ501A (1974).

Duelo curda (milonga de Jaime Vila y Ernesto Cardenal), por Jorge Vidal con guitarras, Pampa PM 14160, matriz MAI 1890 (25/6/1956).

Ebrio (de Rafael Rossi y José Rial), por Carlos Gardel con guitarras, Odeon 18230, matriz 1457e (6/10/1927); por OT Rotundo con Enrique Campos, Pampa 14165, matriz MAI 1916 (1/8/1956).

Eche más caña patrón (de Juan Rodríguez y Restituto F. Torres), por Ignacio Corsini con guitarras, Odeon 18485-A, matriz 112e (2/12/1926); por OT Firpo, Odeon 6473-A, matriz 4035 (1926); por OT Fresedo, Odeon 5053-A, matriz 4083 (1926).

Eche otra caña pulpero (estilo de Enrique Delfino y Alberto Vaccarezza), por Carlos Gardel con guitarras, Odeon 18078-B, matriz 1486 (1923).

El borrachito (bailecito de Manuel Acosta Villafañe), por Libertad Lamarque con guitarras y quenas, Victor 60-0342, matriz 79504 (14/1/1944); por Orq. Calchaquí Manuel Acosta Villafañe, Victor 38356 (1937/38). ¡!

El borracho (de Domingo Vivas y Gerónimo Gradito), sin registro de grabaciones.

El borracho (de José Luis Padula), por OT F. Canaro, Odeon 6998-B, matriz 2001 (1924).

El curda (de José Zas, Francisco García y Pantaleón Mosca), por OT D´Arienzo con Armando Laborde, Victor 68-1142, matriz S 1649 (18/9/1953).

El curdela (de Juan Maglio "Pacho" y Jorge Luque Lobos), por Carlos Gardel con guitarras, Odeon 18082-B, matriz 1570 (1923); por OT Pacho, Odeon 7401-B, matriz 1337 (1923) y con Carlos Viván, Odeon 9054-B, matriz 5247 (15/3/1930).

El encopao (de Osvaldo Pugliese y Enrique Dizeo), por OT Troilo con Francisco Fiorentino, Victor 39699-B, matriz 69909 (1/9/1942); por OT E. Rodríguez con Armando Moreno, Odeon 7246, matriz 12297 (22/10/1942); por Miguel Montero con orquesta, aOdeon LDB-172 (03/7/1968); por OT Pugliese con Abel Córdoba, Philips 82229, matriz 08.1969 (1969); por Rubén Juárez con orquesta, EMI-Odeon 6783 (11/6/1974); por Roberto Goyeneche con orquesta, RCA-Victor AVS-4745 (197mig; por OT Pugliese, Odeon (26/11/1986).

El vinacho (milonga de José Razzano y Julio Navarrine), por OT Rotundo con Carlos Roldán, Odeon 55173, matriz 17860 (31/10/1950); por OT Donato con Carlos Almada, Pampa PM 11039, matriz MAI 378 (17/9/1951).

El vino triste (de Juan D´Arienzo y Manuel Romero), por OT D´Arienzo con Alberto Echagüe, Victor 38803, matriz 12932 (1/9/1939); por OT D´Arienzo con Armando Laborde, Victor 1A-0106, matriz S 3304 (1/9/1954); por OT D´Arienzo con Horacio Palma, Victor 1A-2117, matriz LAAB 1798 (27/6/1960).

El vino y mi guitarra (milonga de Miguel Ángel Caruso y Roberto Eugenio Collia), por Héctor Darío con orquesta Polyband CD007 (2003).

En la copa de la vida (de Roberto Videla y Reinaldo Yiso), por OT R. Tanturi con Roberto Videla, Victor 60-1123, matriz 82476 (15/11/1946).

Entre copa y copa (milonga de Angel D´Agostino, Alfredo Attadía y Héctor Marcó), por OT D´Agostino con Ángel Vargas, Victor 39594, matriz 69683 (23/4/1942).

Entre copa y copa (de Ángel Ciriaco Ortiz), por Trío Ciriaco Ortiz, Victor 37720, matriz 86760 (7/2/1935).

Entre curdas (milonga de Roberto Morel, Carlos Mayel y letra de Aldo Queirolo), por Jorge Vidal con guitarras, Odeon DMO-55505 (24/4/1958).

Entre tangos y champagne (de Carlos Emilio Rocco), por OT Firpo con Teófilo Ibáñez, Odeon 8811-B, matriz 3429e (1/11/1928).

Esta noche de copas (de Juan Carlos Howard y José María Contursi), por OT H. Varela con Fontán Reyes, Columbia C 20734, matriz CAO 136 (20/12/1957).

Esta noche me emborracho (de Enrique Santos Discépolo), con muchísimas versiones, por Carlos Gardel con guitarras, Odeon 18946-A, matriz 2829/3e (6/7/1928); por Ignacio Corsini con guitarras, Odeon 18548-A, matriz 2585/1e (28/5/1928); por OT D´Arienzo con Carlos Dante, Electra 768-B, matriz 303 (1928); por OT D´Arienzo con Alberto Echagüe, Victor 60-1244, matriz 82524 (6/12/1946); por OT D´Arienzo, Victor 1A-0322, matriz S 3534 (10/11/1954).

Estoy borracha (de Anselmo Aieta y Luis Rubistein), por Rosita Quiroga con guitarras, Victor 79764-A, matriz BAVE-1018/3 (25/11/1926).

Frente a una copa (de Francisco Amor y Santiago Wainer), por OT Pugliese con Alberto Morán, Odeon 30603, matriz 17280 (4/5/1949); por Sexteto Tango con Jorge Maciel, RCA-Victor CAL-3177 (8/4/1968).

Hesperidina (de J. Nirvassed), sin registro de grabaciones.

Kalisay (de Ángel Villoldo), sin registro de grabaciones.

La borracha (de José Servidio), por OT Pacho, Odeon 7434, matriz 2268 (1924).

La borracha (de Eduardo Pereyra), por OT Firpo, Odeon 6319-A, matriz 2469 (1924).

La borrachera del tango (de Adolfo Avilés y Enrique Pedro Maroni), por Carlos Gardel con guitarras, Odeon 18240-A, matriz 2791e (20/6/1928) y Odeon (ES) 200065-A, matriz SO 4626 (14/1/1928); con el título -obligado por la censura- *La embriaguez del tango:* OT Aníbal Troilo con Floreal Ruiz, Victor 60-0674, matriz 80595/1 (27/3/1945).

La copa del olvido (de Enrique Delfino y Alberto Vacarezza), por OT Firpo, Odeon 6014-A, matriz 661/1 (1921); Carlos Gardel con guitarras, Odeon 18041-B, matriz 691 (1921); por el dúo de pianos Lomuto-Quesada, Odeon 6504-A, matriz 684 (1921); además muchas otras versiones.

La garçonniere (de Francisco Canaro y Juan Andrés Caruso), por Ignacio Corsini con guitarras, Odeon 230-A, matriz 1839 (1924); por OT F. Canaro, Odeon 6971-B, matriz 1783 (1924); por OT F. Canaro con Charlo, Odeon 4765-B, matriz 6810 (5/8/1931); por Carlos Gardel con OT F. Canaro, Odeon 18200-B, matriz 2197 (1924); por Ada Falcón con OT F. Canaro, Odeon 11213-A, matriz 6811 (5/8/1931).

La novia del alcohol (de Dante Gilardoni y José Durany), por OT F. Canaro con Guillermo Rico, Odeon DSOA 1232, matriz 24642 (27/10/1959).

La última copa (de Francisco Canaro y Juan Andrés Caruso), con muchísimas grabaciones, por Carlos Gardel con guitarras, Odeon 18209-B, matriz 919e (14/6/1927); por OT F. Canaro, Odeon 4229-A, matriz 4180 (1926); por OT F. Canaro con Agustín Irusta, Odeon 4281-B, matriz 520e (23/3/1927); por OT F. Canaro con Charlo, Odeon 4731-A, matriz 6683 (13/5/1931); Ada Falcón con OT F. Canaro, Odeon 11209-B, matriz 6646 (22/4/1931); por OT F. Canaro con Alberto Arenas, Odeon 5299-B, matriz 16837 (15/1/1948); por OT F. Canaro con Guillermo Rico, Odeon DMO 55546, matriz 21352 (25/9/1956).

La última curda (de Aníbal Troilo y Cátulo Castillo), con cientos de versiones: por OT Troilo con Edmundo Rivero, Victor SB-35003, matriz 1296/56 (8/8/1956); por OT Troilo con Roberto Goyeneche, Victor AVL-3486, matriz MAAB 3818 (7/5/1963).

Los mareados (de Juan Carlos Cobián y Enrique Cadícamo), también con infinidad de versiones, se destacan: por OT Troilo con Francisco Fiorentino, Victor 39637-B, matriz 69758/1 (15/6/1942); OT Maderna con Adolfo Rivas, Victor 60-2105, matriz 94078 (29/3/1951); por OT Troilo, Victor AVL-3775, matriz RAAM 7023 (10/8/1967); OT Piazzolla, Polydor 27145 (1967); por OT Pugliese, Odeon 6933, matriz 43857 (20/10/1977).

Mi viejo copetín (de Paco Berón y Hugo Alcón), por Carlos Barral con orquesta, Redondel CD-45039 (1998).

Noche de locura (de Manuel Sucher y Carlos Bahr), por Héctor Mauré con guitarras, Columbia 15098, matriz CAO 36 (2/11/1954); por Charlo (1954); por Ángel Vargas con orquesta, RCA-Victor 68-1972, matriz SO 3640 (22/11/1954); por Jorge Vidal con OT Artola, Pampa PM 14116, matriz MAI 1512 (3/12/1954).

Pedí una copa más (de Lucho Neves y Pedro Bevacqua), por Mario Bustos con orquesta, Magenta (sin fecha).

Pena, copa y tango (de José Basso y Mario Núñez Díaz), por OT Basso con Oscar Ferrari, Odeon 55900, matriz 19273 (9/12/1953).

Pineral (de Ángel Villoldo), sin registro de grabaciones.

Sirva otra copa (de Arturo Gallucci y José Rótulo), por OT De Angelis con Carlos Dante, Odeon 3791, matriz 15182 (13/12/1945); por OT Francini-Pontier con Alberto Podestá, RCA-Victor 60-0877, matriz

80987 (29/1/1946); por Romeo Gavioli con su orquesta, Sondor 5084, matriz 1601 (1946).

Sírvame caña (de Agustín Paredes), por Orquesta Típica Donato-Zerrillo, Brunswick 1004-B, matriz 84 (1929).

Tal vez en algún bar (de Raúl Garello y Rubén Garello), sin registro de grabaciones.

Tal vez será mi alcohol (Tal vez será su voz) (de Lucio Demare y Homero Manzi), por OT Demare con Raúl Berón, Odeon 8065, matriz 12757 (6/5/1943) y vuelto a grabar con el nombre de *Tal vez será su voz* por causa de la censura, en septiembre del mismo año; por OT Troilo con Alberto Marino, Victor 60-0189, matriz 77122 (4/8/1943); por Libertad Lamarque con orquesta, Victor 60-0131, matriz 77025 (25/6/1943).

Tango, copas y amor (de Florindo Sassone y Ángel Di Rosa), por OT F. Sassone con Rodolfo Lemos, Microfón MIC-2925 (1979).

Tango en curda (de Mariano Mores y Rodolfo Taboada), por Hugo del Carril con la orquesta M. Mores, EMI-Odeon LLDMA 882 (28/10/1969).

Tango y copas (Otro tango) (de Héctor María Artola y Carlos Bahr), por OT Troilo con Alberto Marino, Victor 60-0035-B, matriz 84289/1 (5/4/1943); por Libertad Lamarque con orquesta, Victor 60-0107, matriz 84382 (28/5/1943); por OT M. Caló con Raúl Iriarte, Odeon 8379, matriz 13010 (10/8/1943); Reynaldo Martín con orquesta, Vaivén 421069 (1997).

Testamento de un curda (milonga de Enrique Mora, Walter Chiodini y Juana María González), por Cuarteto E. Mora con Roberto Campos, Pampa PM 17103, matriz MAI 1551 (1/2/1955).

Tomo y obligo (de Carlos Gardel y Alfredo Le Pera), por Carlos Gardel con guitarras, Odeon 18854-A, matriz 6878/1 (28/9/1931) e infinidad de versiones.

Traiga otra caña (de Antonio Scatasso y Alberto Novión), por OT D'Agostino con Ángel Vargas, Victor 39492, matriz 59862 (12/11/1941); por Ángel Vargas con su orquesta, Victor 68-0483, matriz S 276 (26/11/1952).

Traiga otra caña (de Antonio Scatasso y Juan Andrés Caruso), por Ignacio Corsini con guitarras, Odeon 18466-A, matriz 4103, (1926).

Una copa más (de Fidel Pintos, Manuel Ceferino Flores y Carlos Bahr), por OT R. Malerba con Antonio Maida, Odeon 5563, matriz 14162 (16/10/1944).

Un copetín (de Juan Maglio "Pacho"), por OT Pacho, Columbia T 522, matriz 56609-1 (1912); por OT Pacho con Carlos Viván, Odeon 7536, matriz 951e (20/6/1927). Tiempo después, José Fernández le agregó una letra que quedó inmortalizada en la versión de OT D´Agostino con Ángel Vargas, Victor 39359, matriz 59593 (24/7/1941).

Un curda (de Emilio Sassenus), por OT Firpo, Odeon 6347-B, 2707 (1925) y Odeon 8912-B, matriz 4871 (14/11/1929).

Un pobre borracho (de Pedro Vettori), por OT Maffia, Brunswick 1405-A, matriz 139 (1929).

Una canción (de Aníbal Troilo y Cátulo Castillo), con muchas versiones, las que más me gustan son: por OT Troilo con Jorge Casal, TK S-5192-A, matriz 474/53 (19/5/1953); por Horacio Deval con OT A. Galván, TK E-10014, matriz 465/53 (4/5/1953).

Vaciar la copa (de Raúl Garello), por OT Garello, EMI-Odeon (1/7/1986).

Viejo curda (de Guillermo Barbieri y José De Grandis), por Carlos Gardel con guitarras, Odeon 18224-B, matriz 1456e (6/10/1927); por OT Fresedo, Odeon 5189-B, matriz 1556e (18/10/1927).

Venga de donde venga (vals de Antonio Sureda y Gerónimo Sureda), sin registro de grabaciones.

Whisky (de Héctor Marcó), por OT Di Sarli con Jorge Durán, Victor 1A-2059, matriz 12GZTB 374 (4/10/1957).

CAPÍTULO III

Las minas y algo más

Vivo atado a tu recuerdo...
¡mujer!...[7]

El nombre de una mujer me delata.
Me duele una mujer en todo el cuerpo.
Jorge Luis Borges

Si hay un tema difícil, casi insondable en las letras de los tangos y en tantas otras cosas, es el universo femenino y, como no podía ser de otra forma, son muchísimas las obras al respecto. Cuando me propuse analizar el tema, comencé por explorar los títulos que tenían algún nombre o apodo de mujer y me llevé una flor de sorpresa por la enorme cantidad que encontré.

Primero, revisé la base de datos de versiones discográficas de mi colección; luego, hice lo mismo con las partituras de páginas que no llegaron al disco. También hice el ejercicio de revisar, mentalmente, aquellos títulos que, pese a no mencionar mujeres, hablan de ellas en sus letras e incluso, en algunos casos, sin siquiera decir el nombre. En resumen, estamos frente a un tópico con miles de obras.

Por tal motivo, decidí ocuparme exclusivamente de tangos en los que en su título haya un nombre o apodo, dejando también, para otra oportunidad, los valses y el resto de los ritmos. Así y todo, cuando inicié el abordaje y profundicé sobre las diferentes aristas de la cuestión, saqué la conclusión que excedía largamente el espacio de un capítulo, que era material para un libro entero.

7- Enrique Cadícamo, en su tango *A mí no me hablen de penas* (1941).

En realidad, con la excusa de las minas, nos fuimos desviando hacia algo de suma trascendencia como lo es la relación del hombre y la mujer y, a partir de ahí, en la problemática universal y atemporal de la pasión y el desencuentro, del amor y su pérdida. Sin duda, se trata de una de las preocupaciones más recurrentes en la poética tanguera, que hace imposible un análisis profundo en unas pocas líneas.

No obstante, siendo asunto de tan grande significación, elaboré un conciso ensayo sobre los diferentes tratamientos que encontré al respecto. Decidí, simplificar la abundante oferta, reseñando letras de un único autor, Enrique Cadícamo, y, como punto de partida, un tango suyo que, contradiciendo el plan, no lleva en su título ningún nombre de mujer, que además, habla de una sin nombrarla y que, como si esto fuera poco, tiene un argumento extraño para el género, por el ambiente aristocrático que da marco a los personajes. Me estoy refiriendo a *La casita de mis viejos*, tango de Juan Carlos Cobián y Enrique Cadícamo, que trata sobre el regreso de un "niño bien" al hogar paterno.

> las mujeres siempre son
> las que matan la ilusión.

Y más adelante:

> Pobre viejita la encontré
> enfermita; yo le hablé
> y me miró con unos ojos...
> Con esos ojos
> nublados por el llanto
> como diciéndome por qué tardaste tanto...
> Ya nunca más he de partir
> y a su lado he de sentir
> el calor de un gran cariño...

Sólo una madre nos perdona en esta vida,
es la única verdad,
es mentira lo demás.
(*La casita de mis viejos*, música de Juan Carlos Cobián)

Acá, están patentes los extremos conceptuales que sobre la fémina tiene el tango. La mina que seduce al varón pero que en definitiva lo rechaza, porque elige una vida fácil, una vida de lujos y placeres, y su antítesis, la viejita (la madre), una mujer siempre buena y sagrada que lo apaña en la desgracia y le da un cariño sublime. En el medio, decenas de matices y combinaciones.

Comenzaré por las milongueritas con éxito, que arrancan la pasión en los hombres por su belleza y personalidad:

Milonguerita linda, papusa y breva,
con ojos picarescos de pippermint,
de parla afranchutada, pinta maleva
y boca pecadora color carmín,
engrupen tus alhajas en la milonga
con regio faroleo brillanteril
y al bailar esos tangos de meta y ponga
volvés otario al vivo y al rana gil.
(*Che papusa, oí*, música de Gerardo Matos Rodríguez)

Gerardo Matos Rodríguez

El poeta pese a marcarle lo efímero de sus triunfos —«mañana te quiero ver»— y recordarle sutilmente su origen arrabalero, trata a la "papusa" con amabilidad, cariñosamente. De alguna manera, está implícita su admiración y porqué no, su amor hacia ella.

Algo parecido ocurre en:

Triunfa tu gracia, yo sé,
y en los fondines nocheros
sos de los muebles diqueros
el que da más relumbrón.

Despilfarrás tentación,
pero también, callejera,
cuando estés vieja y fulera
tendrás muerto el corazón.

Seguí nomás, deslizá
tus abriles por la vida,
fascinada y engrupida
por las luces del Pigall,
que cuando empiece a tallar
el invierno de tu vida
notarás arrepentida
que has vivido un carnaval.
(*Callejera*, música de Fausto Frontera)

Fausto Frontera

Al igual que el anterior, el narrador la pinta exitosa pero confundida, y en el desarrollo de los versos, le marca su pertenencia y una advertencia, dura y a la vez afectuosa, donde subyace escondida la bronca por no tenerla.

A veces, el relato sobre el perfil de la "garaba" es especialmente puntilloso y, en el caso que sigue, el presagio de sus futuras desventuras es minucioso y con algunos reparos a modo de consejos:

Roberto Goyeneche

Pensá, pobre pebeta, papa, papusa,
que tu belleza un día se esfumará,
y que como todas las flores que se marchitan
tus locas ilusiones se morirán.
El "mishé" que te mima con sus morlacos
el día menos pensado se aburrirá
y entonces como tantas flores de fango,
irás por esas calles a mendigar...

Triunfás porque sos apenas
embrión de carne cansada
y porque tu carcajada
es dulce modulación.

Cuando implacables, los años,
te inyecten sus amarguras...
ya verás que tus locuras
fueron pompas de jabón.
(*Pompas de jabón*, música de Roberto Goyheneche)

Cuando dice: "sos apenas embrión de carne cansada", el autor utiliza una metáfora despiadada, dirigida a una jovencita en los comienzos de su vida licenciosa. Es un vaticinio terriblemente cruel pero, al mismo tiempo, original y muy descriptivo del pensamiento y la moral de la época. Tampoco, en este ejemplo, el hombre se escapa del embeleso ni de la frustración de no ser el dueño del amor de esa muchacha. Habla enojado y desilusionado no solo por ella también por su propia suerte.

Otro tango parecido, pero con una descripción más ácida, llena de resentimiento y acompañada por una queja:

Tenés un camba que te hacen gustos
y veinte abriles que son diqueros,
y muy repleto tu monedero
pa´ patinarlo de Norte a Sud...
Te baten todos Muñeca Brava
porque a los giles mareas sin grupo,
pa´ mi sos siempre la que no supo
guardar un cacho de amor y juventud.
(*Muñeca brava*, música de Luis Visca)

El que cuenta la historia no puede disimular su fastidio y, como ya dijimos, detrás de tanta lisonja el motivo es siempre el mismo, el odio que genera el amor no correspondido.

En otro tango, la advertencia se transforma en una sentencia condenatoria:

Che, milonga, seguí el jarandón,
meta baile con corte y champán,

ya un noche tendrás que bailar
el tango grotesco del Juicio Final.
(*La reina del tango*, música de Rafael Iriarte)

Pero no todas las minas se marearon con tangos y champán -algunas como en el caso siguiente-, mantuvieron relaciones sinceras con el hombre amado, aunque con escaso éxito:

Yo no sé por qué senderos...
Yo no sé por qué camino...
En qué extraños remolinos
nos perdimos para siempre...
Sólo sé que comprendiendo tu valor...
te dejé para salvarte, pobre amor...
La miseria es cosa fuerte,
merecías mejor suerte... Corazón...
(*Hoy es tarde*, música de Juan Carlos Howard)

El tipo sabe que la mujer es buena, que lo quiso bien, y la valora. Reconoce, que su oferta de vida en común fue miserable y es más, la deja para salvarla. Es un caso similar al de *Confesión* (de Enrique Santos Discépolo). En síntesis, habla de las dificultades en la construcción del amor y en mantener viva su llama en circunstancias tan desfavorables.

En este grupo, donde pese al fracaso los amantes se respetan y comprenden, está esta joya que narra una cita llena de resignación y melancolía:

¡Afuera es noche y llueve tanto!...
Ven a mi lado, me dijiste,
hoy tu palabra es como un manto...
un manto grato de amistad...
Tu copa es ésta, y la llenaste.
Bebamos juntos, viejo amigo,
dijiste mientras levantabas

tu fina copa de champán...
(*Por la vuelta*, música de José Tinelli)

Y hablando de citas ¿por qué no una frustrada?

No vendrá.
Bien lo sé que ella no vendrá.
Y aunque esperar ya no quiero
otro rato más la espero.
No vendrá...
Pero igual pensando en ella estoy.
Ya por hoy no la veré
me lo dice la postrer
campanada de un reloj.
(*No vendrá*, música del propio Enrique Cadícamo)

La muerte no podía faltar en este repaso y, por supuesto, la difunta
es la mujer amada:

¿Qué duendes lograron lo que ya no existe?
¿Qué mano huesuda fue hilando mis males?
¿Y qué pena altiva hoy me ha hecho tan triste,
triste como el eco de las catedrales?
¡Ah!... ya sé, ya sé... Fue la novia ausente,
aquella que cuando estudiante, me amaba.
Que al morir, un beso le dejé en la frente
porque estaba fría, porque me dejaba.
(*La novia ausente*, música de Guillermo Barbieri)

El alcohol como disparador de confesiones íntimas entre personajes que, en determinadas ocasiones, ni siquiera se conocen pero que
padecen de las mismas angustias, de la misma soledad:

Ven a beber que estoy muy solo,
ven, buena amiga, flor nochera.
Yo soy un triste calavera,

vos, una más en el vaivén.
Ven a embriagarte yo te invito,
tal vez también tengas tus penas,
tus ojos dicen que sos buena.
Ven, magdalena del loco cabaret.
(_Dolor milonguero_, música de Juan Carlos Cobián)

El personaje invita a beber a una mujer de la noche, y le confiesa su desesperanza, le dice que está solo y triste, y hasta comprende que a ella pueda estar pasándole lo mismo.

Por supuesto! la página de oro con similar argumento, pero con dos que se conocen mucho:

Esta noche, amiga mía,
el alcohol nos ha embriagado...
¡Qué me importa que se rían
y nos llamen los mareados!
Cada cual tiene sus penas
y nosotros las tenemos...
Esta noche beberemos
porque ya no volveremos
a vernos más...

Juan Cobian

Los amantes se despiden resignados y beben confesándose su tristeza, haciendo un conmovedor balance de sus vidas. Están absolutamente en paridad de condiciones, como dos iguales, ninguno es mejor que el otro, están unidos por el dolor. Este tango es, sin duda, una de las obras maestras de Cadícamo.

Hoy vas a entrar en mi pasado
y hoy nuevas sendas tomaremos...
¡Qué grande ha sido nuestro amor!...
Y, sin embargo, ¡ay!,
mirá lo que quedó...
(_Los mareados, música de Juan Carlos Cobián_)

Casualidad o causalidad, varios investigadores hacen una observación sobre la posible influencia de Paul Geraldy* el escritor francés, autor de "Toi et moi", libro de poemas donde en uno de ellos, "Finale", dice: "Ainsi, dèjá, tu vas entrer dans mon passe" (Así, tu vas a entrar en mi pasado). No me parece, aún existiendo esa influencia, que la letra de Cadícamo se desmerezca, un ápice, por ese motivo, por lo cual iniciar una discusión al respecto, la entiendo como una cuestión vana e infructuosa, académicamente irrelevante.

*Paul Géraldy, seudónimo de Paul Lefèvre, escritor y poeta que nació en París, el 6 de marzo de 1885 y falleció en Neuilly-Sur-Seine, el 10 de marzo de 1983.

En cuanto a los amores pasajeros que mejor ejemplo que

La luz de un fósforo fue
nuestro amor pasajero.
Duró tan poco... lo sé...
como el fulgor
que da un lucero...
La luz de un fósforo fue,
nada más,
nuestro idilio.
Otra ilusión que se va
del corazón
y que no vuelve más.
(*La luz de un fósforo*, música de Alberto Suárez Villanueva)

Por último, y para ratificar la tesis que la madre es lo más sagrado para un tanguero*:

Ella fue como una madre,
ella fue mi gran cariño...
nos abrimos y no sabe
que hoy la lloro como un niño...
Quién la va a saber querer
con tanto amor,
como la quise.
(*Pa' que bailen los muchachos*, música de Aníbal Troilo)

El personaje que relata, no sabía como destacar la virtud de la mina y no se le ocurrió nada mejor que compararla con la vieja. ¿Existe un mejor elogio para un tanguero de ley?

*No obstante, he comprobado que similar pasión existe en el cante español y en el flamenco.

¡Qué poeta Cadícamo! Un observador de lujo que reflejó en sus tangos las pasiones y los anhelos de tantas mujeres... ¡claro! vistas con los ojos de un hombre. Pero, pese a ello, con una mirada amable y afectuosa, por momentos hasta generosa, aún con las minas, en apariencia más pérfidas pero que, en realidad, simbolizan lo inalcanzable o, en el mejor de los casos, el amor perdido. Resulta obvio que los tangos elegidos corresponden a otras épocas, a otra Buenos Aires donde imperaba el machismo, con costumbres y valores -éticos y estéticos- muy distintos a los de nuestros días, pero tratándose de un tema universal que hace a la esencia de la condición humana, nos siguen conmoviendo.

Algunos registros discográficos de tangos que se mencionan en el capítulo:

Callejera (de Fausto Frontera y Enrique Cadícamo), por OT Lomuto con Charlo, Odeon 7824-A, matriz 4600, 17-09-29; por Carlos Gardel, Odeon 18275-B, matriz 4273/1 (21/6/1929); por Sexteto Armando Baliotti con Osvaldo Chazarreta, Pathé PG 11030, matriz MAI 562 (4/1/1952); por OT D'Arienzo con Héctor Millán, RCA-Victor AVL 3486, matriz MAAB 3507 (27/9/1962).

Che papusa, oí (de Gerardo Matos Rodríguez y Enrique Cadícamo), por Carlos Gardel con guitarras, Odeon 18242-A, matriz 2830/1e (26/6/1928); por Ignacio Corsini con guitarras, Odeon 18541-A, matriz 2392e (10/4/1928); por OT Fresedo con Ernesto Famá, Odeon 5224-A, matriz 2009e (7/2/1928); por OT Firpo con Teófilo Ibáñez, Odeon 8750-B, matriz 2277e (29/3/1928); por OT Pacho con Félix Almagro, Odeon 7559-B, matriz 2003e (6/2/1928); por Alberto Vila con guitarras, Victor 79961-B, matriz BAVE-1575/2 (3/12/1927).

Dolor milonguero (de Juan Carlos Cobián y Enrique Cadícamo), por OT Osvaldo Manzi con Fontán Reyes, Odeon 52461, matriz 23741 (18/12/1958).

Hoy es tarde (de Juan Carlos Howard y Enrique Cadícamo), por Héctor Mauré con OT H. Varela, Columbia 15246, matriz CAO 90 (19/6/1956).

La casita de mis viejos (de Juan Carlos Cobián y Enrique Cadícamo), por OT Cobián con José Balbi, Victor 60-0417 (3/5/1944); por OT Pontier Julio Sosa, CBS-Columbia 8180, matriz CAO 160 (12/8/1958); por OT Fresedo con Héctor Pacheco, Columbia 301057-B, matriz MAI PM 796 (18/9/1952); por OT F. Sassone con Carlos Malbrán, Victor 60-1956, matriz 93658 (27/4/1950).

La luz de un fósforo (de Alberto Suárez Villanueva y Enrique Cadícamo), por OT Troilo con Alberto Marino, Victor 60-0325, matriz 77476 (17/12/1943).

La novia ausente (de Guillermo Barbieri y Enrique Cadícamo), por OT F Canaro con Ernesto Famá, Odeon 4865-A, matriz 7477 (26/7/1933); por Carlos Gardel con guitarras, Odeon 18883-A, matriz 7366 (9/3/1933); por OT De Angelis con Julio Martel, Odeon 30410, matriz 16512 (6/6/1947).

La reina del tango (de Rafael Iriarte y Enrique Cadícamo), por Carlos Gardel con guitarras, Odeon 18263-B, matriz KI 1974/1 (4/11/1928); por OT Canaro con Charlo, Odeon 4541-B, matriz 3829e (13/3/1929).

Los mareados (de Juan Carlos Cobián y Enrique Cadícamo), por OT Troilo, RCA-Victor AVL 3775, matriz RAAM 7023 (10/8/1967); por Alberto Podestá con guitarras, Pampa PM 14055, matriz MAI 1010 (27/1/1953); por OT Basso con Oscar Ferrari, Odeon 55598-A, matriz 18732 (11/12/1952); por OT Maderna con Adolfo Rivas, Victor 60-2105, matriz 94078 (29/3/1951). Con el título original *Los dopados* (con letra de Alberto Weisbach), por OT Fresedo, Victor 73552-A, matriz BA-105/3 (25/8/1922); por Roberto Díaz con violín y piano, Victor 77222, matriz BA-355/1 (8/8/1923).

Muñeca brava (de Luis Visca y Enrique Cadícamo), por Carlos Gardel con guitarras, Odeon 18297-A, matriz 4296/1 (28/6/1929); por OT F. Canaro, Odeon 4467-B, matriz 3092e (3/9/1928); por OT Firpo, Odeon 8822-B, matriz 3364e (18/10/1928); por OT Tanturi con Alberto Castillo, Victor 39711-A, matriz 69949/1 (22/9/1942).

No vendrá (de Enrique Cadícamo), por OT D'Agostino con Ángel Vargas, Victor 60-0821, matriz 80871 (2/11/1945).

Pa' que bailen los muchachos (de Aníbal Troilo y Enrique Cadícamo), por OT Troilo con Francisco Fiorentino, Victor 39579-B, matriz 69662/1 (16/4/1942); por Hugo del Carril con guitarras y bandoneón, recitando Julián Centeya, Victor 39717, matriz 69905 (31/8/1942); por Cuarteto Troilo-Grela, RCA-Victor AVL 3464, matriz MAAB 3468 (13/9/1962).

Pompas (Pompas de jabón) (de Roberto Goyheneche y Enrique Cadícamo), por OT Firpo, Odeon 6385-A, matriz 2792 (1925); por Carlos Gardel con guitarras, Odeon 18155, matriz SO 3619/1 (27/12/1925) y Odeon 18222-A, matriz 1374e (23/9/1927); por OT Canaro con Charlo, Odeon 4447-B, matriz 2523e (25/4/1928); por OT D'Arienzo con Juan Carlos Lamas, Victor 39787, matriz 69952 (24/9/1942).

Por la vuelta (de José Tinelli y Enrique Cadícamo), por OT F. Lomuto con Jorge Omar, Victor 38672, matriz 12686 (28/2/1939); por Tita Galatro con guitarras, Victor 38706, matriz 12760 (24/4/1939); por OT Basso con Floreal Ruiz, Odeon 51949-B, matriz 21071 (11/6/1956).

Algunos tangos y milongas que llevan en sus títulos nombres de mujer.

A la mujer argentina (de Roberto Giménez y Alejandro Romay), por OT Basso con Floreal Ruiz, Odeon 51975, matriz 21164 (26/7/1956); por OT Sánchez Gorio con Luis Mendoza, CBS-Columbia 15256, matriz CAO 93 (18/8/1956); por Héctor Pacheco con orquesta, Odeon LDM 315, matriz 21220 (13/8/1956); por Nina Miranda y Conjunto Típico, Odeon 51974, matriz 21150 (20/7/1956).

A Lola Mora (de Juan Carlos Cedrón), por Cuarteto Cedrón, Polydor 2480 143 (1974).

A María Rosa (de Francisco Federico), por OT D. Federico, RCA-Victor 60-2354, matriz S 1960 (11/2/1954).

A mi Pochocha (de Alberto López Buchardo), «Dedicado en atención a la Señorita Renée Sully afectuosamente». Sin registro de grabaciones.

Adelina (de Ángel Moretti y J. A. Torales), por OT E. Donato con Luis Díaz, Brunswick 1030-B, matriz 619 (1929).

Adelita (de Juan Maglio), por OT Pacho, Odeon 9078-B, matriz 6026 (12/9/1930) y Columbia TX 767, matriz 57205-2 (1913); Cuarteto G. Espósito, ERA 62059 (1913/14).

Alejandra (de Aníbal Troilo y Ernesto Sabato), por OT A. Di Paulo con Reynaldo Martín, del LP "14 con el Tango", Fermata LP-2901 (1966); por Héctor Mauré con orquesta, Music Hall 738 (1968).

Alice (de Eduardo Arolas), «Dedicado a la señorita Alice Lesage, afectuosamente»; por OT. Firpo, Odeon 648-A, matriz 345 (1920); por OT Buzón, Odeon 3702-B, matriz 11981 (12/5/1942).

Ana Lucía (de José Raúl Iglesias y Juan Bautista Gatti), por OT R. Tanturi con Osvaldo Ribó, RCA Victor 60-1141, matriz 82510 (29/11/1946).

Anita (de Carlos Macchi), por Rondalla del Gaucho Relámpago, ERA 61648 (1911/12).

Apenas Marielena (de Armando Pontier y Federico Silva), por OT Troilo con Roberto Goyeneche, RCA-Victor AVL-3829, matriz RAAM 8546 (28/11/1968).

Arlette (de Antonio Bonavena y Horacio Sanguinetti), por OT Biagi con Alberto Amor, Odeon 5637, matriz 12623 (3/3/1943); por OT D'Arienzo con Héctor Mauré, RCA-Victor 60-0136, matriz 77022 (23/6/1943).

0

Así era Blanquita (de Roberto Medina), por Roberto Medina con guitarras, Almalí 125.111 (1989).

Así es Ninón (de Juan Larenza y Marsilio Robles), por OT De Angelis con Carlos Dante, Odeon 30401-B, matriz 15831 (25/9/1946); por OT Troilo con Alberto Marino, RCA-Victor 60-1054, matriz 82352 (25/9/1946); por Nelly Omar con guitarras, Magenta 512510 (5/12/1997).

Ataniche (de Ernesto Ponzio), por OT D'Arienzo, Victor 38050, matriz 93412 (27/11/1936); Cuarteto R. Firpo, Odeon 3529-A, matriz 12041 (15/6/1942).

Azucena (de Rafael Tuegols y Enrique Rando), por Azucena Maizani con OT F. Canaro, Odeon 11027-A, matriz 3794 (1926).

Barbie (de Roberto Apeseche y Sebastián Cavaro), por Cuarteto Musa Porteña con Roberto Apeseche, EPSA Music 13062 (1996).

Beba (de Edgardo Donato y Celedonio Flores), por Rosita Quiroga con Eduardo Pereyra, Victor 79522-B, matriz BA-545/1 (1925) y con guitarras, Victor 79632-B, matriz BAVE-754/2 (1/3/1926); por OT J. De Caro, Victor 79595-A, matriz BA-676/3 (13/10/1925).

Belén (de Augusto Berto), por OT Di Sarli, Victor 47226-A, matriz 44835/2 (9/10/1929); OT E. Donato, Victor 37936, matriz 93201 (10/6/1936); por OT Firpo, Odeon 651-B, matriz 377Rp (1920); por OT Select, Victor 72836-A, matriz B-24433/1 (31/8/1920).

Berta (de Armando Carrera y Gerardo Moraga), por Agustín Magaldi con orquesta, Victor 80030-A, matriz BAVE-1266/2 (1/6/1927).

Bijou (de Genaro Espósito), «A mi estimado amigo Edgardo C. De La Peña Mitre». Sin registro de grabaciones.

Bijou (de Juan Canaro), por OT F. Canaro, Odeon 4197-B, matriz 3609 (1925).

Bijou (de Juan José Paz y Roberto Lambertucci), por Néstor Fabián, Odeon LDI-202 (1963); por Trío Oscar De Elía, particular AC-2001 (2000).

Blanquita (de E. Lancelotti), por OT J. De Caro, Victor 79577-A, matriz BA-640/1 (16/7/1925).

Cachita (de Roque Silliti), por OT Fresedo, Odeon 5035-B, matriz 3465 (1925); por OT De Caro, Victor 79631-A, matriz BA-751/1 (25/1/1926).

Camila (de Juan Carlos Cáceres), por Juan Carlos Cáceres y su conjunto, Discos CNR 21601 (2003).

Carmen (de Armando Cernuda), por OT Fresedo, Odeon 5264-B, matriz 2691 (29/5/1928).

Carmencita (de Evert Taude), por Juan José Mosalini y Tango For Three, Kirkelig Kulturve FXCD-92 (1990).

Carmencita (de Luis Stazo), por Trío Stazomayor, Fearless Records F-2007002 (2007).

Carmencita (de Antonio Lagomarsino), por Rondalla del Gaucho Relámpago, ERA 61949 (1911/12).

Carmín (de Victor Buchino y Marsilio Robles), por Alberto Marino y su orquesta, Odeon 55674, matriz 18880 (21/4/1953); por Edmundo Rivero con orquesta, RCA-Victor 68-0962, matriz S 1083 (6/8/1953).

Carmín (de Aníbal Troilo y Cátulo Castillo), por OT Troilo con Jorge Casal, TK S 5259, matriz 663/54 (12/2/1954).

Carta para Renée (de Manuel Sucher y Marvil), por OT M. Caló con Alberto Podestá, Odeon LDI-545, matriz 29003 (17/5/1963); por OT De Angelis con Roberto Mancini, Odeon 7004-A, matriz 29319 (25/7/1963); por Héctor Mauré con orquesta, Music Hall 30-118/2 (12/12/1963).

Catita (de Ricardo Thompson), por OT De Caro con Teófilo Ibáñez, Brunswick 1281-A, matriz 2471(1932); por OT Firpo, Odeon 6049-A, matriz 783 (1922).

Catita (de Eduardo Arolas), «Dedicada a la simpática Sta. Catalina Morros». Sin registro de grabaciones.

Charito (de Domingo Branda), por Rondalla Atlanta, Atlanta faz 65128 (1912).

Che Marieta (de Aldo Campoamor), por Cuarteto D. Lomuto con Aldo Campoamor, Discofonía (1963).

Chelita (de C. Cido), por OT Fresedo, Odeon 5044-B, matriz 3767 (1926).

Chiche (de Rodolfo Sciammarella), por Rosita Montemar con orquesta, Victor 80800-A, matriz BAVE-1652/1(14/2/1928).

China (de Juan Canaro), por OT F. Canaro, Odeon 6947-B, matriz 1660 (1923); por OT Firpo, Odeon 6266-B, matriz 1949 (1924).

Chinita linda (de Miguel Orlando), por OT Firpo, Odeon 6284-B, matriz 1991 (1924).

Chiquita (de María Teresa Ratto Valerga), por OT F. Canaro, Odeon 4486-B, matriz 3096e (3/9/1928).

Chiquita (de Francisco Pracánico), por OT Firpo, Odeon 6029-A, matriz 690 (1921).

Chola (de Antonio Polito y Enrique Pedro Maroni), por Carlos Gardel con guitarras, Odeon 102215, matriz SO3841 (6/1/1926) y Odeon 18168, matriz 3963 (1926); por OT F. Canaro Odeon 4150-B, matriz 3590 (1925); por OT Lomuto, Odeon 7660-A, matriz 3437 (1925).

Chola (de Humberto Canaro), por OT F. Canaro, Odeon 4784-B, matriz 7073 (18/3/1932).

Cholita (de José María Rizzuti), por OT F. Canaro, Odeon 4026-B, matriz 2282 (1924); por OT Victor, Victor 79630-A, matriz BA-750/3 (19/1/1926).

Cholita (de Eugenio Nóbile), por OT Cobián, Victor 77227-A, matriz BA-342/1 (25/7/1923).

Chonguita (de Mario Canaro), por OT F. Canaro, Odeon 4270-A, matriz 490e (17/3/1927).

Clarita (de Domingo Fortunato y José González Castillo), por OT Firpo, Odeon 6125-B, matriz 1031 (1922); por Carlos Gardel con guitarras, Odeon 18077, matriz 1397 (1923).

Claudia (de Alberto Caracciolo), por Quinteto de Tango Contemporáneo (31/7/1959).

Claudinette (de Enrique Delfino y Julián Centeya), por Mercedes Simone con orquesta, Odeon 11330, matriz 12050 (18/6/1942); por OT D'Arienzo con Héctor Mauré, Victor 39689, matriz 69864 (12/8/1942); por Héctor Mauré y su orquesta, Odeon 52597, matriz 24285 (31/7/1959); por Enrique Delfino, RCA-Camden CAL-3033 (1967).

Cleopatra (de José Martínez), por OT Firpo, Odeon 585-A, matriz 290/1 (1920).

Clotildita (de Alberico Spátola), por OT F. Canaro, Odeon 6962-B, matriz 1672 (1923).

Delia (de Eduardo Arolas), por OT Arolas, Odeon Faz A 86005, disco 530-B, matriz BA 007 (1913).

Didí (de Roberto Firpo), por OT Ferrer, Victor 67602-B, matriz B-15926/1 (22/4/1915); por OT F. Canaro, Atlanta 3024, matriz 48(1915); OT Fresedo, Odeon 5197-A, matriz 1558e (18/10/1927); por OT Firpo, Odeon 3125, matriz 9048 (11/6/1937) y Odeon 510-A, matriz 345 (1914); por OT Tanturi, Victor 39408-A, matriz 59788 (18/9/1941); por OT Biagi, Odeon 5627, matriz 11522 (21/10/1941); por OT Di Sarli, Victor 60-1186, matriz 83202 (14/1/1947) y Music Hall 1004B, matriz BA1006 (1951).

Dolores (de Raoul Moretti), por OT.Eduardo Stubbs Perron, (31/8/1928).

Dolores (de Geraldo Bright), por Geraldo and his Gaucho Tango Orchestra, TB2593-1 (sin fecha).

Doña Rosario (de Rafael Del Bagno), por Cuarteto Dos por Cuatro, CBS-Columbia 80382 (17/6/1968).

Dorita (de José Moreno), por Imperio Argentina con guitarras, Parlophon 129113, matriz B 25821-1 (1930); por Juan Carlos Marambio Catán con piano de Juan Cruz Mateo (1931).

Dulce y tierna Marylin (de Tito Ferrari, Roberto Cardé y Luis Valente), por Buenos Aires Tres con Alfredo Valles, DPS 7581 (sin fecha).

El ángel de Alejandra" (de Saúl Cosentino y Guillermo Yantorno), por Saúl Cosentino con Patricia Barone, M&M TK-38116 (1999).

El beso de Manuelita (de Enrique Maciel y Héctor Blomberg), por OT Victor con Fernando Díaz, Victor 37267-B, matriz 66895/1 (2/9/1932).

Elena la de San Telmo (de Paco Berón y Oscar Vázquez), por Carlos Moreno (2000).

Elisa (de Marino García), por OT Arolas, Odeon faz A 86064, matriz BA 106 (1913).

Elvirita (de Eugenio Carrere), por OT Fresedo, Odeon 5116-B, matriz 357e (23/1/1927).

Elvirita (de Osvaldo Fresedo), por OT Fresedo, Victor 73702-A, matriz BA-150/5 (24/10/1922).

Elvirita (de José Fuster), por Quinteto Criollo Augusto, Atlanta faz 65507 (1913/14).

Emmita (de Luis Servidio), por OT Firpo, Odeon 6026-A, matriz 702 (1921).

Enriqueta (de Luis F. Mazzone), por Orq. Columbia, Columbia T 440, matriz 55876-1 (1911).

Estela (de José María Cresta), por OT Pacho, Columbia T 927, matriz 59142 (1914).

Estela Maris (de Julio Cobelli y Elbio Ariosa Casciani), por Ledo Urrutia con guitarra de Julio Cobelli (2000).

Estela tango (de Juan Manuel Abras), por dúo de pianos de Estela Telerman y Guillermo Carrio, Pretal PRCD 138 (2007).

Esthercita (de Lucas Gómez), por OT F. Canaro, Odeon 4076-A, matriz 2579 (1925).

Estrella (de Marcelino "Cholo" Hernández y Roberto Cassinelli), muchas versiones; por OT D'Arienzo con Jorge Valdez, RCA-Victor 1A-4057, matriz MAAB-2458 (29/6/1961); OT Biagi con Hugo Duval, Music Hall 894 (1962); por Héctor Mauré con orquesta, Music Hall 774 (1966).

Felicia (de Enrique Saborido), muchísimas versiones; por OT Espósito, Victor 63905-A, matriz H-673/1 (28/2/1912); por Rondalla del Gaucho Relámpago, ERA 61420 (1911/12); por Rondalla Criolla, Homokord 70357 (1913); por OT Fresedo, Odeon 5191-A, matriz 1551e (18/10/1927); por OT F. Canaro, Odeon 4551-A, matriz 4175-2e (4/6/1929); por OT Carabelli, Victor 37225-B, matriz 66835 (24/6/1932); por OT D'Arienzo, Victor 38803, matriz 12931 (1/9/1939) y Victor 60-1519, matriz 83801 (23/12/1947) y RCA-Victor 68-1641, matriz 2084 (29/4/1954) y RCA-Victor AVL-3512, matriz MAAB-4059 (6/11/1963).

Flora (de Augusto Berto), por OT Di Sarli con Ernesto Famá, Victor 47519, matriz 60484 (4/11/1930).

Gaby (de Alberto Visca y Sixto Pondal Ríos), sin registro de grabaciones.

Germaine (de Ramón Alberto López Buchardo), por OT F. anaro, Atlanta 3039, matriz 77 (1916); por Orquesta King, Victor 67697-A, matriz B-16828/1 (30/11/1915); por OT Firpo, Odeon 508-A, matriz 325 (1914); por OT Criolla Arolas, Premier 126, Orophon 1903, El ruiseñor 23, Tocasolo sin Rival 4013 y Polydor 14834, matriz 28114 (1913/14); por OT dirigida por Firpo, ERA 62398 (1914).

Gigí (de Enzo Valentino y Eduardo Moreno), por Enzo Valentino con orquesta, TK (1957) y Discofonía (1963); por OT Basso con Floreal Ruiz, Odeon 51350, matriz 23071 (14/5/1958).

Graziella (de Otello Elli y Armando Tagini), sin registro de grabaciones.

Gricel (de Mariano Mores y José María Contursi), muchísimas versiones: por OT Troilo con Francisco Fiorentino, Victor 39771-A, matriz 84033/4 (30/10/1942); por OT F. Canaro con Eduardo Adrián, Odeon 5218-A, matriz 12266 (30/9/1942); por Libertad Lamarque con orquesta, Victor 39748, matriz 69982 (6/10/1942); por Roberto Goyeneche con Atilio Stampone, RCA-Victor AVL-4084 (6/12/1971).

Gringuita (de José De La Vega y Ernesto Cortázar), por Agustín Irusta con orquesta, RCA-Victor 70-7435 (1946).

Griseta (de Enrique Delfino y José González Castillo), muchísimas versiones: por Carlos Gardel con guitarras, Odeon 18117-A, matriz 2491 (1924); por F. OT Canaro, Odeon 4036-A, 2365/1 (1924) y Odeon 4408-B, matriz 1933e (9/12/1927); por Trío Pacho, Odeon 6858-B, matriz 2642 (1925); por Ignacio Corsini con guitarras, Odeon 18638-B, matriz 6561 (11/3/1931); por OT Di Sarli con Roberto Rufino, Victor 39331-A, matriz 59528 (21/6/1941); por OT F. Canaro con Mario Alonso, Odeon 55736-A, matriz 18831 (25/3/1953).

Helena (de Manlio Francia y Francisco García Jiménez), por OT Fresedo, Odeon 5048-B, matriz 3759/1 (1926).

Insólita Judith (de Armando Lacava y Héctor Marcó), sin registro de grabaciones.

Irene (de Rafael Iriarte), por OT Flores, Victor 73516-A, matriz BA-102/2 (18/8/1922).

Irma (de Pedro Numa Córdoba), por OT Flores, Victor 73733-A, matriz BA-196/2 (12/1/1923).

Isabel de Budapest (de Aminto Vidal y Roberto Fernández), por Héctor Varela con Jorge Rolando, Music Hall 12246 (1962).

Ivette (de Augusto Berto y Pascual Contursi), muchas versiones: por OT Ferrer, Victor 72161-A, matriz B-22081/3 (16/8/1918); por Carlos Gardel con guitarras, Odeon 18024-B, matriz 226/1 (1920); OT De Caro, Victor 79673-A, matriz BAVE-833/2 (9/6/1926); por Jorge Vidal con guitarras, Odeon (30/12/1952).

Ivon (de Luis Visca y Horacio Sanguinetti), por OT Tanturi con Enrique Campos, Victor 60-0775, matriz 80801 (5/9/1945); por OT De Angelis con Julio Martel, Odeon 3789, matriz 15051 (30/10/1945).

Jacqueline (de Bernardo Germino), por OT Pacho, Odeon 7441-A, matriz 2736 (1925); por OT Firpo, Odeon 6379-B, matriz 2741 (1925).

Jeanne (de Juan Maglio), por OT Pacho, Columbia TX 759, matriz 57198-2(1913).

Jeanne (de Pujol), por OT Arolas, Odeon faz A 86066, matriz BA 129 (1913).

Jeanette (de Juan Maglio), por OT Pacho, Odeon 9088-B, matriz 6144 (7/10/1930).

Joaquina (de Juan Bergamino), por Orquesta dirigida por A. Bosc, Pathé 5447 (1907); por Banda de la Guardia Republicana de París, Gath & Chaves, matriz 229 (c. 1908); por Rondalla Vásquez, Atlanta faz 65042 (1912); por Orquesta, Homokord 7809 (1910); por solo de piano de Manuel Campoamor, Odeon faz A 85015, matriz BG 17 (1910); por Orq. Militar, Gloria 60201 (c. 1910); por Orq. Victor, Victor 62442-B, matriz B-8567/1 (20/1/1910); por OT Criolla Greco, Columbia T 221, matriz 55413-1 (1910); por Banda Atlanta, Atlanta faz 65231 (1912); por OT D'Arienzo, Victor 37849, matriz 93040 (12/12/1935); por Quinteto Don Pancho, Odeon 4119, matriz 10187 (29/11/1939); por OT D'Arienzo, Victor 60-0260, matriz 77406 (23/11/1943) y Victor 68-1407, matriz 1890 (28/12/1953)

Juana Tango (de Alfredo Navarrine y Julio Navarrine), por Elsa Rivas con orquesta, sin datos (20/11/1958).

Juana Ñaco (de Juan Mallada), por Rondalla Vásquez, Atlanta faz 65094 (1912); por Banda Atlanta, Atlanta faz 65269 (1912).

Juanita (de Ricardo González "Muchila"), dedicado: «A la distinguida Sra. Juana F. de Campos». Sin registro de grabaciones.

Juanita (de Vicente Loduca), por Rondalla del Gaucho Relámpago, ERA 61045 (1911/12).

Juanita (de Modesto Díaz), por Banda Atlanta, Atlanta faz 65296 (1912).

Juanita mía (de Juan Rodríguez), por OT Pacho, Odeon 7424-A, matriz 1941 (1924).

Julienne (de Nicolás Primiani), por OT Victor, Victor 79897-A, matriz BAVE-1362/2 (1/8/1927).

Julieta (de José Di Clemente), por OT Pacho con Carlos Viván, Odeon 7526-A, matriz 656e (25/4/1927).

Julita (de Matías Naya), por OT Criolla Pécora, Arena 244, matriz 28153 (1913/14).

La Beba (de Osvaldo Pugliese), por OT Francini-Pontier, RCA-Victor 60-1490, matriz 83750 (10/11/1947); por OT Del Piano, Pathé 10005, matriz MAI-1254 (16/10/1953); por Osvaldo Pugliese, Odeon 6897, matriz 39281 (25/4/1972).

La Galarcita (de Mauricio Guariglia y Antonio Polito), por Banda de la Guardia Republicana de París, Gath & Chaves, matriz 257 (c. 1908); por Banda Ítalo Argentina, Odeon faz A 85040 (1910); por Quinteto Pirincho, Odeon 4133-A, matriz 11197 (21/5/1941); por OT D'Arienzo, Victor 60-0865, matriz 80944 (24/12/1945); por Firpo y su Nuevo Cuarteto, Odeon 55106-B, matriz 17657 (19/5/1950).

La gaucha Manuela (de Roberto Firpo), por OT Pacho, Columbia Record T 649 y S 2009, matriz 56810-1 (1912); por Banda de Policía, ERA 60533 (c. 1910).

La uruguayita Lucía (de Eduardo Pereyra y Daniel López Barreto), por Carlos Gardel con guitarras, Odeon 18890-A, matriz 7508/1 (25/8/1933); por OT R. Tanturi con Enrique Campos, Victor 60-0666, matriz 80604 (12/4/1945), por Roberto Goyeneche con orquesta, RCA-Victor AVS-4623 (1978).

Las Malenas (de Sacri Delfino y Héctor Negro), por Trío El Berretín con Patricia Ferro Olmedo, UNLZ CD-1842 (2000).

Las Malenas (de Ramiro Gallo), por Quinteto Ramiro Gallo, EPSA Music 344-02 (2003).

Lelia (de Eduardo Arolas), por J D'Arienzo y su OT, Victor 38544-A, matriz 12447 (26/8/1938).

Lelia (de Luis Lafont), por OT Pacho, Odeon 7509-B, matriz 198e (20/12/1926).

Leonor (de Francisco San Lío), por Orquesta Burlando, Columbia T 614, matriz 57005-1 (1912).

Lilián (de Héctor Varela y Luis Caruso), por OT D'Arienzo con Héctor Mauré, Victor 60-0427-A, matriz 79689 (17/5/1944); OT H. Varela con Luis Correa, Music Hall 12246 (1962); OT H. Varela con Fernando Soler, Microfon SE-954 (1973); por Héctor Mauré con orquesta, Music Hall 2241 (1971).

Lina (de Osvaldo Fresedo), por OT Fresedo, Victor 73414-A, matriz BA-61/3 (23/5/1922).

Lysou (de Alfredo Rubín), por Alfredo "Tape" Rubín con las guitarras de Puente Alsina, Acqua Records AQ 059 (2004).

Lola (de José María Lacalle), por Pilar Arcos con orquesta, Columbia 2415-X, matriz W 95140 (1926).

Mabel (de Pascual Legorburu), por OT Victor, Victor 79839-B, matriz BAVE-1181/2 (27/4/1927).

Madalit (de Enrique Delfino y Agustín Delamónica), por OT M. Caló con Raúl Iriarte, Odeon 8394, matriz 14200 (7/11/1944).

Madame Ivonne (de Eduardo Peryera y Enrique Cadícamo), muchas versiones: por Carlos Gardel con guitarras, Odeon 18906-B, matriz 7586 (6/11/1933); por OT E. Donato con Alberto Gómez, Victor 37727-B, matriz 86770 (20/2/1935); por OT R. Tanturi con Alberto Castillo, Victor 39553-B, matriz 69619 (18/3/1942); por Julio Sosa con orquesta, Columbia-CBS 8379, matriz 3236 (8/11/1962); Roberto Goyeneche con orquesta, RCA-Victor AVS-3721 (23/12/1966).

Madame Julie (de Enrique Maciel y Francisco Baldana), por Edmundo Rivero con guitarras, TK S 5305, matriz 772 (1954); por OT D'Arienzo con Armando Laborde, Victor 3AE-3795, matriz RAAM-12243 (26/11/1971).

Magalí (de Raúl Montero y Enrique Estrázulas), por Raúl Montero "El Ciruja", Tabaré Records RM-1929 (1997).

Magda (de José Servidio, Luis Servidio y Alfredo Roldán), por OT Servidio, Electra 795-B, matriz 370 (1928); por OT Fresedo, Odeon 5044-A, matriz 3902 (1926).

Magdala (de Rodolfo Biagi y Francisco Gorrindo), por OT D'Arienzo con Armando Laborde, Victor 60-0620, matriz 80503 (26/12/1944); por OT Biagi con Jorge Ortiz, Odeon 5648-A, matriz 14413 (24/1/1945); por con Hugo Duval con conjunto (1973).

Magdalena (de Luis Caruso y Del Cisne), por OT R. Malerba con Orlando Medina, Odeon 5557, matriz 13011 (10/8/1943).

Malena (de Lucio Demare y Homero Manzi), numerosas versiones: por OT Troilo con Francisco Fiorentino, Victor 39570-A, matriz 59967/2 (8/1/1942); por OT Troilo con Raúl Berón, TK S 5159-A, matriz 294/52 (18/8/1952); por OT Demare con Juan Carlos Miranda, Odeon 8053-A, matriz 11741 (23/1/1942); por Edmundo Rivero con orquesta, Philips P 13904 L (1960); por Roberto Goyeneche con orquesta, RCA-Victor AVS-3791, matriz VAAY-2018 (10/4/1968).

Malena siglo XX (de Ernesto Rossi y San Diego), por OT H. Varela con Jorge Falcón, Microfon SE 60158 (1974).

Malenita (de Carlos Quilici), por Quinteto Los Tauras de Carlos Quilici, E.M.R MPR47 (2007).

Mamboretá (de María Isolina Godard y Francisco García Jiménez), por OT Donato con Carlos Almada, Pampa 110002, matriz 031 (7/7/1950); por OT Basso con Jorge Durán, Odeon 55143-A, matriz 17775 (29/8/1950).

Manón (de Arturo De Bassi y Antonio Podestá), por OT Carabelli con Alberto Gómez, Victor 37200-B, matriz 66727 (20/5/1932); por Alberto Gómez con orquesta, Victor 37238, matriz 66837 (24/6/1932); por OT

Fresedo con Oscar Serpa, Victor 39661, matriz 69805 (17/7/1942); por OT Pugliese con Abel Córdoba, Philips 82229, matriz 08.1969 (1969).

Margarita Gauthier (de Joaquín Mora y Julio Jorge Nelson), muchas versiones: por Alberto Gómez con orquesta, Victor 37729-B, matriz 86774 (21/2/1935); por OT M. Caló con Raúl Berón, Odeon 8370-A, matriz 12204 (9/9/1942); por OT Troilo con Francisco Fiorentino, Victor 60-0017-B, matriz 84251/1 (11/3/1943); por Roberto Quiroga con orquesta, Victor 60-1188, matriz 83208 (15/1/1947); por OT Salgán con Roberto Goyeneche, TK (1954).

Margo (de Armando Pontier y Homero Expósito), por OT M. Caló con Raúl Iriarte, Odeon 30008, matriz 15104 (15/11/1945); por OT F. Canaro con Guillermo Rico, Odeon 5275-A, matriz 15186 (14/12/1945); por OT Troilo con Alberto Marino, Victor 60-0847-A, matriz 80935/1 (18/12/1945); por OT Francini-Pontier con Alberto Podestá, Victor 60-0877, matriz 80986 (29/1/1946); por Rubén Juárez con orquesta, EMI 6620 (18/10/1972); por Roberto Goyeneche con orquesta, RCA-Victor AVS-4745 (1979).

Margot (de José Ricardo y Celedonio Flores, -registrado por Carlos Gardel, Celedonio Flores y José Razzano-), muchas versiones: por Carlos Gardel con guitarras, Odeon 18033-B, matriz 443 (1921); por Charlo con guitarras, Odeon 16120-A, matriz 10361/1 (27/3/1940); por OT Biagi con Carlos Saavedra, Odeon 5667, matriz 16718 (23/9/1947); por Edmundo Rivero con orquesta, RCA-Victor 63-0019-A (24/8/1950); por Alberto Marino con su orquesta, Odeon (21/5/1951).

Margot (de Juan Maglio), por OT Maglio, Columbia 7501, matriz 370.583 (1931); por OT Argentina Celestino, Victor 72298-A, matriz B-22549/3 (19/3/1919).

Margot (de Samy Friedenthal), sin registro de grabaciones.

María (de Aníbal Troilo y Cátulo Castillo), muchísimas versiones: por OT Troilo con Alberto Marino, RCA-Victor 60-0795, matriz 80840 (9/10/1945); por Francisco Fiorentino y su orquesta, Odeon 30206-A, matriz 15005 (16/10/1945); por OT D. Federico con Oscar Larroca, RCA-Victor 60-0829, matriz 80910 (26/11/1945); por Libertad Lamarque con orquesta, Victor 60-0853, matriz 80949 (1945); por Oscar Alonso con guitarras, Sondor 5096-A, matriz 1680 (1946); por

OT Troilo con Roberto Rufino, RCA-Victor AVL-3486, matriz 3819 (7/5/1963).

María Angélica (de Vicente Greco), por Quinteto Criollo Garrote, Atlanta faz 65185, matriz 422z (1912); por OT Criolla Pécora, Orophon 1876, Premier 132 y Arena 236, matriz 28137 (1913/14); por OT Biggeri, ERA 62251 (1913/14); por OT Ferrer, Victor 67686-A, matriz B-16636/1 (13/10/1915); por OT Adolfo Pérez "Pocholo", Odeon 9132-B, matriz 7860 (20/10/1934).

María Barrientos (de Ernesto Zambonini), por Quinteto Criollo Augusto, Atlanta faz 65521 (1913/14).

María Celestina (de Juan Maglio y R. Álvarez Roldán), por OT Pacho, Columbia TX 766, matriz 57228-2 (1913).

María Cristina (de Eduardo Armani), por OT Victor, Victor 79775-B, matriz BAVE-1040/2 (6/12/1926).

María de nadie (de Eladia Blázquez y Alfredo Mario Iaquinandi), por Eladia Blázquez con trío L. Federico, RCA-Victor AVLP-3972 (1970); por Alfredo Belusi con orquesta, Music Hall 2208 (1970).

María del Carmen (de Romeo Gavioli y José Rótulo), por Romeo Gavioli con su orquesta, SONDOR 5015, matriz 1111 (1944).

María la del portón (de Andrés Natale y Abel Aznar), por OT Basso con Floreal Ruiz, Odeon 52463, matriz 23689 (3/12/1958).

María Luisa (de Alcides Palavecino), por OT Pacho, Odeon 7458-A, matriz 3247 (1925).

María Sur (de Néstor Basurto y Alejandro Szwarcman), por Néstor Basurto, EPSA Music 1227-02 (2011).

María Teresa (de Antonio Allegre), por Alberto Podestá con Joaquín Mora, Sonolux (Colombia, 1960); por Jorge Sarelli con orquesta, Orfeón E-JM-145 (México sin fecha).

Marianita (de José Martínez), dedicado: «A la Señora Amelia Amadeo»; por Quinteto Criollo Augusto, Atlanta faz 65512 (1913/14).

Marieta (de Víctor Lomuto y Juan Raggi), por OT F. Lomuto con Charlo, Odeon 7782-B, matriz 3409e (29/10/1928).

Marión (de Luis Rubistein), por OT M. Caló con Raúl Iriarte, Odeon 8383-B, matriz 13486 (27/12/1943); OT Cobián con José Baldi, Victor 60-0372 (6/3/1944).

Mariquita (L'aspamentosa) (de Juan Carlos Bazán), por OT Firpo, Odeon 8861-B, matriz 4202e (8/6/1929).

Marisol (de Sebastián Piana y Cayetano Córdoba Iturburu), por Reynaldo Martín con orquesta, Fermata CF-12002 (1966).

Mary (de Arturo Fracassi), por OT J. De Caro, Victor 79636-A, matriz BAVE-769/2 (12/04/1926).

Marylin (de Miguel Nijensohn y Cátulo Castillo), por OT H. Varela, Embassy 70007 (1972).

Mechita (de Sócrates Chiericatti y Lito Más), por OT Brignolo con Teófilo Ibáñez, Brunswick 1937-A, matriz 2218 (1931).

Mensaje para Eugenia (de José Arenas), sin registro de grabaciones.

Mi pensamiento (Nidia) (de Ángel Cárdenas), por Ángel Cárdenas con guitarras, M&M GK28458 (2003).

Mi querida Yeyel (de Ricardo Martínez y Ángel Di Rosa), sin registro de grabaciones.

Midinette (de Luis D'Andera), por OT Canaro con Ada Falcón, Odeon 4586-B, matriz 4679 (9/10/1929).

Midinette (de Rafael Tuegols), por OT Canaro, Odeon 6933-A, matriz 1422 (1923).

Midinette porteña (de Rafael Tuegols y Carlos Camba), dedicado: «Cariñosamente a mi querida madre y hermanos»; por Carlos Gardel con guitarras, Odeon 18079-B, matriz 1396 (1923).

Milonguita (Esthercita) (de Enrique Delfino y Samuel Linnig), muchísimas versiones: por Carlos Gardel con guitarras, Odeon 18028-A, matriz 326 (1920); por OT Firpo, Odeon 644-A, matriz 320 Rp (1920); por OT Select, Victor 72811-A, matriz B-24407/1 (25/8/1920); por Raquel Meller con orquesta, Odeon 10469-A, matriz 392 (1921); por Lucrezia Bori, Victor 1033, matriz B-30276/2 (13/6/1924); por OT Canaro con Roberto Maida, Odeon 5013-B, matriz 8828 (20/11/1936); por OT Fresedo, Victor 60-0370-A, matriz 79532 (3/3/1944); por dúo de pianos R. Firpo e hijo, Odeon 3553-B, matriz 15354 (13/3/1946); por OT Tanturi con Horacio Roca, RCA-Victor 60-2014, matriz 93826 (16/8/1950); por OT Fresedo con Hugo Marcel, CBS-Columbia 8829, matriz CAO 269 (14/9/1961); por OT Troilo con Nelly Vázquez, Victor AVL-3577, matriz RAAM-4888 (13/1/1965).

Mimí (de Alfredo Marengo), por OT Fresedo, Victor 79581-A, matriz BA-641/2 (17/7/1925).

Mimí Pinsón (de Aquiles Roggero y José Rótulo,) muchas versiones: por OT Maderna con Adolfo Rivas, RCA-Victor 60-2105, matriz 94079 (29/3/1951); por Marianito Mores y su Gran Orquesta, Odeon DMO 55554-B, matriz 22654 (14/11/1957); por OT Piro con Carlos Casado, Alanicky 7003 (1966); por Floreal Ruiz con orquesta, Microfon (1967); por Roberto Goyeneche con orquesta, RCA-Victor AVS-391 (14/3/1968).

Mireya (de Ricardo Arancibia Rodríguez), por Eva Bohr y su Orq. Criolla Argentina, Columbia 2737-X (1927); por OT F. Lomuto, Odeon 7759-B, matriz 2313e (31/3/1928).

Mujer (de Juan Carlos Cobián y Carlos González Illescas), por OT Cobián, Victor 77022-B, matriz BA-307/2 (14/6/1923); por Roberto Díaz con Juan Carlos Cobián y Agesilao Ferrazzano, Victor 77184-A, matriz BA-356/1 (2/8/1923), y otras.

Nadine (de Orlando Trípodi y Miguel Caló), por Miguel Caló, (07-04-1964); por Los Siete del Tango, (20-07-1967); por Orquesta de las Estrellas, (1985); por Orlando Tripodi, Melopea CDM-137, (Japón 1995).

Naomí (de Juan José Mosalini y Leonardo Sánchez), por Quinteto Mosalini-Agri, Indigo LBLC 2522 HM 83, (Francia, 1996).

Nelly (de Pacífico Lambertucci), dedicado: «A la distinguida 1ª actriz Camila Quiroga, en honor al gran éxito obtenido en la obra: "Con las alas rotas"»; sin registro de grabaciones.

Nicanora (de Francisco Pracánico y Benjamín Tagle Lara), por OT Pracánico, Electra 737-A, matriz 213 (1928); por Sofía Bozán con OT Pracánico, Electra 1507-A, matriz 250 (1928).

Ninette (de Alfonso Lacueva), por OT J. De Caro, Victor 79631-B, matriz BA-752/1 (25/1/1926).

Normiña (de Eduardo Armani y Francisco Capone), por Carlos Gardel con guitarras, Odeon 18197-A, matriz 225e (24/12/1926); por OT F. Canaro, Odeon 4249-A, matriz 211e (22/12/1926); por OT Fresedo, Odeon 5100-A, matriz 132e (7/12/1926).

Nuestra Marylin (de Hugo Pardo y Roberto Selles), sin registro de grabaciones.

Olguita (de Romualdo Lo Moro), por OT F. Canaro, Odeon 4385-B, matriz 1173e (10/8/1927).

Olympia (de Julio De Caro y Juan Andrés Caruso), por OT J. De Caro, Victor 79946-B, matriz BAVE-1505/2 (27/10/1927).

Otra vez Esthercita (de Armando Pontier y Federico Silva), OT Troilo con Roberto Goyeneche, RCA-Victor AVL-3829, matriz 8563 (4/12/1968).

Paquita (de Mario Melfi), por OT Melfi con Bruno Clair, Columbia DF 2763, matriz CL 7246-1 (23/2/1940).

Paula viene (de Rodolfo Mederos), por Conjunto Generación Cero (Dir: R. Mederos), Trova DA-5004-B (1973).

Petrona (de Vicente Spina, Pedro Ferreyra y P. Moreno), por Rosita Quiroga con guitarras, Victor 47152-A, matriz 44658 (8/7/1929).

Pipermint (de Raúl Garello y Horacio Ferrer), por OT Garello con Gustavo Nocetti, Los Teatros de Buenos Aires LTBA-0101 (1988).

Pipistrela (de Juan Canaro y Fernando Ochoa), por OT Canaro con Ernesto Famá, Odeon 4873, matriz 7560 (17/10/1933); por Tita Merello con OT Canaro, Odeon 61015, matriz 21081 (14/6/1956).

Polola (de Hugo Rizzi), por OT Cobián, Victor 73788-B, matriz BA-206/1 (5/2/1923).

Porotita (de Enrique Delfino y Antonio Martínez Viergol), por Carlos Gardel con guitarras, Odeon 18060-B, matriz 1029/1 (1922); por OT Firpo, Odeon 6145-A, matriz 1052 (1922); por Enrique Delfino, Odeon 6522-A, matriz 842 (1922); por Julia Alonso con Orquesta Terés, Odeon 10303-A, matriz 754 (1922).

Qué habrá sido de Lucía (de Emilio Balcarce y Leopoldo Díaz Vélez), por Alberto Marino con orquesta, Odeon 30555, matriz 16780 (6/11/1947).

Rocío (de Ángel Baya y Roberto Pereyra), por OT D'Arienzo con Jorge Valdez, RCA-Victor 1A-4156, matriz MAAB-3429 (3/9/1962).

Rosa poneme un ventosa (de Enrique Delfino y Manuel Romero), por OT Donato con Hugo del Carril y Randona, RCA-Victor 37732, matriz 86789 (21/3/1935).

Rosicler (de José Basso y Francisco García Jiménez), por OT Troilo con Alberto Marino, Victor 60-0983, matriz 82208 (11/7/1946).

Rosita (de Mario Canaro), por OT Canaro, Odeon 4674-B, matriz 6009 (5/9/1930).

Rosita la santiagueña (de Héctor Marcó), por OT D'Agostino con Ángel Vargas, Victor 60-0569, matriz 79916 (2/11/1944).

Rubí (de Juan Carlos Cobián y Enrique Cadícamo), por OT Cobián con Jorge Cardozo, Victor 60-0372, matriz 79536 (6/3/1944).

Rubí (de Juan José Guichandut y Claudio Frollo), por Ignacio Corsini con guitarras, Odeon 18648-B, matriz 7007 (30/12/1931).

Sarita (de Carlos Macchi), por OT Pacho, Columbia S 2002, matriz 56630-1 (1912); por OT Arolas, Odeon faz A 86082, matriz BA 136 (1913); por Cuarteto Genaro Espósito, ERA 62065 (1913/14); por OT Criolla Gobbi, Arena 261 y Orophon 1923, matriz 28227 (1913/14).

Saturnia (de Juan de Dios Filiberto y Nicolás Olivari), por OT Canaro, Odeon 4344-A, matriz 1284e (7/9/1927); por OT Fresedo, Odeon 5182-A, matriz 1283e (7/9/1927); por OT Firpo, Odeon 8697-A, matriz 1290e (8/9/1927).

Severina (de oscar Guidi), por I Salonisti, EMI (1984).

Sisebuta (de Juan Polito, Carlos Lazzari y Ángel Gatti), por OT D'Arienzo con Alberto Echagüe, RCA-Victor AVS-4047, matriz RAAM-11880 (30/9/1971).

Soledad la de Barracas (de Roberto Garza y Carlos Bahr), por OT Troilo con Alberto Marino, Victor 60-0742, matriz 80707 (28/6/1945).

Sonia (de Fernando Montoni y Máximo Orsi), por OT Pacho, Odeon 7549, matriz 1279 (5/9/1927); por Hector Mauré con guitarras, CBS-Columbia 15125, matriz CAO-583 (8/2/1955).

Su nombre era Margot (de Ángel Cabral), por Orq. Símbolo Osmar Maderna con Jorge Hidalgo, Pampa P 1225, matriz MAI-1823 (22/3/1956).

Susana (de Vicente Loduca), por Rondalla del Gaucho Relámpago, ERA 61041 (1911/12).

Susana (de Leopoldo Thompson), por Cuarteto Típico Criollo La Armonía, Tocasolo sin Rival 3045 (1913/14).

Susanita (Yo me quedo con el tango) (de Enrique Alessio y Reynaldo Yiso), por OT D'Arienzo con Mario Bustos, RCA-Victor 1A-1336, matriz TB-237 (19/7/1957).

Tal vez María (de Ángel Cichetti, Salvador Monte y Roberto Vidal), por OT Cichetti con Osvaldo Arana, Almalí (7/12/1985).

Tamar (de Osvaldo Berlingieri y Oscar Fiorentino Núñez), por OT Troilo con Roberto Goyeneche, RCA-Victor AVL 3528, matriz MAAB-3865 (5/6/1963).

Tanguito de Laura (de Mony López y Alejandro Szwarcman), sin registro de grabaciones.

Tanguito para Lala (de Sergio Zabala y José Arenas), sin registro de grabaciones.

Tema de María (de Ástor Piazzolla y Horacio Ferrer), por Milva con Tangoseis, Aura Music ETN-002 (2000).

Tiny (de Pedro Maffia y Julio De Caro), por OT Firpo, Odeon 465-B, matriz 248 (1920); por OT Pugliese, Odeon 7680, matriz 15197 (18/12/1945); por OT Alessio, Pampa 3001-A, matriz MAI-6 P.S. (18/4/1950); por Cuarteto Baffa, RCA-Victor, AVLP-4005, matriz 10896 (24/11/1970).

Un tango para Esthercita (de Alberto Mastra), por OT Troilo con Raúl Berón, TK S5346, matriz 851 (27/8/1954).

Vamos doña Rosario (de Osvaldo Tarantino y Juanca Tavera), por Reynaldo Martín con orquesta, M&M TK(34) 16213 (1984); por Carlos Rossi con orquesta, Almalí 5012 (1984)

Vamos Nina (de Astor Piazzolla y Horacio Ferrer), por Quinteto Astor Piazzolla con Milva, Polydor 825125-1-B, (29/9/1984).

Victoria (de Eduardo Armani), por OT Fresedo, Odeon 5250, matriz 2520 (24/4/1928).

Violetita (de Hermes Peressini y Francisco Ruiz Paris), por OT Bohr, Victor 79723-B, matriz BAVE-936/1 (16/9/1926); por Ignacio Corsini con guitarras, Odeon 18477-B, matriz 4448 (1926); por Mario Pardo con guitarras, Odeon 6608-B, matriz 4200 (1926).

Viviane de París (de Carlos Viván y Horacio Sanguinetti), por OT R. Tanturi con Roberto Videla, RCA-Victor 60-0978, matriz 82195 (5/7/1946).

Zita (de Astor Piazzola), por Conjunto Eléctrico Piazzolla, Trova DA 5005 (1975); por OT Fernández Fierro, UMI (2003).

CAPÍTULO IV

La medicina

vos entrá, que yo te pinto
de aspirina el machucón.[8]

La salud es un estado transitorio
entre dos épocas de enfermedad y que,
además, no presagia nada bueno.
Winston Churchill

Aprimera vista resultan una curiosidad y algunas de las tapas de sus partituras despiertan una sonrisa por sus imágenes graciosas y con mucho humor. Pero si consideramos el aspecto testimonial del tango y su permanente interrelación con los hechos cotidianos no podían estar ausente cuestiones tan humanas como las enfermedades, los medicamentos, los médicos, los hospitales y, tratándose de la música de los jóvenes de la época, tampoco la estudiantina.

A principios del siglo XX, los estudiantes de todas las facultades organizaban grandes fiestas para el Día de la Primavera. De todas ellas las más consagradas por el tango fueron la de los estudiantes de medicina: los Bailes del Internado. Su nombre delataba a sus más fervientes promotores: los alumnos más avanzados, los internados, los que hoy, comúnmente, llamamos practicantes.

El internado, conforme los define mi amigo el doctor Luis Alposta, eran aquellos que habían obtenido el cargo, luego de una escrupulosa selección entre cientos de estudiantes. Su labor consistía en prestar servicios gratuitos, primero poniendo vacunas y trabajando en labo-

---

8- Horacio Ferrer, del tango *Soy un circo* (1980).

ratorios y, después de un año y varios meses, atendiendo las salas hospitalarias.

En su libro "El lunfardo y el tango en la medicina"[9], Alposta, se refiere al interno y resalta:

Luis Alposta

«En esa vida hospitalaria se iba formando el futuro médico. Iba adquiriendo aquello que no se encuentra en los libros: el sentido de la responsabilidad en el diario contacto con los enfermos. Se iba habituando el estudiante a las normas éticas de la relación con pacientes y colegas.»

«Era allí donde aprendía a conocer las miserias humanas y a convivir con ellas, recibiendo lecciones de experiencia que ya no habría de olvidar jamás.»

Es interesante la descripción que hace Francisco Canaro de los bailes del internado en sus memorias[10]:

Francisco Canaro

«En dichos bailes los practicantes rivalizaban en el afán de hacer las bromas más grotescas y espeluznantes que pueda uno imaginarse. Hubo casos en que a los cadáveres de la morgue les cortaban las manos y luego, disfrazándose con sábanas, en forma de fantasmas y con unos palos a manera de brazos, ataban esas manos yertas, heladas y se las pasaban por la cara a las mujeres, con el efecto que es de suponer. Otro caso patético fue comentado y se hizo famoso: en un palo, con dos sábanas

---

9- Alposta, Luis, *El lunfardo y el tango en la medicina*, Buenos Aires: Torres Agüero, 1986.

10- Canaro, Francisco, *Mis bodas de oro con el tango y Mis memorias (1906-1956)*, Buenos Aires: 1957.

84

a modo de disfraz, pusieron la cabeza frapé del italiano. Fue una broma demasiado macabra; las mujeres horrorizadas disparaban en todas las direcciones muertas de miedo.»

El primer Baile del Internado se realizó en el Palais de Glace[11], el 21 de septiembre de 1914 y, los años subsiguientes, en el Pabellón de las Rosas[12], que estaba ubicado en la avenida Alvear y la calle Tagle. El último de estos festejos, se organizó el mismo día, en el año 1924, en el Teatro Victoria, donde Osvaldo Fresedo estrena su famoso tango *El once*, que lleva como subtítulo: *A divertirse*.

Son muchos los tangos que, de una u otra forma, se inspiraron en estas fiestas, o que se hicieron para ser estrenados en ellas, o que en su título, dedicatoria o, en algunos pocos casos, sus letras, está presente la medicina.

Algunos títulos, dedicatorias y versiones fonográficas de los tangos relacionados con la medicina

Anatomía (de Eduardo Arolas), «Dedicado a los distinguidos amigos Doctores Ricardo Rodríguez Villegas y Moisés Benchetrit»; por

---

11- Palais de Glace: edificio con forma circular de estilo francés, ubicado en la zona de la Recoleta, inaugurado en 1910, en el que se construyó una gran pista de hielo, de ahí su nombre y, luego, se convirtiera en un aristocrático salón de baile. En la actualidad, es un lugar de exposiciones y exhibiciones artísticas.

12- Pabellón de las Rosas: en la avenida Alvear (hoy del Libertador) y Tagle, local de múltiples aplicaciones, teatro, salón de baile, etc. con inmenso jardín desde donde salieron globos aerostáticos de moda en ese época. En sus salones supieron actuar importantes orquestas típicas. Entre ellas la de Juan Maglio "Pacho". En los espectáculos que allí se realizaron, en 1914 actuó el Gordo del famoso dúo del Gordo y El Flaco. En la novela de Eduardo Soriano "Triste y solitario final" el autor describe el momento en que Oliver Hardy recuerdan con Stan Laurel sus estadías en Buenos Aires, pues también El Flaco supo trabajar en el Teatro Casino unos años después. El vals "Pabellón de las Rosas" recuerda este local. (Extraído de *"Palermo una historia entre poesías y tangos"*, de Oscar Himschoot)

OT Arolas, Victor 69709-B, matriz G1858/1 (24/4/1917); por OT Firpo, Odeon 490-B, matriz BA114 (1916).

Aquí se vacuna (de Juan Lorenzo Labissier), «Dedicado a los doctores Gregorio Hunt y Fernando Álvarez»; por OT Criolla Julio Doutry, Polydor 19432, matriz 28516 (1913/14).

Asistencia Pública (de Fernando E. Randle), sin registro de grabaciones.

Bromuro (de Juan Pedro Castillo, Vicente Demarco y Alfredo Roldán), por Virginia Vera con guitarras, Columbia 6801-B, matriz 370118/2 (1930).

Clínicas (de Alberto López Buchardo), «Dedicado a los practicantes del Hospital de Clínicas», por OT Ferrer, Victor 67689-A, matriz B16655/1 (13/10/1915); por Cuarteto R. Firpo, Odeon 55767-B, matriz 19085 (26/8/1953).

Cloroformo (de Udelino Toranzo), «Dedicado al Dr. Rogelio O. Líate»; por OT Firpo, Odeon 6217-A, matriz 1477 (1923).

Cura segura (de Juan de Dios Filiberto), por OT Firpo, Odeon 479-B, matriz 56 (1916); por OT Berto, Victor 69591-A, matriz G1951/1 (4/5/1917); OT Filiberto, Victor 39497, matriz 59807 (14/11/1941).

El anatomista (de Vicente Greco), «Dedicado a los practicantes internos de los Hospitales de Capital, con motivo del 3er. Baile del Internado, 21 de septiembre de 1916»; por Orquesta Odeon, Odeon 643-B, matriz BA111 (1916).

El apronte (de Roberto Firpo), «Dedicado a los Internos del Hospital San Roque (Curso de 1914) con motivo del primer baile del Internado» —el nosocomio de la dedicatoria es el actual Hospital Ramos Mejía—; por OT Firpo, Odeon 511-A, matriz 332 (1914); por R. Firpo en solo de piano, Odeon 908-A (1914); por OT dirigida por Firpo, ERA 1974, matriz 110 (1915); por OT Ferrer, Victor 67607-B, matriz B16193/1 (9/7/1915); por OT F. Canaro, Atlanta 3028 (1915); por OT Firpo, Odeon 6491-A, matriz 4188 (1926); por OT Firpo, Odeon 3020-B, matriz 6887 (8/10/1931); por Cuarteto R. Firpo, Odeon 3503-B, matriz 8935 (27/3/1937); por OT D´Arienzo, Victor 68-1669-A, matriz 93548/3 (1937); por OT Pontier, Victor 68-2251, matriz S4705 (4/10/1955).

El bisturí (de Roberto Firpo), «A mi estimado amigo y distinguido cirujano Dr. Roque F. Coulin»; por OT Firpo, Odeon 512-A, matriz 348 (1914); por OT Ferrer, Victor 67608-A, matriz B16134/1 (25/6/1915); por OT F. Canaro, Atlanta 3034 (1915); por R. Firpo en solo de piano, Odeon 907-A, matriz 348 (1914); por Cuarteto Firpo, Odeon 3526-B, matriz 11256 (16/6/1941).

El cirujano (de Adolfo Pérez "Pocholo"), «Dedicado al cirujano Adolfo Sangiovanni»; sin registro de grabaciones.

El dengue (de Gerardo Metallo), «Dedicado al Personal Técnico del Sanatorio Central»; sin registro de grabaciones.

El estagiario (de Martín Lasala Álvarez), el título se refiere al alumno superior de medicina, llamado comúnmente practicante; por OT Ferrer, Victor 69422-B, matriz B19056/1 (17/1/1917); por Quinteto Criollo Bolognini, Atlanta 3048 (1917); por OT Firpo, Odeon 544-B, matriz BA110 (1916); por OT E. Donato, Victor 38374, matriz 12112 (5/2/1938); por OT Di Sarli, Victor 39266, matriz 39854 (18/4/1941); por OT Basso, Odeon 55097-A, matriz 17608 (31/3/1950); por OT Puriccelli, Victor 60-2239, matriz S155 (1/10/1952); por Los Señores del Tango, Music Hall 15417, matriz 15937 (5/4/1956); por Orq. Maffia-Gómez, TK 10354-A (1959); por OT D´Arienzo, RCA-Victor AVS-4210, matriz RAAM10514 (21/8/1970).

El frenopático (de Osvaldo Pugliese), «A mi querida Tía Concepción Pugliese, como prueba de cariño»; por Orq. Vale Tango, EPSA Music (2007).

El internado (de Francisco Canaro), «Dedicado a la Asociación del Internado. A su presidente Dr. Adolfo Rébora y a la C. D. de la misma»; por OT F. Canaro, Atlanta 3045, (1917); por OT F. Canaro, Odeon 4964-B, matriz 8419 (8/11/1935); por Quinteto Pirincho, Odeon LDS-121, matriz MAI-646, (14/5/1952); por Cuarteto Firpo, Odeon 3514-A, matriz 9519 (1/7/1938); por OT D´Arienzo, Victor 38506, matriz 12389 (8/7/1938) y Victor 60-1967, matriz 93680 (5/5/1950); OT D´Arienzo, RCA-Victor 1A-0329, matriz S3616 (10/12/1954) y RCA-Victor AVL 3603, matriz RAAM5323 (27/8/1965); por Cuarteto Juan Cambareri, Pampa PM 14190, matriz MAI-2035 (22/1/1957); por OT J. Polito, Pampa PM 14038, matriz MAI-835 (10/10/1952); por OT Basso, Music Hall 636, matriz 30208 (1963).

El loco (de María Celina Piazza), «A mi querido papá Romeo Piazza»; sin registro de grabaciones.

Matasano (de Francisco Canaro), «Dedicado a los internos del Hospital Durand con motivo del primer Gran Baile del Internado, de 1914»; por OT F. Camarano, ERA 1976 (1916); por Quinteto Criollo Bolognini, Atlanta 3006 (1915); por OT Brignolo, Brunswick 1927-A, matriz 1717 (1931); por OT Ferrer, Victor 67611-B, matriz B-15929/1 (22/4/1915); por Quinteto Don Pancho, Odeon 4117-A, matriz 9927 (8/5/1939); por Cuarteto Firpo, Odeon 3510, matriz 9127 (4/7/1937).

El once (A divertirse) (de Osvaldo Fresedo y Emilio Fresedo), «Dedicado al Baile del internado»; muchísimas versiones: por OT Fresedo, Victor 79520-A, matriz BA-522/2 (1924) y Odeon 5174-B, matriz 1247e (26/8/1927); por Banda Española, Columbia 2543-X, matriz W95386 (1926); OT A. Tanturi, Electra 705, matriz 108 (c. 1925); por OT F. Canaro, Odeon 4047-A, matriz 2529 (1924); por OT Fresedo, Victor 60-0823, matriz 80891 (13/11/1945); por OT Fresedo, Odeon 55701-A, matriz 18926 (20/5/1953); por OT Fresedo, Columbia 20041, matriz 1382 (30/10/1979); por OT Fresedo con Teófilo Ibáñez, Brunswick 1443-B, matriz 2237 (1931); por OT Fresedo con Roberto Ray, Victor 37751, matriz 86811 (5/4/1935); por Carlos Gardel con guitarras, Odeon 18122-A, matriz 2537/1 (1925); por OT J. García y sus Zorros Grises, Odeon 7408-A, matriz 12480 (13/1/1943); por Cuarteto Firpo, Odeon 30502-A, matriz 15881 (21/10/1946); por OT Di Sarli (1946, 1951 y 1954); por Alfredo De Angelis y su OT, Odeón 55522-A, matriz 18706, (14-11-1952); por J D´Arienzo y su OT, Victor AVL 3705, matriz RAAM 6167, (03-08-1966).

El practicante (de Antonio De Bassi y Antonio Botta), por OT Firpo, Odeon 6219-A, matriz 1518 (1923); por Ignacio Corsini con OT Firpo, Odeon 18408-A, matriz 1530 (1923).

El serrucho (de Prudencio Aragón), por Rondalla del Gaucho Relámpago, ERA 61285 (1911/12).

El serrucho (de Luis Teisseire), «Al doctor Juan B. Borla»; por OT F. Canaro, Odeon 6961-B, matriz 1701 (1924).

El termómetro (de José Martínez), «Dedicado a los doctores Luis Galdeano, Amadeo Carelli y Antonio M. González»; por OT F. Canaro, Atlanta 3047 (1917); por OT D. Federico, Victor 60-1968, matriz 93730 (29/5/1950).

El 6° Baile del Internado (de Osvaldo Fresedo), «Dedicado a todos los internados en conmemoración del sexto Baile, 21 de septiembre de 1919»; por OT Select, Victor 72809-B, matriz B-24426/1 (30/8/1920); por OT Columbia, Columbia T 1225 y C 4077, matriz 94094 (1920/21); por OT Firpo, Odeon 457-B, matriz 192 (1919).

El 7° Gran Baile del Internado (de Augusto Berto), «A la Asociación del Internado con motivo de la fiesta de 1920»; por OT Berto, Columbia T 1278, matriz 94171 (1920/21).

El octavo (de Ricardo Luis Brignolo), por OT Firpo, Odeon 6018-A, matriz 645 (1921).

El 9° Gran Baile del Internado (de Ricardo Luis Brignolo), por OT Firpo, Odeon 6143-A, matriz 1066/1 (1922).

El décimo (de Ricardo Luis Brignolo), por OT Firpo, Odeon 6231-B, matriz 1662 (1923).

Enfermita mía (de Juan Raggi), por OT Bianco-Bachicha, Odeon 77579, matriz KI 1192 (1927).

Hospital Durand (de Juan Marini), por OT Flores, Victor 73787-A, matriz BA-162/3 (2/2/1923).

Hospital San Roque (de Vicente Greco), por Quinteto Criollo Garrote, Atlanta faz 65183, matriz 67z (1912).

La fractura (de Raimundo Petillo), por OT F. Canaro, Odeon 6916-B, matriz 1253 (1923).

La muela cariada (de Vicente Greco), «A Agustín Bardi»; por OT Greco, Columbia T 688, matriz 57022/1 (1912); por Quinteto Criollo Garrote, Atlanta faz 65179, matriz 173z (1912); por OT El Rusito, Odeon A 86084, matriz BA 100 (1913); por OT Criolla Gobbi, grabado para Juan Bautista Tagini, matriz 28224 (1913/14); por Agustín Carlevaro en solo de guitarra, Ayuí A/E 8 (1975).

Locura (de A. Guerama y A. Caro), por OT Cobián, Victor 77154-B, matriz BA-308/3 (25/7/1923).

Locuras (de Miguel Padula), por OT F. Canaro, Odeon 4805-A, matriz 7149/2 (23/6/1932).

Mano de oro (de Eduardo Pereyra), «Dedico este pequeño recuerdo a los practicantes del Hospital Clínicas de Córdoba, año 1920», por OT Firpo, Odeon 588-B, matriz 323 (1920)

Mano de oro (de Atilio Cunes), por Orquesta Típica Columbia, Columbia 5322 (1930/31)

No te hagas curar (de José Pérez Roselli y Eduardo Braña), por OT Victor con Teófilo Ibáñez, Victor 47522-B, matriz 60493 (6/11/1930); por Tita Merello con orquesta, Victor 47516-A, matriz 60456/2 (13/10/1930).

Ojo clínico (de Guido Vanzina Pacheco), «Dedicado al doctor Enrique Feinmann»; por Dúo Juaninno, Victor 69814-A, matriz G-1898/1 (30/4/1917).

Ojo clínico (de Carlos Marcucci), por OT Flores, Victor 73555-B, matriz BA-119/1 (22/9/1922).

Ojo clínico (de José Seghini y Musci), por OT Maffia con Luis Díaz, Brunswick 1434-B, matriz 755 (1930).

Paraíso artificial (de Rafael Tuegols, Juan Tuegols y Francisco García Jiménez), «Al distinguido Doctor Héctor de Kemmeter, sinceramente»; por Mario Pardo con guitarras, Odeon 6594-A, matriz 2628 (1925).

> *Para dejar la pena que en el alma*
> *llevo clavada desde tiempo atrás,*
> *busco en la ampolla de morfina calma*
> *y me parece que se clava más.*
> *Hundo la aguja, entonces, tan violento*
> *buscando ansioso la verdad del mal,*
> *que hasta el crujido de la pena siento*
> *quebrada por el mágico puñal.*
>
> (*Paraíso artificial,* de R. y J. Tuegols
> y Francisco García Jiménez)

Rawson (de Eduardo Arolas), «Dedicado a los doctores Pedro Sauré, Juan Carlos Aramburu y Cleto Santa Coloma»; por OT Firpo, Odeon 474-B (1916); por OT F. Canaro, Atlanta 3075 (1917); por OT Arolas,

Victor 69587-A, matriz G-1872/1, (26/4/1917); por OT D´Arienzo, Victor 37991, matriz 93312 (3/9/1936) y Victor 60-1405, matriz 83579 (8/8/1947); por OT R. Caló, Orfeo LP 17195, matriz OPT-446 (1953); por OT F. Sassone, Odeon 52668-A, matriz 24540 (2/10/1959); por Sexteto Tango, RCA-Victor CAL-3177 (11/11/1968).

Restablecido (de Antonio Catuara), Registro N° 16773 (5/6/1917); sin registro de grabaciones.

Revista médica (de Enrique J. De Lorenzo "Pibe de Oro"), sin registro de grabaciones.

Sin drenaje (de Antonio y Carlos Scatasso), por OT Pacho, Odeón 7409-A, matriz 1618 (1923).

Sin remedio (de R Cristillo), por Trío pampeano, Brunswick 2617, matriz 2068 (1931).

Venga de donde venga (milonga de Antonio Sureda y Gerónimo Sureda), sin registro de grabaciones.

LAS CUARENTA
tango
Música de
Roberto Grela
Letra de
Francisco Gorrindo
50 cts

CAFETIN DE
BUENOS AIRES
TANGO
ANIBAL TROILO
OSVALDO FRESEDO
LETRA DE
E. S. DISCÉPOLO
MUSICA DE
MARIANO MORES
De la película "CORRIENTES CALLE DE ENSUEÑO"
protagonizada por MARIANO MORES

POKER
TANGO CRIOLLO
PARA PIANO POR
RICARDO MAZZANTI

letra de
JOSE de CICCO
música de
ALBERTO H. ACUÑA
Notable interpretación de ANGEL D'AGOSTINO
y su cantor ANGEL VARGAS en Discos "Victor"
DE SALTO
y CARTA
TANGO
AMERICO A. VIVONA

MONTE CRIOLLO
TANGO
DE LA
PELÍCULA
MONTE
CRIOLLO
Letra de
H. MANZI
Musica de
F. PRACÁNICO
AZUCENA MAIZANI
PRECIO 50 cts
REG 5/55
SOUTHERN MUSIC INTERNACIONAL

"POKER DE ASES"
TANGO
DE
Emilio Brameri

UN BOLICHE
TANGO
LETRA DE
TITO CABANO
MUSICA DE
CARLOS ACUÑA
MIGUEL MONTERO
EDAMI

¡SIGA EL CORSO!
TANGO
para Piano
por RICARDO I. BRIGNOLO

POR SEGUIDORA Y POR FIEL...!
TANGO CANCION
CARLOS GARDEL
Celedonio FLORES
(CELE)
Ricardo Luis
BRIGNOLO

FALTA ENVIDO Y TRUCO
TANGO
DE CARLOS GALVÁN
© Propiedad del autor

Del repertorio de los grandes artistas
ORO COPA ESPADA Y BASTO
TANGO
LETRA DE
EMILIO MAGALDI
MUSICA DE
ANTONIO TELLO
JULIO KORN
$ 0.30

A 0.05 EL COPETIN
TANGO
PARA PIANO
por JOSÉ PECORA
$ 0.50

EL ENCOPAO
TANGO CANCION
LETRA DE
ENRIQUE DIZEO
MUSICA DE
OSVALDO P.
PUGLIESE
Miguel Zavala (Zavalita)
EDICIONES MUSICALES
RAMON SOPENA

UNA CANCION
TANGO
ANIBAL TROILO
LETRA DE
CATULO CASTILLO
MUSICA DE
ANIBAL TROILO
(PICHUCHO)
JULIO KORN

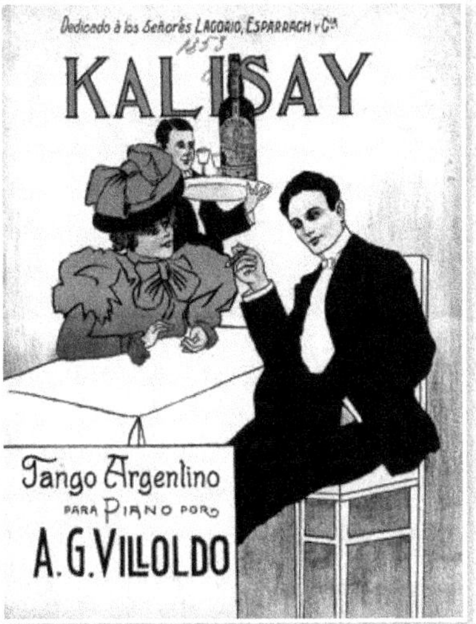
Dedicado á los Señores LAGORIO, ESPARRAGH y Cía
KALISAY
Tango Argentino
PARA PIANO POR
A. G. VILLOLDO

HESPERIDINA
TANGO
DE
MODA
PARA PIANO
POR
J. NIRVASSED
OBSEQUIO
DE
M. S. BAGLEY Y Cía Lda

VENGA
DE
DONDE
VENGA...
Milonga
Letra de:
G. Sureda
Musica de:
A. Sureda

Dedicado á los Señores PINI Hnos y COMPAÑIA
Pineral
TANGO
ARGENTINO
para Piano por
A. G. VILLOLDO
ARCHIVO

A la distinguida folleto
SALSA DANZÓOLA DE LOMITO
Con Amistad

MUSICALMENTE GRABADO

Francisco Lomuto
Cantan LOMITO GRABA

Aníbal Troilo (PICHUCO)
De otro Modo del

Francisco Canaro
Cantan CARLOS ROLDAN

Rodolfo Biagi
Cantan JORGE ORTIZ

Alberto Castillo

NOTABLE CREACION DE
NELLY OMAR

NELLY OMAR

Copas,
Amigas
y Besos...

TANGO
$ 0.50

LETRA DE *Enrique Cadícamo*
MÚSICA DE
Marianito Mores

EDICIÓN
JULIO KORN

EL BORRACHO

Tango Canción

OSCAR UGARTE

Creación del popular cantor nacional OSCAR UGARTE

Letra de   Música de
Jerónimo Gradito   **D. JULIO VIVAS**

BRINDIS DE
SANGRE
TANGO CANCIÓN

Música de **ABEL FLEURY**
Letra de **JOSÉ SUAREZ**

Ediciones Musicales
JULIO KORN

Bien Frappé

TANGO

Escúchalo en discos
"Víctor" en una ex-
celente grabación
realizada por la Or-
questa de su autor.

Música de

Carlos
DI SARLI

$ 0.20

Editorial Musical
JULIO KORN

con Versos de
Marcó

El
BORRACHO
TANGO PARA PIANO

LETRA DE **MIGUEL HERNANDEZ**
MÚSICA
DE **JOSÉ PADULA**

DEL MISMO AUTOR

El curdela

Tango para piano y canto
Música de **Juan Maglio** (Pacho)
Letra de **Luque Lobos**

003670

$ 0.80

LA REINA DEL TANGO

GRAN TANGO CANCION

~ Grabado en Paris por GARDEL ~
De el Cancionero de Tangos Más Selecionados

Cantada y Presentada por
ADA FALCÓN

Letra de
Enrique D. Cadícamo

Música de
Rafael Iriarte

EL EXITO DEL AÑO

DEDICO MUY SINCERAMENTE A MI AMIGO EL SEÑOR ERNESTO F. CURTI

Creación de la Señorita ROSITA MONTEMAR ~ Grabado en disco
VICTOR N° 80809 y por la orquesta de JULIO F. POLLERO

CHICHE...

TANGO

LETRA Y MUSICA DE
Rodolfo Sciammarella

DEL MISMO AUTOR
LLEVATELO TODO - TANGO

JOAQUINA

TANGO PARA PIANO POR
JUAN BERGAMINO

002177

CALLEJERA

TANGO-CANCION

Letra de
CADICAMO

Música de
FAUSTO FRONTERA

DE LA GUARDIA VIEJA

FELICIA

TANGO

Letra de
CARLOS M. PACHECO

Música de
ENRIQUE SABORIDO

Grabado disco
VICTOR
No. 79923

Bijou

TANGO PARA PIANO POR
GENARO ESPOSITO

NELLY
TANGO
PARA PIANO
de
P. V. LAMBERTUCCI
RICORDI
BUENOS AIRES

MARIA
TANGO
Letra de
CATULO CASTILLO
Música de
ANIBAL TROILO
JULIO KORN

MIMI PINSON
TANGO
ANIBAL TROILO
Letra de
JOSE ROTULO
Música de
AQUILES ROGGERO
JULIO KORN

LILIAN
Tango
Letra de
Luis Caruso
Música de
Héctor Varela
Juan D'Arienzo
Pedro Laurenz
RAMON SOPENA

MIGUEL CALÓ
Marion
TANGO
CANCION
letra y Música
de
LUIS RUBISTEIN
RICORDI AMERICANA
BUENOS AIRES

LA LUZ DE
UN FOSFORO
TANGO
ANTONIO MAIDA
ANIBAL TROILO
MIGUEL CALO
Enrique Cadicamo
A. Suárez Villanueva
JULIO KORN
ANTONIO MAIDA

Viviane de Paris
TANGO
Música de: CARLOS VIVÁN
Letra de: HORACIO SANGUINETTI

SONIA!..
Tango Canción
Letra de: Máximo Orsi   Música de: Fernando Montoni

Soledad LA DE BARRACAS
TANGO
de GARZA y BAHR

ROSICLER
TANGO   F. GARCIA JIMENEZ
JOSE BASSO

POMPAS DE JABON
Tango - Canción
E. Cadicamo
Música de:
R. GOYENECHE

Pa' QUE BAILEN los MUCHACHOS
TANGO
Anibal Troilo
(PICHUCO)
Verso de
E. CADICAMO
Música de
ANIBAL TROILO
(PICHUCO)

A J. G. MARQUES PORTO

NORMIÑA
(NORMINHA)
Tango pará piano
por Eduardo Armani
letra de
Antonio Capone

PREMIADO
EN EL CONCURSO
ANUAL DE TANGOS DEL
"DISCO NACIONAL"
EL GRAND SPLENDID THEATRE
BUENOS AIRES 1926

El éxito
del momento

NELLY
VALS AMERICANO

Letra de:
LUIS J. BATES

Música de:
Hector Bates

Al distinguido Doctor HECTOR de KEMMETER sinceramente.

PARAISO ARTIFICIAL

TANGO MILONGA
PARA PIANO Y CANTO
LETRA DE
F. Garcia Gimenez
MUSICA DE
R. y J. TUEGOLS

El loco

TANGO PARA PIANO por
MARIA CELINA PIAZZA

EL APRONTE

2° Tango
Milonga
para Piano

ROBERTO FIRPO

N° 001273

Donato
pro
Asistencia
Pública

"ASISTENCIA" TANGO PARA PIANO por
FERNANDO E. RANDLE

UN PESO

ARCHIVO

CAPÍTULO V

El carnaval y las serpentinas de la madrugada

Sólo quiero agradecerle al carnaval,
por traerte esta noche hasta mi mesa.[13]

Piruetea, baila, inspira
versos locos y joviales;
celebre la alegre lira
los carnavales.
Rubén Darío

L a Real Academia Española define al carnaval como «Los tres
días que preceden al comienzo de la Cuaresma» y después
agrega: «Fiesta popular que se celebra en tales días, y consiste en mascaradas, comparsas, bailes y otros regocijos bulliciosos»[14].

—La Enciclopedia Sopena, por su parte: «para la grey católica
universal el carnaval —festejo pagano—, se celebra los tres días que
preceden al Miércoles de Ceniza, que es el primero de cuaresma. Entonces, se inicia la fiesta popular donde se forman las mascaradas, las
comparsas, los bailes y otros regocijos animados y bulliciosos».

Respetando sus usos y costumbres, casi todos los países del mundo lo festejan, cualquiera sea su religión. Ese desborde popular, que
practica un corte de la vida rutinaria, ha sido origen de amores y desengaños, de alegrías y tristezas, de confesiones, de balances de vida y
hasta de duelos a muerte.

13- Luis Caruso, en su tango *Este carnaval* (1950).

14- Real Academia Española, *Diccionario de la lengua española* [en línea] Vigésima segunda
edición, disponible en http://www.rae.es [citado 29de noviembre de 2012].

En la Argentina no fue muy diferente. El que escribe estas líneas, vivió los tramos finales de esta fiesta popular, a mediados de los ´50. Ya en esos años, se insinuaba la decadencia del carnaval. Mi amigo Néstor Pinsón me contó que en sus tiempos de pibe: «La gente se disfrazaba con mucho anhelo e ilusión, apelando a los recursos más imaginativos. Entre los disfraces más populares estaban los de Colombina, Pierrot, cocoliche, arlequín, payaso, el peligroso oso carolina -cuyo uso fue prohibido pues en varias ocasiones les prendieron fuego y al estar confeccionados con lana ardían rápidamente—, y los de indios y cowboys. Lo cierto es que era algo tan instalado que no se podía estar indiferente; hasta un simple antifaz agregado a la ropa de calle significaba una adhesión. Y estaban los juegos con serpentinas, con papel picado y los pomos con perfume que cuando entraba en los ojos producía ardor. Por suerte, estaban los más ingenuos cargados con agua».

Los populosos corsos atravesaban las principales arterias de la ciudad, siendo el más famoso el de la Avenida de Mayo. Las calles más tradicionales de cada barrio tenían los suyos. Y, principalmente, los grandes bailes de carnaval, los esperados ansiosamente por los jóvenes, que se hacían en los más importantes clubes sociales y de fútbol. Esos días, representaban las hojas más preciadas del almanaque juvenil, los muchachos debutaban como pichones de galán, las chicas saboreaban sus primeros "filos", pero no siempre el afanoso encuentro dejaba el resultado deseado.

El tango dio testimonio de esta manifestación del pueblo incorporando el carnaval y sus ritos, primero en sus títulos y, más tarde, en sus letras. En la década del veinte nacieron los mejores temas, muchos de los cuales se transformaron en clásicos del género.

Añorados viejos tiempos de las multitudinarias orquestas, que estaban obligadas a reforzar el número de sus músicos para superar el bullicio del ambiente. En algunos casos, las agrupaciones superaron los cincuenta integrantes. La más renombrada fue la conformada por la unión de las huestes de Francisco Canaro con las de Roberto Firpo, para sus presentaciones en el Teatro Colón de Rosario, en la provincia de Santa Fe (carnaval de 1917), con integrantes de la talla de Eduardo Arolas, Osvaldo Fresedo, Agesilao Ferrazzano, Pedro Polito, Juan Carlos Bazán, Juan "Bachicha" Deambroggio, David "Tito" Roccatagliata, José Martínez, entre otros.

Con el advenimiento de la letrística, observamos un variado tratamiento de esta temática. Por un lado, el carnaval mostrado como una pintura social, a veces acompañada por el romance fugaz, la traición:

Anselmo Aieta

¿Dónde vas con mantón de Manila
dónde vas con tan lindo disfraz?
Nada menos que a un baile lujoso
donde cuesta la entrada un platal.
¡Qué progresos has hecho pebeta!
Te cambiaste por seda el percal...
Disfrazada de rica estás papa
lo mejor que yo vi en Carnaval.
(*Carnaval*, de Anselmo Aieta y Francisco García Jiménez)

La muchachita fascinada se disfraza y accede a un baile de un nivel superior a la persona que relata, quien además, aprovecha para manifestar su queja a partir de las diferencias sociales. La letra es descriptiva pero al mismo tiempo pretende juzgar ese estilo de vida.

Otro caso:

José Canet

Esta noche bajo el arco de la vida
va paseando su locura el carnaval.
Suena el mundo la corneta de su risa
y se ha puesto una careta de bondad...
(*Serpentinas de esperanza*, de José Canet y Afner Gatti)

Aquí, se esboza una idea muy profunda e hipócrita, que utiliza la metáfora "careta de bondad" para indicar que durante el carnaval todos son buenos e iguales.

Por otro lado, está el carnaval tomado en un sentido más filosófico y metafísico, donde el relato pasa por la queja, la resignación, el fracaso, con alguna que otra sentencia moralista:

Seguí nomás, deslizá
tus abriles por la vida,
fascinada y engrupida
por las luces del Pigall,
que cuando empiece a tallar
el invierno de tu vida
notarás arrepentida
que has vivido un carnaval.
(*Callejera*, de Fausto Frontera y Enrique Cadícamo)

El carnaval significa, sin duda, la equivocación de la muchacha, su vida errada. Y curiosamente, el que relata, cree que se va a arrepentir de ello.

Y otra:

Fugitivas se irán en la aurora
la ventura y la risa.
Tendrán todas mis horas una gris soledad.
En mis labios habrá la ceniza
de su nuevo desaire
y despojos del sueño tan solo serán.
Un perfume rondando en el aire
y en el suelo un pequeño antifaz.
(*Otra vez carnaval*, de Carlos Di Sarli y
Francisco García Jiménez)

Carlos Di Sarli

Es una imagen muy triste que describe el final del carnaval y el regreso a la realidad. La figura del antifaz da fe del relato, es el testigo. El hombre se sacó la careta y vuelve a "la gris soledad" de su vida.

Este concepto, vuelve a aparecer, en este caso como un refugio momentáneo, como una negación de lo que le está pasando al receptor del consejo.

Si el amor te trata mal.
¿Qué te importa del amor?
Te ponés otro disfraz

que te oculte el corazón...
(*Todo el año es carnaval*, de Julio De Caro y Dante A. Linyera)

Es una variante llena de cinismo, el tipo sabe que no es así pero no le importa, lo arregla todo con un nuevo disfraz. Es el claro ejemplo del que se evade huyendo hacia adelante.

De nuevo Dante A. Linyera, en otro gran tango:

Yo esta noche me hago el loco.
Son chispazos los desaires de la suerte
si la vida es mascarita de la muerte
y esta noche es carnaval.
Disfrazadas nuestras almas de payasos,
nuestros rostros de alegría
en el loco torbellino de la orgía
a reír para olvidar...
(*Yo me quiero divertir*, Julio De Caro y Dante A.Linyera)

Julio De Caro

Acá el hombre acepta resignado la vida que le tocó y aprovecha el carnaval para tomarse un respiro. No es poca cosa, pero el tipo es consciente que se está engañando.

A esta altura, podemos observar la intención amplia de los autores, que no sólo describieron el festejo sino que vieron más allá del jolgorio, el comportamiento humano, el dolor de los amores perdidos, la necesidad de evasión, el abandono a una alegría fácil y efímera. En resumen, son versos con planteos profundos y dramáticos, en muchos casos un reflejo del escapismo, en otros de la resignación y el fatalismo.

En la actualidad, el carnaval dejó de ser lo que fue entonces. Ya no es el regocijo espontáneo del pueblo aunque los gobiernos porteños se desvivan por desempolvarlo. En ese plan, se fomentaron nuevas murgas y se reflotaron otras que resistieron el paso del tiempo. Se programaron corsos por toda la ciudad y el público asiste más curioso que protagonista. La decadencia del carnaval representa uno de los tantos cambios que sufrieron las costumbres populares argentinas, a partir de esa noche oscura que sobrevino con la caída del segundo gobierno de Juan Domingo Perón[15].

Para terminar, una imagen y una reflexión que una vez me hiciera mi amigo Néstor Pinsón que, según me dijo, le vienen de pibe, cuando el carnaval estaba en plena vigencia y reinaba en toda Buenos Aires:

> «Una vez que todo terminó y quedan vacías las calles ¿hay algo más desolador, que la tristeza que provoca ver una madeja de serpentinas enredadas, arrastradas por la brisa de la madrugada?»

Algunos títulos y versiones fonográficas de los tangos relacionados con este capítulo:

Hay una cantidad notable de obras relacionadas con el carnaval, comenzaremos con la que posiblemente sea la más antigua:

Te conozco mascarita (de Martín Quijano), por Banda de Policía, ERA 60519 (1909/10); por Orquesta Columbia o Banda Municipal, Columbia T 442 y T 461 respectivamente, matriz 55875-1 (1911).

Luego, con la más famosa y que más versiones tiene

La cumparsita (de Gerardo Matos Rodríguez, Enrique Pedro Maroni y Pascual Contursi), destacaremos únicamente la primera: de OT Firpo, Odeon 483-B, matriz 45 (1916 para otros 1917); y las de Carlos Gardel en Buenos Aires, con el título de *Si supieras*, Odeon 18118-B, matriz 2292/1 (1924) y en Barcelona, Odeon 18231-A, matriz SO 4564

15- Juan Domingo Perón, presidente argentino depuesto por un golpe de estado producido el 16 de septiembre de 1955,

(17/12/1927), con el subtítulo *Si supieras*, que corresponde a la letra de Maroni y Contursi.

Y, en orden alfabético:

Agua de pomo (de Francisco Fiorentino), sin registro de grabaciones.

Amores de carnaval (de Azucena Maizani y Juan Calvi), por Azucena Maizani con OT F. Canaro, Odeon 11023-B, matriz 3198 (1925).

Callejera (de Fausto Frontera y Enrique Cadícamo), por Carlos Gardel con guitarras, Odeon 18275, matriz 4273/1 (21/06/1929); por OT F. Lomuto con Charlo, Odeon 7824-A, matriz 4600e (17/9/1929); por Alberto Marino con orquesta, Disc Jockey (1964); por Roberto Goyeneche con Baffa-Berlingieri, RCA-Victor AVL-3744 (7/4/1967).

Carnaval (de Anselmo Aieta y Francisco García Jiménez), por Carlos Gardel con guitarras, Odeon 18965-B, matriz 544e (30/3/1927); por OT F. Canaro, Odeon 4269-A, matriz 487e (17/3/1927); por OT De Angelis con Carlos Dante, Odeon 3793, matriz 15337 (1/3/1946); por OT Troilo con Edmundo Rivero, Victor 60-1367-B, matriz 83518/1 (4/7/1947); por Rubén Juárez con orquesta, EMI-Odeon 6909 (1978) y muchas más.

Carnaval (de Alfredo Seghini), por OT Firpo, Odeon 6033-A, matriz 736 (1922).

Carnaval (de José M. Lucchesi y Ernest Fuggi), por OT Lucchesi, La Voix de son Maître K.8693, matriz OLA 4426 (1941); por OT Bachicha, Odeon 279709-B, matriz KI 9209 (22/4/1941).

Carnaval (candombe de Francisco Rotundo, Ernesto "Tití" Rossi y Pedro Blasco), por OT Rotundo con Julio Sosa, Pampa 14068, matriz MAI 1128 (26/6/1953).

Carnaval de antaño (de Sebastián Piana y Manuel Romero), por OT Di Sarli, Victor 47054-A, matriz 44488/2 (27/3/1929); por Sofía Bozán con Trío E. Delfino, Odeon 11705-A, matriz 6108 (26/9/1930).

Carnaval de mi barrio (de Luis Rubistein), por Mercedes Simone con trío típico, Odeon 11319, matriz 9455 (17/6/1938); por OT E. Donato con Horacio Lagos y Lita Morales, Victor 38692, matriz 12721 (27/3/1939); por Dante Ressia con guitarras, Victor 68-1824, matriz S 3317 (7/9/1954); por OT D´Agostino con Rubén Cané, Victor 67-1516, matriz S 1986 (19/2/1954); por Ángel Vargas con su orquesta, Victor 68-2439, matriz S 5059 (3/8/1956).

Carnavalera (milonga de Sebastián Piana y Homero Manzi), por OT D´Arienzo con Héctor Mauré, Victor 39438, matriz 59847 (24/10/1941); por Hugo del Carril con orquesta y guitarras con glosas de Julián Centeya, Victor 39438, matriz 59847 (24/10/1941).

Carnavales de mi vida (de Juan Carlos Cobián y Enrique Cadícamo), por OT D´Agostino con Tino García, Victor 68-0203, matriz 94444 (18/12/1951).

Carnavalito (milonga de Machingo Ábalos y Adolfo Ábalos), por OT Demare con Raúl Berón, Odeon 8061, matriz 12476 (9/1/1943).

Cascabelito (de José Bohr y Juan Andrés Caruso), por Carlos Gardel con guitarras, Odeon 18099-A, matriz 1811 (1924); por OT F. Canaro, Odeon 6969-B, matriz 1704 (1923); por Ada Falcón con OT F. Canaro, Odeon 11194-A, matriz 5739 (17/6/1930); por OT Di Sarli con Roberto Rufino, Victor 39320-A, matriz 59511 (6/6/1941); por Ángel Vargas con su orquesta, Victor 63-0107, matriz 94245 (17/6/1951) y Victor 68-2482, matriz S 5188 (30/10/1956); por OT D´Agostino con Ricardo Ruiz, Victor 68-0591, matriz S 383 (2/2/1953); por OT Pugliese con Jorge Maciel, Odeon 51829, matriz 20471 (22/9/1955).

Cocoliche (de Eugenio Nobile, Luis Cosenza y Francisco Lamela), por Roberto Díaz con guitarras, Victor 47384-A, matriz 60155 (22/4/1930); por OT Victor con Ernesto Famá, Victor 47321-A, matriz 60066/2 (20/3/1930).

Cocoliche (milonga de Luis María Vellión), por Luis María Vellión con guitarra, Columbia T 243, matriz 55456 (1910).

Colombina (Teresita) (de Julio De Caro, Francisco De Caro y Enrique Cadícamo), por OT J. De Caro, Victor 80906-B, matriz 44193/2 (28/6/1928).

Colombina (de Matteo Cóppola y Delmira Zinola), por OT F. Canaro, Odeon 5016-A, matriz 6599 (30/3/1931).

Colombina (de Juan Polito), por OT Pacho con Carlos Viván, Odeon 7576-B, matriz 2471e (16/4/1928).

Cómo nos divertimos (de Julio De Caro y Dante A. Linyera), por OT C. Puglisi con Roberto Díaz, Victor 47371-A, matriz BAVE-60185/2 (6/5/1930); por Juan Carlos Delson con guitarras, Victor 47359, matriz BAVE-60165/2 (1930); por OT J. De Caro con Luis Díaz, Brunswick 1222 (1930).

Cotillón (de Juan Carlos Bazán), por OT F. Canaro, Odeon 6982-B, matriz 1926 (1924).

Cuando muere el carnaval (de Pierre Henderson), por OT F. Canaro con Charlo, Odeon (CH) 4667-A, matriz 5653 (3/6/1930).

Después de carnaval (de José Amuchástegui Keen), por OT Fresedo con Ricardo Ruiz, Victor 39319, matriz 59526 (19/6/1941); por OT Basso con Floreal Ruiz, Odeon 52365, matriz 23116 (28/5/1958); por OT Fresedo con Hugo Marcel, Columbia 20864, matriz CAO 1757 (12/1/1959).

Dios Momo (de Alfonso Lacueva y Enrique Carrera Sotelo), por OT Victor, Victor 47089-A, matriz 44558 (18/5/1929).

Disfraces (de Sacri Delfino y Ernesto Pierro), sin registro de grabaciones.

Disfrazado (de Antonio Tello y Alejandro Da Silva), por Agustín Magaldi con guitarras, Victor 38386, matriz 12080 (21/1/1938); por OT Rotundo con Alfredo del Río, Pampa 14191, matriz MAI 2040 (22/1/1957).

Disfrazado (de Anselmo Aieta y Francisco Laino), sin registro de grabaciones.

Disfrazate hermano (de Antonio Bonavena, Antonio Solera y Francisco Gorrindo), sin registro de grabaciones.

Disfrazate muchachita (de Alejandro Schujer), por OT C. Puglisi, Victor 47149-B, matriz 44696/1 (2/8/1929).

El antifaz negro (vals de Luis Teisseire y Juan Andrés Caruso), dedicado «A la señora Ángela Cámera». Registro Nº 19592 (26/9/1918).

El rey de la serpentina (de Graciano De Leone), sin registro de grabaciones.

En el corsito de mi barrio (milonga de Abel Aznar y Reinaldo Yiso), por OT Pontier con Julio Sosa, Victor 68-2325, matriz S 4832 (20/1/1956).

Esta noche en Buenos Aires (de Ángel D´Agostino, Eduardo Del Piano y Erasmo Silva Cabrera), por OT D´Agostino con Ángel Vargas, Victor 60-0348, matriz 79524 (31/1/1944); por OT Rodio con Alberto Serna, Odeon 7605, matriz 13921 (6/7/1944).

Esta noche me disfrazo (de Juan B. Vescio), por Mercedes Simone con orquesta, Victor 37567, matriz 74451 (8/3/1934).

Este carnaval (de Miguel Ángel Caruso y Luis Rafael Caruso), por OT D´Arienzo con Alberto Echagüe, Victor 68-0191, matriz 94380 (14/9/1951).

Hasta el otro carnaval (de Emilio De Caro y Lito Bayardo), por OT J. De Caro, Brunswick 1274, matriz BKP 4439 (1931).

La enmascarada (de Paquita Bernardo y Francisco García Jiménez), por Carlos Gardel con guitarras, Odeon 18102-A, matriz 1850 (1924).

La murga (de Peregrino Paulos), sin registro de grabaciones.

La murga de los sonámbulos (milonga de Gustavo Mozzi), por conjunto G. Mozzi, EPSA Music CD 16036 (1998).

La murguita (candombe de Ulises Bastanzio), por Isabel Mendoza, Melopea CDMPV-1156 (1999).

Mascarada (de Roberto Firpo y Venancio Juan Clauso), por OT Firpo con Carlos Varela, Odeon 3059, matriz 7671 (16/4/1934).

Máscaras (de Pedro Vilella y Luis Rubistein), por OT D'Arienzo con Carlos Dante, Electra 785-B, matriz 330 (1928).

Mascarita (de Gerardo Matos Rodríguez y Celedonio Flores), por Cuarteto Luis Caruso con Julio Sosa, Sondor 5208-B, matriz 2272 (31/1/1949).

Mascarita (de Julio De Caro y José María Ruffet), por OT Firpo, Odeon 6249-A, matriz 1787 (1924).

Mascarita (de José Monzeglio), sin registro de grabaciones.

Mascaritas (vals de Pedro Laurenz y Enrique Cadícamo), por OT P. Laurenz con Juan Carlos Casas, Victor 38927, matriz 39221 (21/2/1940).

Melenita de oro (de Carlos Geroni Flores y Samuel Linnig), por OT Flores, Victor 73516-B, matriz BA-106/2 (28/8/1922); por Fernando Nunziata con OT Flores, Victor 73556-B, matriz BA-120/3 (22/9/1922); por OT Flores con R Saldívar, Victor 47387-B, matriz 60188/4 (6/5/1930); por OT De Angelis con Carlos Dante, Odeon 3778, matriz 14148 (10/10/1944); por OT Rotundo con Floreal Ruiz, Pampa 14095, matriz MAI 1216 (17/9/1953); por OT Pugliese con Jorge Maciel, Stentor SA 6001 (1960).

Mi carnaval (de Francisco Laino y Alberto Gambino), por OT Ciriaquito con Carlos Lafuente, Victor 37180-A, matriz 66690/2 (8/4/1932).

Mis carnavales de ayer (de Carmelo Imperio, Romeo Gavioli y Juan Carlos Patrón), por Romeo Gavioli con su orquesta, Sondor 5100-A, matriz 1819 (1947).

Mujer de carnaval (de Eugenio Nóbile y Nolo López), por OT Pacho con Carlos Viván, Odeon 9060-A, matriz 5300 (28/3/1930).

Noche de carnaval (de Julio Carrasco, Armando Vidal y Juan Carlos Patrón), por OT F. Canaro, Odeon 4587-B, matriz 4676 (9/10/1929).

Otra vez carnaval (Noches de carnaval) (de Carlos Di Sarli y Francisco García Jiménez), por OT Di Sarli con Roberto Rufino, Victor 39520, matriz 59976 (3/1/1942); por Hugo del Carril con guitarras, Victor 39621, matriz 69710 (7/5/1942); por OT Di Sarli con Jorge Durán, Victor 60-1185, matriz 83199 (4/1/1947); por Roberto Goyeneche con orquesta, RCA-Victor (1981).

Papel picado (de Cátulo Castillo y José González Castillo), por OT F. Canaro con Ernesto Famá, Odeon 4862, matriz 7471 (13/7/1933); por OT F. Lomuto con Fernando Díaz, RCA-Victor 37559, matriz 74460 (23/3/1934); por OT Tanturi con Osvaldo Ribó, RCA-Victor 60-1524, matriz 83829 (26/1/1948)

Pobre colombina (de Virgilio Carmona y Emilio Falero), por OT Firpo, Odeon 8640-B, matriz 517e (23/3/1927); por Carlos Gardel con guitarras, Odeon 18222-B, matriz 1372e (23/9/1927); por OT Salgán con Horacio Deval, Victor 68-0147, matriz 94340 (2/8/1951); por Roberto Goyeneche con OT R. Garello, RCA-Victor AVS-4504 (1977).

Pobre mascarita (de Salvador Granata y Orlando Romanelli), por Agustín Magaldi con guitarras, Victor 80814-A, matriz 44008/4 (16/3/1928); por OT Pollero, Victor 80811-B, matriz 44003/1 (15/3/1928); por OT D´Arienzo con Juan Carlos Lamas, Victor 39835, matriz 84215 (29/12/1942).

Por esa mujer... de carnaval (de Francisco Lauro), por OT F. Canaro, Odeon 4848-B, matriz 7364 (7/3/1933).

Quiero disfrazarme (de Roberto Prince y Francisco Sorrentino), sin registro de grabaciones.

Ríe payaso (de Virgilio Carmona y Emilio Falero), por Carlos Gardel con guitarras, Odeon 18286-A, matriz 4294/2e (28/6/1929); por OT D´Arienzo con Carlos Casares, Victor 39063-A, matriz 39438 (22/8/1940); por OT D´Arienzo con Mario Bustos, Victor AVL 3248, matriz KAAB 1377 (12/11/1959); por Andrés Falgás con orquesta, RCA-Victor (MX) (1942); por Roberto Quiroga con guitarras, Victor 60-0637, matriz 80549 (18/2/1945); por OT F. Sassone con Roberto Chanel, Victor 60-1902, matriz 91526 (21/12/1949); por Ángel Vargas con orquesta, Victor 63-0165, matriz 94901 (5/5/1952).

Sacate el antifaz (de Orlando Romanelli y Alberto Munilla), por Alberto Vila con guitarras, Victor 47360-A, matriz 60166/1 (25/4/1930); por OT Victor con Ernesto Famá, Victor 47460, matriz 60297 (4/6/1930).

Sacate el antifaz (de Juan Polito, Carmelo Matino y Navarrine), por OT Pacho, Odeon 7482, matriz 3864 (1926); por Mario Pardo con guitarras, Odeon 6607-A, matriz 4186 (1926).

Sacate la caretita (de Luis Cosenza, José Schumacher y Juan A. Caruso), por Ignacio Corsini con guitarras, Odeon 225-A, matriz 1726 (1923); por Carlos Gardel con guitarras, Odeon 18091-A, matriz 1764 (1924); por Juan Pulido con orquesta, Columbia 2851-X, matriz W 95926 (1927) y Victor 81350-B, matriz 43370 (1928); por OT Firpo, Odeon 6222-A, matriz 1607/1 (1923); por OT F. Canaro, Odeon 6947-A, matrices 1632 y 1632/1 (1923).

Serpentina (de Miguel Caló y Francisco Federico), sin registro de grabaciones.

Serpentina doble (de Juan Rezzano y Humberto Graziano), por OT F. Lomuto, Odeon 7796-B, matriz 3792e (2/3/1929); por Genaro Veiga con OT Fresedo, Brunswick (USA) 40999, matriz E 32491 (1/4/1930).

Serpentinas (de José Laina), por OT Guido, Victor 79821-A, matriz BAVE-1144/1 (21/3/1927).

Serpentinas (de Ricardo Brignolo), por OT Lomuto, Odeon 7625-B, matriz 2973 (1925).

Serpentinas (de Carlos Geroni Flores y Emilio Ferrer), por OT Flores, Victor 73838-A, matriz BA-215/2 (22/2/1923).

Serpentinas de esperanza (de José Canet y Afner Gatti), por OT M. Caló con Carlos Dante, Odeon 8353, matriz 8061 (5/4/1935); por Fernando Díaz con guitarras, Odeon 17101, matriz 8151/1 (3/6/1935); por OT D´Agostino con Ángel Vargas, Victor 60-0883, matriz 82001 (8/2/1946).

Siempre es carnaval (de Osvaldo Fresedo y Emilio Fresedo), por OT Fresedo con Roberto Ray, Victor 38113-B, matriz 93515/1 (22/2/1937); por Agustín Magaldi con orquesta, Victor 38370, matriz 12085 (26/1/1938); por Nelson Gonçalves con orquesta, RCA-Victor (BR) 80-1173-A, matriz BE3VB-0133 (25/5/1953).

Siga el corso (de Anselmo Aieta y Francisco García Jiménez), por Carlos Gardel con guitarras, Odeon 18168-A, matriz 3965 (1926) y Odeon 184061-A, matriz SO 4563 (17/12/1927) y también Odeon 18978-A, matriz 2833/1e (6/7/1928); por Ignacio Corsini con guitarras, Odeon 18467-A, matriz 3935 (1926); por OT Fresedo, Odeon 5179-B, matriz 1337e (16/9/1927); por OT Troilo con Alberto Marino, Victor 60-0462-B, matriz 79726/1 (7/6/1944); por OT F. Canaro, Odeon 4180-A, matriz 3869 (1926); por OT Firpo, Odeon 6451-A, matriz 3879 (1926); por OT Pacho, Odeon 7479-A, matriz 3805 (1926); por OT F. Lomuto, Odeon 7674-B, matriz 3918 (1926) y muchísimas versiones más.

Siga el corso (de Ricardo Brignolo), sin registro de grabaciones.

Soy un arlequín (de Enrique Santos Discépolo), por Alberto Gómez con guitarras, Victor 47088-A, matriz 44556/4 (16/5/1929); por Ignacio Corsini con guitarras, Odeon 18592-A, matrices 4589 y 4589/1 (13/9/1929); por Azucena Maizani con orquesta, Brunswick 2101-B, matriz 95 (1929); por OT F. Lomuto con Charlo, Odeon 7811-A, matriz 4268e (21/6/1929); por Ada Falcón con Trío Delfino, Odeon 11172-A, matriz 4171e (4/6/1929); por Roberto Goyeneche con orquesta Stampone, RCA-Victor AVS-4152 (3/10/1972).

Tirame una serpentina (de Anselmo Aieta y Juan Sarcione), por OT De Angelis con Carlos Dante, Odeon 52078, matriz 21652 (11/12/1956).

Todo el año es carnaval (de Julio De Caro y Dante A. Linyera), por OT J. De Caro con Luis Díaz, Brunswick 1254-A, matriz 1571 (1931).

Tu disfraz (de Ángel Danesi), por OT F. Canaro con Charlo, Odeon 4429-A, matriz 2479e (18/4/1928); por OT Fresedo con Ernesto Famá, Odeon 5241-A, matriz 2187e (12/3/1928); por OT F. Lomuto, Odeon 7763-B, matriz 2731e (5/6/1928); por OT Firpo con Teófilo Ibáñez, Odeon 8760-A, matriz 2490e (19/4/1928).

Yo me quiero disfrazar (de Anselmo Aieta y Francisco García Jiménez), por OT F. Canaro con Charlo, Odeon 4417-A, matriz 2230e (21/3/1928); por OT F. Canaro con Charlo, Odeon inédito, matriz 2544e (30/4/1928), editada en CD; por OT Firpo con Teófilo Ibáñez, Odeon 8740-A, matriz 2098e (29/2/1928); por Mario Pardo con guitarra, Odeon 6631-A, matriz 2059e (22/2/1928).

Yo me quiero divertir (de Julio De Caro y Dante A. Linyera), por OT J. De Caro con Luis Díaz, Brunswick 1201-A, matriz 17 (1929); por Agustín Magaldi con guitarras, Brunswick 1601-A, matriz 12 (1929).

CAPÍTULO VI

Los tangos del alma

se me ha metido en el alma
la voz amarga del bandoneón.[16]

Soy un alma desnuda en estos versos,
Alma desnuda que angustiada y sola
Va dejando sus pétalos dispersos.
Alfonsina Storni

Son incontables los títulos que contienen el término alma y también las letras de los tangos, milongas y valses. Al igual que en nuestro lenguaje cotidiano, no siempre su significado es el mismo, por el contrario, son varios los usos que se le da a la palabra.

Para los hebreos y los griegos, el alma es la unión del cuerpo y el aliento de vida o espíritu. No se concibe un alma que pueda vivir fuera del cuerpo. «Le volvió el alma al cuerpo», decimos cuando alguien se repone de un hecho grave. Por lo tanto, sería algo invisible e inmaterial que poseen los seres vivos.

La Real Academia de la Lengua Española tiene muchas definiciones de alma, la primera de ellas: «Principio que da forma y organiza el dinamismo vegetativo, sensitivo e intelectual de la vida». Le sigue: «En algunas religiones y culturas, sustancia espiritual e inmortal de los seres humanos». Después, sigue enumerando otros varios ejemplos de su empleo. En los tangos sucede lo mismo, pero con algunos matices.

Ya en el mismo título de la obra uno puede inferir la idea, aunque muchas veces es ambigua. En algunas oportunidades, la ilustración

---

16- Carlos Bahr, del tango *Motivo sentimental* (1944).

de la partitura nos brinda una ayuda conceptual que nos permite descubrir el motivo. En el caso de las letras, las metáforas pueden facilitar su intención, atendiendo al contexto que rodea al término en el transcurso de la trama.

A fin de analizar mejor todo esto, hemos realizado nuestro relevamiento de títulos en partituras y discografías con especial detenimiento. Además, una búsqueda en las letras de temas conocidos. Cuando la palabra está en el título y la obra tiene letra, el asunto de su significación suele aclararse rápidamente.

Hay dos tangos titulados *Alma*, uno de ellos, el más difundido, lleva letra de Juan Sarcione y utiliza la palabra en el estricto sentido que le asignaban los griegos y los hebreos:

> alma, nunca desesperes
> porque si tu mueres
> matarás mi corazón.
> (*Alma*, de Federico Scorticati y Juan Sarcione)

Es algo que no se puede separar del cuerpo, aquí el alma es la vida. Hay un presagio de muerte en *Yo también*, cuando dice:

> Me estoy sintiendo viejo
> detrás del alba se va la vida.
> Hoy me miré al espejo
> y siento mi alma que está vencida.

Y por si queda alguna duda, termina:

> Y no es vivir, luchar vencido
> fríos de olvido que hacen morir.
> (*Yo también*, de Luis Visca y Luis Rubistein)

Luis Rubistein

En el vals *Desde el alma*, hay una pequeña variante: el alma herida, el sentimiento profundo de aquel que vive un desengaño. Aquí, la des-

Rosita Melo

ilusión atormenta, hace doler el alma, pero no mata y menos se va del cuerpo:

Alma si tanto te han herido
¿por qué te niegas al olvido?
(*Desde el alma*, de Rosita Melo y Homero Manzi)

Parecido es el caso de *Alma en pena* cuando dice:

Alma... que en pena vas errando
acércate a su puerta
suplícale llorando.
(*Alma en pena*, de Anselmo Aieta y Francisco García Jiménez)

En *Almita herida*, Cadícamo utiliza un título más que elocuente o en *Nostalgias* cuando dice:

Llora mi alma de fantoche
sola y triste en esta noche...
(*Nostalgias*, de Juan Calos Cobián y Enrique Cadícamo)

Como vemos el dolor del alma es difícil de curar pero puede tener paliativos como en el caso de *Mi noche triste*:

Percanta que me amuraste
en lo mejor de mi vida
dejándome el alma herida
y espina en el corazón.

Y luego:

para mí ya no hay consuelo
y por eso me encurdelo

Pascual Contursi

109

pa´ olvidarme de tu amor.
(*Mi noche triste*, de Samuel Castriota y Pascual Contursi)

Otra idea muy distinta la encontramos en *Alma de bohemio (1914)*, en esta letra (escrita muchos años después), con la palabra alma se busca expresar un rasgo de la personalidad, la vocación bohemia:

Roberto Firpo

Peregrino y soñador
cantar
quiero mi fantasía
y la loca poesía
que hay en mi corazón.
(*Alma de bohemio*, de Roberto Firpo y Juan Andrés Caruso)

Podría haber sido: "en mi alma" en lugar de "en mi corazón".

En *Alma de loca*, se alude a un aparente modo de vida que no es el que está en su alma verdadera:

Milonguera, bullanguera, que la va de alma de loca,
la que con su risa alegre, vibrar hace el cabaret...

Pero luego, al fin aflora su alma real:

Quien creyera milonguera...
ibas a mostrar la hilacha poniéndote seria y triste
ante una pobre muñeca modestita y sin valor.
(*Alma de loca*, de Guillermo Cavazza y Jacinto Font)

En *Alma mía*, todo parece más fácil, es la mujer amada. El hombre la ve dormida y la llama Alma, como un nombre propio, pero la cosa se complica en la primera bis cuando dice:

solo rondo yo en la calma
por saber si tienes alma...
(*Alma mía*, de Diego Centeno y Héctor Marcó[17])

De pronto, se pregunta si es buena. Lo mismo que en *Ya estamos iguales*, pero en este caso, con la certeza de que no lo es:

Francisco García Jiménez

belleza sin alma, estatua de hielo...
(*Ya estamos iguales*, de Anselmo Aieta y
Francisco García Jiménez)

Eladia en su tango *Con las alas del alma*, utiliza el término como energía del espíritu y le pone alas:

Con las alas del alma desplegadas al viento
desentraño la esencia de mi propia
existencia...
(*Con las alas del alma*, de Daniel García y Eladia Blázquez)

Con el nombre *Con alma y vida* hay un tango, un vals y una milonga, sin entrar a considerar sus letras, podemos afirmar que ese título trasmite energía. Es una expresión que se usa para un esfuerzo extremo.

Otra utilización diferente pero que abunda en muchísimos tangos, es la referida en *Yo llevo un tango en el alma*. Es un título muy significativo, que alude al lugar donde están las cosas esenciales. Marca un paradigma que se va a repetir en muchas páginas tangueras, en las que se afirma que el tango se lleva muy adentro, se guarda en el alma.

Yo llevo un tango en el alma
como escudo de mi vida,
porque su emoción sentida
tiene acentos que son míos:

17- Seudónimo de Héctor Domingo Marcolongo.

esperanzas, desvaríos,
desengaños y algo más...
Por eso un tango en el alma
llevo yo y así dice en su cantar.
(*Yo llevo un tango en el alma*, de Osvaldo Sosa Cordero)

Algo similar, haciendo referencia a un doble paradigma, encontramos en el tango *Alma porteña*:

Tango, vos sos el alma porteña...
(*Alma porteña*, de Vicente Greco y Julián Porteño[18])

El tango y su ciudad vistos como símbolos que conforman un arquetipo del habitante de Buenos Aires, que se repite:

¡Buenos Aires!...
Para el alma mía no habrá geografía
mejor que el paisaje...
...de tus calles,
donde día a día me gasto los miedos,
las suelas y el traje...
(*Mi ciudad y mi gente*, de Eladia
Blázquez)

Eladia Blázquez

Y en *Almagro*:

Almagro, Almagro de mi vida,
tú fuiste el alma de mis sueños...
(*Almagro*, de Vicente San Lorenzo[19] e Iván Diez[20])

También al revés, la ciudad con alma, como en *Melodía de arrabal*:

18- Seudónimo de Ernesto Temes.
19- Seudónimo de Vicente Ronca.
20- Seudónimo de Augusto Martini.

Barrio... barrio
que tenés el alma inquieta
de un gorrión sentimental.
(*Melodía de arrabal*, de Carlos Gardel y
letra de Mario Battistella y Alfredo Le Pera)

El porteño le concede un alma a su lugar
más entrañable.

Es decir, para el tango, los lugares y aún los objetos pueden tener alma, en este sentido, no podemos soslayar *Alma del bandoneón* y la exquisita metáfora en boca del protagonista cuando descubre su existencia en el instrumento:

Recién comprendo bien
la desesperación
que te revuelve al gemir
¡Sos una oruga que quiso
ser mariposa antes de morir!
(*Alma del bandoneón*, de Discépolo y
Luis César Amadori)

También alma puede significar la parte principal de cualquier cosa, la que le da vigor y fortaleza, la que la templa. En este sentido aparece en *Cordón*:

Duro como el alma de un frontón...
(*Cordón*, de Chico Novarro)

Otra variante está en *Volver*, donde se muestra el alma como refugio de los sentimientos pero también como el aliento de vida:

113

Vivir
con el alma aferrada
a un dulce recuerdo
que lloro otra vez.
(*Volver*, de Gardel y Le Pera)

Lo mismo en los versos de *La cumparsita*:

Si supieras
que aún dentro de mi alma
conservo aquel cariño
que tuve para ti.
(*La cumparsita*, de Gerardo Matos Rodríguez, Pascual
Contursi y Enrique Maroni)

Esta idea de depósito o refugio, tanto de sentimientos de amor como de temor y de nostalgias, está en infinidad de tangos.

Y aunque quiera quererte ya no puedo
porque dentro del alma tengo miedo.
(*Tarde*, de José Canet)

El alma es tan etérea que, en algunas ocasiones, está en la letra y no se la nombra por su nombre, como por ejemplo en *Una canción*:

Aníbal Troilo

¡A ver, mujer! Un poco más de ron
y ciérrate la bata de percal
que vi tu corazón
desnudo en el cristal
temblando al escuchar
esa canción.
(*Una canción*, de Aníbal Troilo y Cátulo
Castillo)

114

El hombre emplea una bellísima metáfora, de un erotismo sutil, casi imperceptible y confiesa que le vio el pecho y llegó a su alma.

Los casos de las almas distraídas o equivocadas es un excelente broche de oro para este breve ensayo. La primera la encontramos en *Tres esperanzas* donde el personaje reconoce:

> Plantate aquí nomás,
> alma otaria que hay en mí.
> (*Tres esperanzas*, de Enrique Santos Discépolo)

Y la segunda en esta frase:

> y el trago de licor que obliga a recordar
> si el alma está en orsai, che bandoneón.
> (*Che bandoneón*, de Aníbal Troilo y Homero Manzi)

En ambas, el alma es tonta o está errada, fuera de las circunstancias de la situación, fuera de foco. Estas metáforas, tan crudas, sarcásticas pero al mismo tiempo risueñas, constituyen pruebas indubitables de la originalidad y del inmenso talento de dos pilares del tango, Enrique Santos Discépolo y Homero Manzi.

En síntesis, podemos concluir que el tratamiento es variopinto, en muchos de los tangos, sus letras manifiestan la problemática del ser humano desde lo ontológico, a veces, como una simple asociación de imágenes representativas del desencuentro, la resignación y el dolor de los que aman.

Algunos títulos y versiones fonográficas de los tangos relacionados con este capítulo:

Alma (de Federico Scorticati y Juan Sarcione), por OT Carabelli con Alberto Gómez, Victor 37270-B, matriz 66908/1 (9/9/1932); por Alberto Gómez con orquesta, Victor 37320, matriz 66971 (30/11/1932).

¡Alma...! (de Domingo Vivas y Gerónimo Gradito), por OT Pacho, Odeon 7467-A, matriz 3519 (1925); por OT Victor, 79627-A, matriz BA-742/1 (5/11/1925).

Alma atravesada (de Vicente Loduca), por OT Loduca, Victor 69592-B, matriz G-1909/1 (30/4/1917).

Alma blanca (de Vicente Demarco), por OT Firpo, Odeon 8919-B, matriz 4900e (15/11/1929).

Alma campera (de Adolfo Pérez "Pocholo"), por OT Firpo, Odeon 8886-B, matriz 4632e (26/9/1929).

Alma cansada (de Fidel del Negro y Bernardo Germino), por OT Select, Victor 72899-A, matriz B-24450/1 (2/9/1920).

Alma corazón y vida (vals de Adrián Flores), por OT Salgán con Roberto Goyeneche y Ángel Díaz, TK (1955); por dúo de Hugo Marcel y Eduardo Marcel, Phonogram 5074 (1977).

Alma criolla (de Cayetano Puglisi), por OT Firpo, Odeon 6195-B, matriz 1263/1 (1923).

Alma de artista (de Diógenes Chaves Pinzón), Orquesta Internacional, Victor 78591/2, matriz BVE-33691/2 (3/2/1926).

Alma de bohemio (de Roberto Firpo y Juan Andrés Caruso), por OT Ferrer, Victor 67608, matriz B-16133/1 (25/6/1915); por OT De Caro, Victor 79619, matriz BA-727/2 (16/12/1925); por OT Fresedo, Odeon 5136, matriz 670 (26/4/1927); por OT Firpo, Odeon 8681, matriz 1069 (23/7/1927); por Ignacio Corsini con guitarras, Odeon 18520-A, matriz 1438 (4/10/1927); por OT Victor, Victor 47090, matriz BAVE-44560/2 (18/5/1929); por Trío Ciriaco Ortiz, Victor 37709-A, matriz 86736 (23/1/1935); OT Biagi con Teófilo Ibáñez, Odeon 5604, matriz 9833 (24/3/1939); OT Laurenz con Alberto Podestá, Odeon 7630, matriz 12929 (15/7/1943); OT Francini-Pontier con Alberto Podestá, Victor 60-1117, matriz 82468 (13/11/1946); OT D´Agostino con Tino García, Victor 60-1350, matriz 83476 (10/6/1947); OT Artola, Odeon 56026-B, matriz 17418/1 (1949); Alberto Castillo con orquesta, Odeon 7739, matriz 17285 (1949); OT Troilo con Nelly Vázquez, RCA-Victor AVL-3678, matriz 5575 (10/12/1965).

Alma de chorro (de Ernesto de la Cruz y Clemente Moreno), OT Petrucelli, Victor 47058-B, matriz 44497/2 (11/4/1929).

Alma de Dios (Simeón José Serrano, Carlos Arniches Barrera, Enrique García Álvarez), por OT E. Rodríguez con Ricardo Herrera, Odeon 7295, matriz 15956 (13/11/1946),

Alma de indio (de Augusto Gentile y Pedro Numa Córdoba), OT De Caro con Luis Díaz, Brunswick 1249-A, matriz 1364 (1930).

Alma de loca (de Guillermo Cavazza y Jacinto Font), por Carlos Gardel con guitarras, Odeon 18227-B, matriz 1370e (23/9/1927); por OT Rotundo con Floreal Ruiz, Odeon 55393-B, matriz 18403 (19/5/1952); por OT Salgán con Roberto Goyeneche, Victor 68-0296, matriz 94938 (30/5/1952); por Roberto Rufino con orquesta, Orfeo 37006, matriz OPT-395 (1953); por Edmundo Rivero con OT Salgán, Philips P 13944 L (1962).

Alma de malevo (de Ernesto de la Cruz y Eduardo Beccar), por Ignacio Corsini con guitarras, Odeon 18567-B, matriz 3669e (19/12/1928).

Alma de milonga (de Salvador Grupillo y Bartolomé Chapela), por OT Firpo, Odeon 6255-B, matriz 1836 (1924).

Alma de milonga (de Francisco M. Álvarez), por Rosita Quiroga con guitarras, Victor 77561, matriz BA-481/4 (12/2/1924).

Alma de milonga (de Carlos Warren y Juan Baüer), por OT Fresedo, Odeon 5260-A, matriz 2749e (8/6/1928).

Alma de mujer (de Guillermo Cavazza y Jacinto Font), por OT Cobián, Victor 77158-B, matriz BA-341/3 (9/8/1923).

Alma de mujer (vals de Virgilio Carmona y Eugenio Cárdenas), por Ignacio Corsini con guitarras, Odeon 18531-A, matriz 1786e (21/11/1927); por OT Firpo, Odeon 8677-B, matriz 1128e (2/8/1927).

Alma de payaso (de Raúl Saraceno y Antonio Pérez), Roberto Maida con OT Castellanos, Columbia 6908, matriz 370446 (1931).

Alma de serenata (de Marcelo Sobredo y José María Tasca), Jorge Sobral con Palermo Trío, Doble AA JS-007 (sin fecha).

Alma de tango (de Leopoldo Federico, Orlando Perri y Carlos Jonsson), sin registro de grabaciones.

Alma del bandoneón (de Enrique Discépolo y Luis Amadori), por Imperio Argentina (1931); por OT F. Lomuto con Fernando Díaz, Victor 37706-A, matriz 86739 (13/12/1934); por Alberto Gómez con orquesta, Victor 37712, matriz 86738 (24/1/1935); por OT F. Canaro con Roberto Maida, Odeon 4933-A, matriz 8029 (20/3/1935); por Susy Leiva con orquesta, RCA-Victor AVS-4549 (8/11/1962); por Tania con orquesta, TK (1963).

Alma del desierto (de José Cano, Nazario García y Nicolás Trimani), por OT Firpo con Teófilo Ibáñez, Odeon 8867-B, matriz 4183e (6/6/1929).

Alma desakatada (candombe de Raúl Peña y Marcela Bublik), por Marcela Bublik, PAI CD-3059 (2002).

Alma divina (de Francisco Peña), por OT Firpo, Odeon 6499-A, matriz 4473 (1926).

Alma doliente (de José María Codoñer), por OT Firpo, Odeon 6215-A, matriz 1520 (1923).

Alma doliente (de Ángel J. Pozzi y Humberto Matta), por OT F. Canaro con Charlo, Odeon 4662-A, matriz 5530e (7/5/1930).

Alma dolorida (vals de Pedro Datta), por OT D'Arienzo, Victor 38114, matriz 93537 (5/3/1937).

Alma en pena (de Ángel Danesi), por OT Firpo, Odeon 6072-A, matriz 851 (1922).

Alma en pena (de Anselmo Aieta y Francisco García Jiménez), por Carlos Gardel con guitarras, Odeon 18252, matriz KI-1851/2 (11/10/1928); por Ignacio Corsini con guitarras, Odeon 18562-A, matriz 3197 (19/9/1928); por Charlo con OT F. Lomuto, Odeon 7779, matriz 3350 (15/10/1928); por OT Pacho con José Galarza, Odeon 7597, matriz 3502 (16/11/1928); por OT Firpo con Teófilo Ibáñez, Odeon 8817, matriz 3394 (22/10/1928); por OT Fresedo con Ernesto Famá, Odeon 5294, matriz 3323/1 (9/10/1928); por OT R. Canaro con Carlos Dante, Regal RS-1229, matriz K1561 (1929); por Ángel Vargas con orquesta, Victor 68-1191, matriz SO-1718 (13/10/1953); por OT Aieta, TK 5240-A (1953); por Nelly Omar con guitarras, Magenta 5053 (1969); por Rubén Juárez con orquesta, EMI-Odeon 6526 (15/6/1977).

Alma gallega (vals de Carmelo Imperio, Donato Racciatti y Enrique Soriano), sin registro de grabaciones.

Alma gaucha (estilo de Juan Sarcione), por Ignacio Corsini con guitarras, Odeon 18450-B, matriz 3283/1 (1925) y Odeon 18577-B, matrices 3.721e (6/2/1929) y 3721-1e (1/4/1929).

Alma gaucha (de Roberto Firpo), por OT Firpo, Odeon 517-B, matriz 353a (1914); por OT Firpo, ERA 106 (1915); por cuarteto Firpo, Odeon 51754, matriz 20240 (13/6/1955).

Alma gaucha (vals de Pedro Datta y José Fernández), sin registro de grabaciones.

Alma herida (de Paco Berón y Adrián Resnik), por Adrián Resnik, grabación particular (2006).

Alma lírica (de Ernesto Baffa, Javier Mazzea y Daniel Lomuto), por OT Baffa, M&M TK-28162 (1996).

Alma mía (de María Isolina Goddard y Emilio Fresedo), por OT Fresedo, Odeon 5117-A, matriz 370e (15/2/1927).

¡Alma mía! (de Emilio Ferrer), por OT Fresedo, Victor 77102-A, matriz BA-351/1 (27/7/1923).

Alma mía (de Panizzi), por OT Stubbs du Perron, el cantor puede ser Luis Mandarino (Berlín, 1928).

Alma mía (de Domingo Cuestas y Mario César Gomila), por OT M. Caló con Carlos Dante y Hermanas Morel, Odeon 8356, matriz 8458 (17/12/1935).

Alma mía (vals de Diego Centeno y Héctor Marcó), por Agustín Magaldi, Victor 37966-A, matriz 93245 (15/7/1936); por Trío Ciriaco Ortiz, Victor 38096, matriz 93486 (22/1/1937); por OT Di Sarli con Roberto Rufino, Victor 38932, matriz 39211 (15/2/1940); por Sexteto Tango con Jorge Maciel, RCA-Victor CAL-3243 (21/10/1969); por Guillermo Rico con guitarras, RCA-Victor CAS-3358 (1973); por Juan Carlos Godoy con sexteto, Sonolux I.E.S. 13-943 (Colombia, 1974).

Alma noble (de Luis Servidio), por OT Pacho, Odeon 7433-A, matriz 2255 (1924).

Alma pasional (vals de José Ignacio Rivero y Liliana de Capaccio), por Marcela Valle con guitarras, D.P.S. 7679 (sin fecha).

Alma poética (vals de Roberto Firpo), por OT Firpo, Odeon 547-B, matriz 113 (1917); Cuarteto Firpo, Odeon 3510, matriz 9128 (4/7/1937) y Odeon 55331-A, matriz 18271 (20/11/1951).

Alma porteña (de Vicente Greco y Julián Porteño), por Carlos Gardel con guitarras, Odeon 18074-B, matriz 1354 (1923).

Alma porteña (de Aldo Maietti), por OT Maietti (París, sin fecha).

Alma porteña (milonga de Antonio Polito y Francisco Laino), por OT F. Canaro con Ernesto Famá, Odeon 5192-B, matriz 11250 (13/6/1941).

Alma pura (de Roberto Ventura Tosi), por OT Pacho, Odeon 7492-A, matriz 4248 (1926).

Alma que llora (de Carlos Martinoli), por OT Ferrazzano, Victor 79857-A, matriz BAVE-1235/2 (28/5/1927).

Alma tanguera (de Mario Licarse y Rafael Mancovsky), por OT F. Canaro con Agustín Irusta, Odeon 4303-B, matriz 769e (18/5/1927); por OT Pacho, Odeon 7519-A, matriz 440e (27/2/1927).

Alma triste (El gaucho negro) (de Juan Bautista Guido), por OT Pacho, Odeon 9110-B, matriz 6944e (12/11/1931).

Alma vanidosa (arreglo en tango de Thony Fergo), por OT Arduh con Javier Di Ciriaco, CNR Discos CNR27773 (2003).

Alma y corazón (de Juan y José Varni), por OT Pacho con Carlos Viván, Odeon 9041-B, matriz 5006e (6/12/1929).

Alma y corazón (vals de Roberto Anastasio), por OT Bonavena con Antonio Buglione, Columbia 5520 (1931).

Alma y sentimiento (vals de José Milano), por Domingo Rullo y su conjunto, EPSA Music (sin fecha).

Almagro (de Vicente San Lorenzo e Iván Diez), por OT Pacho con José Galarza, Odeon 9081, matriz 5591 (20/5/1930); por Carlos Gardel con guitarras, Odeon 18811, matriz 5488 (1/5/1930); por OT De Angelis con Oscar Larroca, Odeon 55329-A, matriz 18248 (23/10/1951); por Héctor Mauré con orquesta, Music Hall 738 (1968); por OT Pugliese con Adrián Guida, Odeon (26/12/1985).

Almas gemelas (de Juan Salomone y L. Jacobone), por OT Victor con Ernesto Famá, Victor 47193-B, matriz 44840/2 (10/10/1929).

Almita (de Ignacio Cedrún, Martín Creixell, Daniel Yaría y Javier Amoretti), por Las Bordonas canta Ignacio Cedrún, Típica Récords CD-060-02 (2007).

Almita (de Julio Weinberger y Hugo Zamora), sin registro de grabaciones.

Almita herida (de Juan Carlos Cobián y Enrique Cadícamo), por OT Fresedo, Victor 73558-A, matriz BA-112/2 (25/8/1922); por OT Firpo, Odeon 6177-A, matriz 1274 (1923); por Roberto Goyeneche con orquesta, RCA-Victor TLP-40164 (8/5/1970); por Lito Nebbia, Melopea CDMSE-5075 (1995); por Lucrecia Merico, LM Records (2006); por Noelia Moncada (2011).

Callejuelas del alma (canción de Beatriz Lokhart y Nelson Pilosof), sin registro de grabaciones.

Che bandoneón (de Aníbal Troilo y Homero Manzi), por OT Francini-Pontier con Alberto Podestá, Victor 60-1923, matriz 91586 (07/03/1950); por OT Donato con Carlos Almada, Pampa 11001, matriz 004 (14/04/1950); por OT Troilo con Jorge Casal, TK S 5001, matriz 38 (24/11/1950); por Caracol con conjunto, EPSA-BAM 16054 (1990);

Como alma en pena (de David Barberis y Enrique Tubino), por OT Firpo con Teófilo Ibáñez, Odeon 8.764-B, matriz 2.491e (19/4/1928).

Con alma (milonga de Juan Carlos Cirigliano), por J. C. Cirigliano y Los Músicos de Buenos Aires, Melopea CDMPV-1080 (1993).

Con alma de tango (de Juan D'Arienzo y Carlos Waiss), por OT D'Arienzo con Armando Laborde, Victor 60-0896-A, matriz 82020 (6/3/1946); por Mercedes Serrano, Victor 3AE-3755, matriz RAAN12264 (20/12/1971); por OT De Angelis con Carlos Dante, Odeon 3797, matriz 15622 (28/6/1946); por OT Federico con Oscar Larroca, Victor 60-1147, matriz 82516 (3/12/1946).

Con alma y nervio (de Carlos Lazzari, Juan Polito y Ángel Guevara), por OT D'Arienzo con Armando Laborde, RCA-Victor 3AE-3738, matriz RAAN11132 (16/12/1970).

Con alma y vida (de Raúl de los Hoyos y Emilio Fresedo), por Charlo con guitarras, Electra 252, matriz 614 (1925); por OT Firpo, Odeon 6332-A, matriz 2591 (1925), por OT F. Canaro con Charlo, Odeon 4499-B, matriz 3326e (10/10/1928).

Con alma y vida (vals de Ricardo Brignolo), por OT Brignolo, Brunswick 1907-A, matriz 502 (1930).

Con alma y vida (milonga de Carlos Di Sarli y Héctor Marcó), por OT Di Sarli con Jorge Durán, Victor 60-0723, matriz 80714 (5/7/1945); por OT Di Sarli con Oscar Serpa, Music Hall 15335, matriz 15759 (1955); por Nelly Vázquez con orquesta, RCA-Victor TLP-40026 (1983); por OT Basso con Eduardo Borda y Quique Ojeda, Tennessee 29024 (1986).

Con el alma ciega (de Charlo), por Charlo, Music Hall (1967); por Alberto Morales con orquesta, Almalí 125042 (1984).

Con el tango en el alma (de Carlos Figari y Miguel Bucino), por Tita Merello con orquesta, Odeon LDI-232 (1964).

Con las alas del alma (de Daniel García y Eladia Blázquez), por E. Blázquez, DBN 51339 (1995); por Sandra Luna con orquesta, independiente SL01 (2007).

Con toda el alma (Te lo juro) (vals de Juan Carlos Cambón y H. R. Demattei), por Cuarteto Los Ases, Victor 39435, matriz 59833 (18/10/1941).

Cordón (de Chico Novarro), por Roberto Goyeneche con orquesta, RCA-Victor AVS-4211 (1974); por María Garay con orquesta, O.C.G. G-10001 (1979); por Chico Novarro con orquesta, Microfon SUP-80133 (3/12/1980); por OT Pugliese con José Ángel Trelles, Odeon 6550, matriz 46254 (30/6/1982); por Rubén Juárez con orquesta, EMI 6552 (1982).

Cuerpo y alma (de José Basso y Juan Pueblito), por OT Basso con Floreal Ruiz, Odeon 52603-B, matriz 25219 (26/4/1960).

Desde el alma (vals de Rosita Melo, Víctor Piuma Vélez y Homero Manzi), por OT Firpo, Odeon 638-A, matriz 333 (1920) y Odeon 8708-B, matriz 1580e (20/10/1927); por Dúo Massobrio-Caldarerlla con Félix Gutiérrez, Odeon 7397-B (1934); por OT F. Canaro, Odeon 5142-B, matriz 10497 (23/5/1940); por OT F. Canaro con Nelly Omar, Odeon 30127-A, matriz 16768 (22/10/1947); por OT Tanturi, Victor 60-0529, matriz 79828 (28/8/1944); por Cuarteto Firpo, Odeon 30506-A, matriz 16474 (21/5/1947); por Quinteto Pirincho, Columbia 301048, matriz MAI-734 (15/7/1952); por Julia Vidal, Victor 60-2342-B, matriz S-001913 (13/1/1954); por Hugo del Carril con guitarras, Serenata S-101, matriz 26055 (17/3/1961); por Nelly Omar con guitarras, Embassy 90007 (1976); por OT Pugliese, Odeon 6160, matriz 45050 (27/12/1976).

Desde el alma de Alberdi (vals de Miguel Ángel Gutiérrez), por Nelly Omar con guitarra, Embassy 90.035 (1976).

Ecos del alma (vals de Ernesto Bianchi y A. Ziccaro), por OT Antonio Bonavena, Columbia 5510 (1930).

El alma de la calle (Callecita del suburbio) (de Raúl de los Hoyos y José A. Ferreyra), por OT Fresedo, Odeon 5.013-B, matriz 3399 (1925); por Carlos Gardel con guitarras, Odeon 18161-B, matriz 3811 (1926).

El alma de los barrios (de Ramón Rivadavia y Nelson Pilosof), sin registro de grabaciones.

El alma de Portugal (fado de Manuel Moreno), por OT Guido con Pedro Lauga, Victor 47486-A, matriz 60436 (17/9/1930).

El alma del payador (milonga de Ángel Greco), por Ángel Greco, Atlanta 66175, matriz 119 (1912).

El alma del tango (de Víctor Pérez Petit, Juan Manuel González y Luis Viapiana), por OT Victor, Victor 79953, matriz BAVE-1518/2 (25/11/1927); por Agustín Magaldi con guitarras, Victor 79977-A, matriz BAVE-1606/2 (14/12/1927).

El alma que siente (de José Servidio y Celedonio Flores), por OT Firpo, Odeon 6068-B, matriz 896 (1922); por Carlos Gardel con guitarras, Odeon 18103-A, matriz 1853 (1924).

El universo de tu alma (de Miguel Ángel Barcos y Nelson Pilosof), sin registro de grabaciones.

En el cofre de mi alma (de Santos Maggi y Primo Antonio), por Carlos Aldao con guitarras, Fonocal C00018 (sin fecha).

Fiebre en el alma (vals de Arnaldo Barsanti), sin registro de grabaciones.

Flores del alma (vals de Juan Larenza y Lito Bayardo), por OT Laurenz con Martín Podestá, Victor 39493-B, matriz 59971 (7/1/1942); por OT D. Federico con Carlos Vidal y Oscar Larroca, Victor 60-1347, matriz 83470 (4/6/1947); por OT De Angelis con Carlos Dante y Julio Martel, Odeon 30409, matriz 16569 (3/7/1947).

Grafitti de las almas (milonga de Lito Vitale, Lucho González y Adrián Abonizio), por Gabriela Torres, BMG-Ariola 74321 53206-2 (1997); por María Estela Monti, Gobi Music GB013 (2005).

Grito del alma (de Elvino Vardaro), por OT Pacho, Odeon 7495-A, matriz 4284 (1926).

Gritos del alma (vals de Adolfo Pérez y José Staffolani), por OT A. Pérez "Pocholo", Odeon 30304, matriz 17038 (16/8/1948).

Hacia ti va mi alma (vals de Lucero Villegas), por Cuarteto Firpo, Odeon 3514-B, matriz 9520 (15/7/1938).

La cumparsita (de Gerardo Matos Rodríguez, Pascual Contursi y Enrique Maroni), por Carlos Gardel con guitarras, Odeon 18118, matriz 2292/1 (1924); por OT D'Arienzo, Victor 28326, matriz 12040 (14/2/1937); OT D'Arienzo, 60-0301, matriz 77407 (23/11/1943); por OT D'Arienzo, Victor 68-0185, matriz 94366 (12/9/1951); por OT D'Arienzo, Victor 31A-2042, matriz MAAB4120 (10/12/1963); por OT D'Arienzo, RCA-Victor AVL-3179, matriz RAAN12248 (7/12/1971).

Lamentos del alma (de C. A. Facal), por OT Donato-Zerrilo con Luis Díaz, Brunswick 1025-A, matriz 616 (1930).

Lamentos del alma (vals de Dante y Domingo Puricelli), por OT Puricelli con Arturo de la Colina, Victor 602218, matriz 94992 (16/7/1952).

Llueve en mi alma (canción de Mariano Mores y Martín Darré), por OT Mores con Antonio Prieto, Odeon MTOA/E 3559 (1963) e instrumental (1967).

Lo siento en el alma (de Roberto Giménez y Reinaldo Yiso), por OT Rotundo con Floreal Ruiz, Pampa 14109, matriz MAI-1450 (17/9/1954); por OT Basso con Oscar Ferrari, Odeon 51618-A, matriz

19717 (23/9/1954); por Roberto Rufino con orquesta, Orfeo 37007, matriz OPT-477 (1954).

Madre de mi alma (vals de Roberto Díaz y A. Gómez), por Roberto Díaz con guitarras, Victor 79573-A, matriz BA-636/2 (10/7/1925).

Madre del alma mía (vals de Reinaldo Yiso), por Floreal Ruiz con orquesta, Alanicky (1966).

Martirios del alma (vals de Antonio Bonavena y Alejandro Leguero), por Ignacio Corsini, Odeon 18613-B, matriz 5546/1e (10/5/1930).

Me duele el alma (vals de José Luis Padula y Lito Bayardo), por OT F. Canaro, Odeon 4584-A, matriz 4628/1 (25/9/1929); por Virginia Vera con guitarras, Columbia 6813-B, matriz 370467/2 (1931).

Melodía de arrabal (de Carlos Gardel, Mario Battistella y Alfredo Le Pera), por Carlos Gardel con guitarras, Odeon 18879, matriz 7333/2 (25/1/1933).

Mi ciudad y mi gente (de Eladia Blázquez), por Eladia Blázquez con orquesta, RCA-Victor AVLP-3972 (1970); por Roberto Goyeneche con orquesta, RCA-Victor AVS-4571 (8/5/1970); por Susana Rinaldi con orquesta, Philips 6347447 (1980).

Mi noche triste (de Samuel Castriota y Pascual Contursi), por Carlos Gardel con guitarras, Nacional 18010-B, matriz 89 (1917); OT Sassone con Jorge Casal, Victor 60-1761, matriz 91226 (15/2/1949); por Charlo con guitarras, Odeon 51816, matriz 20324 (12/7/1955) y con orquesta, Victor (1964); por Hugo del Carrril con guitarras, Serenata S-102, matriz 26053 (17/3/1961); por Roberto Rufino con orquesta, RCA-Camden CAL- 3215 (21/4/1969).

Mientras exista una verdad en el alma (de Litto Nebbia), por Cuarteto Gustavo Fedel, Melopea DM-029 (1989).

Nostalgias (de Juan Calos Cobián y Enrique Cadícamo), por Charlo con guitarras, Odeon 16105, matriz 8794 (14/10/1936); por Hugo del Carril con orquesta, Victor 38030, matriz 93396 (4/11/1936); por Charlo con orquesta, Columbia 301133, MAI-405 (3/10/1951); por Charlo con guitarras, Odeon 20323 (12/7/1955)

Oh madre del alma (vals de Jaime Vila y José Fernández), sin registro de grabaciones.

Quejas del alma (de Guillermo Barbieri), por Carlos Gardel con guitarras, Odeon 18152-B, matriz 3292 (1925).

Quejas del alma (de Mario Canaro), por OT F. Canaro, Odeon 4689-B, matriz 6201 (22/10/1930).

Quejas del alma (vals de Domingo Julio Vivas y Juan Mazaroni), por Carlos Gardel, Odeon con guitarras 18865-B, matriz 6920 (27/10/1931); por OT Tanturi con Osvaldo Ribó, Victor 60-1483, matriz 83737 (31/10/1947).

Rodadas del alma (canción criolla de Antonio Di Benedetto y D. C. Rocatti), por Mercedes Simone con orquesta, Victor 37170-B, matriz 66670 (22/3/1932).

Sin alma y sin Dios (de Carlos Minotti y Miguel Ángel Pepe "Mapera"), por OT D'Arienzo con Jorge Valdez, Victor 1A-1693, matriz JAAB767 (19/11/1958).

Tarde (de José Canet), por Miguel Montero con OT F. Lomuto, Victor 60-2054,matriz 93917 (27/10/1950); por Jorge Vidal con guitarras, (7/12/1959); por Julio Sosa con orquesta, CBS-Columbia 8340, matriz 2920 (17/4/1962).

Toda alma (de Antonio Polito y Nicolás Trimani), por Ignacio Corsini con guitarras, Odeon 215-A, matriz 1106/1 (1923).

Tormenta en el alma (vals de José Luis Padula y Enrique Cadícamo), por OT F. Canaro con Ernesto Famá y Mirna Mores, Odeon 5177-B, matriz 10795 (28/10/1940).

Tres esperanzas (de Enrique Santos Discépolo), por OT Victor con Carlos Lafuente, Victor 37457, matriz 74247 (26/7/1933); por Ada Falcón con OT F. Canaro, Odeon 11241, matriz 7448 (16/06/1933); por Jorge Vidal con guitarras, Odeon (30/12/1952); OT M. Caló con Roberto Arrieta, Embassy 70001 (1972);

Un alma buena (de Aquiles Aguilar y José María Contursi), por OT Francini-Pontier con Julio Sosa Victor 63-0145, matriz 94824 (6/2/1952); por OT D'Arienzo con Armando Laborde, Victor 68-0467, matriz 0242 (12/11/1952); por OT M. Caló con Alberto Podestá, Embassy 50.023 (1972); por Reynaldo Martín con orquesta, Almalí 125075 (1988).

Una canción (de Aníbal Troilo y Cátulo Castillo), por Héctor Mauré con guitarras, Orfeo 5017-B, matriz OPT-360; por OT Troilo con Roberto Goyeneche, RCA-Victor AVL-4025, matriz 11218 (6/5/1971); por Nelly Vázquez con orquesta, Embassy 90001 (1976); por Rosanna Falasca con orquesta, EMI-Odeon 6294 (16/7/1976).

Una estafa en mi alma (de Jorge Dragone y Elba Cristian), por Elba Cristian con orquesta, grabación particular (11/12/2007).

Vibraciones del alma (vals de Francisco Canaro), por OT F. Canaro, Atlanta 3016, matriz 33 (1915); por OT F. Canaro, Odeon 4451-A, matriz 2924/1e (25/7/1928); por Quinteto Pirincho, Odeon 51085-A, matriz 20903 (13/4/1956); por OT Arduh, Diapasón DP-155465 (1999).

Volver (de Carlos Gardel y Alfredo Le Pera), por Carlos Gardel con orquesta, Victor 32456-A, matriz BVE89226/2 (19/3/1935); por OT Fresedo con Roberto Ray, Victor 37784, matriz 86873 (1/7/1935); por Edmundo Rivero con guitarras, Philips 6447064 (1967); por Héctor Mauré con orquesta, Music Hall 2179 (1971); por Carlos Acuña con guitarras, San José LP-4 (1984); por Adriana Varela, Melopea CDMSE 5047 (1991); por Horacio Molina, Confluencia CPP 50934 (1992); por Brian Chambouleyron con guitarras, Random Records RR-790 (2003); por María José Mentana y conjunto Neotango, Fonocal 315 (2004).

Ya estamos iguales (de Anselmo Aieta y Francisco García Jiménez), por Azucena Maizani, Odeon 12109-A, 8394/1 (21/10/1935); por OT Troilo con Alberto Marino, Victor 60-0674, matriz 80594 (27/3/1945); por OT De Angelis con Carlos Dante, Odeon 3784-B, matriz 14608 (4/5/1945); por Libertad Lamarque con orquesta, Victor 60-0761-B (14/8/1945).

Yo llevo un tango en el alma (de Osvaldo Sosa Cordero), por Alberto Castillo con orquesta, Odeon 7716, matriz 14864 (21/8/1945) y Microfón SE 711 (1976).

Yo también (de Luis Visca y Luis Rubistein), por Hugo del Carril con guitarras y glosas de Julián Centeya, Victor 39322, matriz 59534 (26/6/1941); por OT Varela por Argentino Ledesma, Pampa 14046, matriz MAI-948 (19/12/1952); por Oscar Alonso con orquesta, Odeon LDB-1002 (21/8/1969).

Bromuro
Tango Canción
A. F. ROLDAN
MUSICA DE
JUAN P. CASTILLO
Y VICENTE DE MARCO
GRAN EXITO DE LA ORQUESTA JUAN P. CASTILLO

"CLINICAS"
TANGO
para Piano por
R. Alberto Lopez
Buchardo

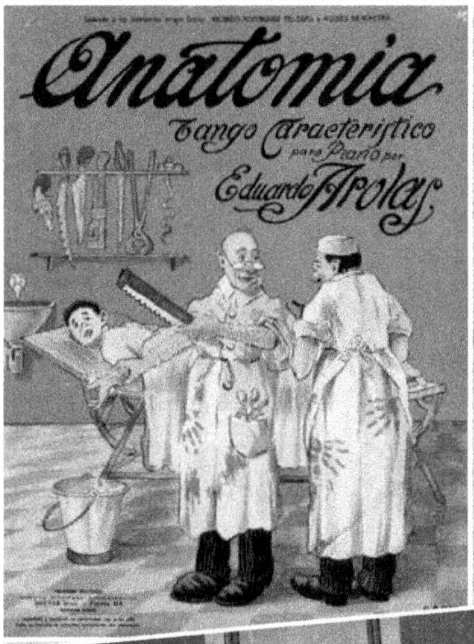
Anatomia
Tango Caracteristico
para Piano por
Eduardo Arolas

EL 11
(A Divertirse)
TANGO
PARA
PIANO Y CANTO
LETRA DE
Emilio Fresedo
MUSICA DE
OSVALDO N. FRESEDO

RAWSON
TANGO
por E. AROLAS

Mano de Oro
TANGO ARISTOCRÁTICO
por Eduardo Pereyra

EL ANATOMISTA

TANGO POR VICENTE GRECO

A mi querida Tía CONCEPCIÓN PUGLIESE como prueba de cariño

EL FRENOPÁTICO

TANGO PARA PIANO

POR OSVALDO PUGLIESE

EL BISTURI
(EL PROVINCIANO)

3er TANGO MILONGA PARA PIANO

ROBERTO FIRPO

LOCURA
TANGO

$ 0.30

MÚSICA DE A. GUERAMA   LETRA DE A. CARO

REVISTA MEDICA

TANGO MILONGA POR Enrique J. De Lorenzo

PIBE DE ORO

Carnaval de mi Barrio

Pintura Callejera en Tiempo de Tango

LETRA Y MÚSICA DE LUIS RUBISTEIN

Ediciones Musicales JULIO KORN

CARNAVAL
TANGO
Letra de: F. GARCIA JIMENEZ
Música de: ANSELMO A. AIETA

Cascabelito
Tango Canción de JOSÉ BÖHR
Letra de JUAN A. CARUSO

COMO NOS DIVERTIMOS
Gran Tango Milonga
LETRA DE
Dante A. Linyera
Música de
JULIO DE CARO
Ediciones Musicales
JULIO KORN

DESPUÉS DE CARNAVAL

DISFRAZADO
TANGO
ALEJANDRO DA SILVA
ANTONIO E. TELLO

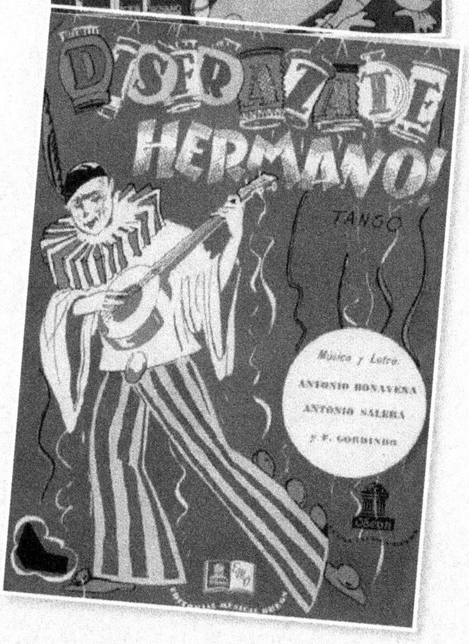
DISFRAZATE HERMANO!
TANGO
Música y Letra:
ANTONIO BONAVENA
ANTONIO SALERA
y F. GORDINDO

A LA SEÑORA ANGELA CARUSO

603615

EL ANTIFAZ NEGRO
VALS LENTO PARA PIANO Y CANTO

Letra de JUAN A. CARUSO
Musica de LUIS J. TEISSEIRE

FEDERACION DE LOS ESTUDIANTES DEL URUGUAY

La Cumparsita
Tango para Piano
por G. H. Matos Rodriguez

OTRA VEZ CARNAVAL
TANGO

LETRA DE
F. GARCIA JIMENEZ
MUSICA DE
CARLOS DI SARLI

EDITORIAL JULIO KORN

PAPEL PICADO
TANGO CANCION
PARA PIANO Y CANTO A DOS VOCES

Estrenado con gran éxito en L R 5 por el cantor criollo ANTONIO MAIDA
Cantado por ALBERTO VALDA

Letra de
González Castillo
Música de
CATULO CASTILLO

RIE... PAYASO...
TANGO

Letra de
E. FALERO - V R CARMONA

SACATE LA CARETITA
TANGO
PARA PIANO CON LETRA POR
LUIS E. COSENZA y JOSÉ SCHUMACHER

ARCHIVO
SERPENTINAS de ESPERANZA · TANGO
JOSÉ CANET   AFNER GATTI

Siga el Corso!
TANGO
LETRA DE   MUSICA DE
F. GARCIA JIMENEZ   ANSELMO A. AIETA

¡SOY UN ARLEQUIN
UN ÉXITO DEL TEATRO COMICO
Tango Canción
Estrenado por
AZUCENA MAIZANI
en
«Muñeca»
Letra y música de
Enrique S. Discépolo

CARNAVAL 1931
Todo el Año es Carnaval
TANGO
Letra de
Danté A. Linyera
MUSICA DE
Julio De Caro
Ediciones Musicales
JULIO KORN

YO ME QUIERO DIVERTIR
TANGO
1er. PREMIO DONADO POR LA COMISION
DE FIESTAS DEL DIARIO "LA NACION"
EN EL TEATRO DE LA OPERA
SOLICITELO
EN DISCOS
"BRUNSWICK"
POR LA ORQUESTA
JULIO DE CARO
Y CANTADO POR
MAGALDI
MUSICA DE   LETRA DE
Julio De Caro   Dante A. Linyera

ALMA ARGENTINA
TANGO CRIOLLO
LETRA de   MUSICA de
EUGENIO TROISI   RAFAEL FRACASSI

ALMA DEL
BANDONEON
TANGO
LETRA DE
Discepolo y Amadori
MUSICA DE
Enrique S. Discepolo

ALMA DE BOHEMIO
TANGO
de CONCIERTO
para
Piano
por
Roberto Firpo

Alma de Milonga
Tango Sentimental
Para Piano y Canto
Letra de
Bartolomé Chiapella
Música de
Salvador Grupillo

Alma en pena
TANGO
Letra de
F. García Jiménez
Cantado en el Cine Broadway por
el chansonnier CARLOS DANTE
10.a Edición

Alma Gaucha
ESTILO CAMPERO
LETRA Y MUSICA
DE
JUAN A. SARCIONI

ALMA PORTEÑA
MILONGA
Letra y Música de
F. PACOSTA

MUNDO MUSICAL

ALMAGRO
TANGO CANCION

Letra de
A. Timarni

Música de
Vicente San Lorenzo

CANTADO EN TODAS LAS RADIOS DE LA CAPITAL

Desde el Alma
Vals Boston

Letra de
VICTOR PIUMA VELEZ

Música de
ROSITA MELO

Del selecto repertorio de
VIRGINIA LUQUE
en sus audiciones
por Radio El Mundo

HECTOR

FRANCISCO CANARO

DOS ALMAS

BOLERO

Don Fabian
de

JULIO KORN

ECOS DEL ALMA

VALS para piano

LETRA DE
Antonio Ticcaro

MUSICA DE
Ernesto BIANCHI

Del mismo Autor   FLORES SILVESTRES - Zamba

Dedicado á la Señorita Ana Elena Rodriguez

FIEBRE EN EL ALMA

IIº VALS
BOSTON
PARA PIANO POR

A. BARSANTI OP. 59

MI CIUDAD Y MI GENTE
TANGO

Música y Letra de ELADIA BLAZQUEZ

¡OH, MADRE DEL ALMA!
Letra de José Fernandez
Vals
Música de
Jaime Vila

QUEJAS DEL ALMA
VALS
Dora Davis
JUAN F. MAZZARONI
Domingo Julio Vivas
Ediciones Musicales
JULIO KORN

TARDE
CENTRO MUSICAL
VENDOMA
Tango
de JOSÉ CANET
ediciones musicales
Select

TRES ESPERANZAS
TANGO
JORGE VIDAL
EDITORIAL JULIO KORN
ENRIQUE SANTOS DISCEPOLO

Ya Estamos
Iguales
TANGO
ALFREDO DE ANGELIS
LIBERTAD LAMARQUE
ANIBAL TROILO
FRANCISCO CANARO
TANIA
AZUCENA MAIZANI
F. Garcia Jimene
ANSELMO AIETA
EDITORIAL MUSICAL SUDAMERICANA

El nuevo Exito de Juan D'Arienzo
y su cantor ALBERTO REYNAL
YO TAMBIEN
TANGO
MUSICA DE
LUIS N. VISCA
LETRA DE
L. RUBINSTEIN
FERMATA

CAPÍTULO VII

La muerte

Yo vivo muerto hace mucho,
no siento ni escucho
ni a mi corazón.[21]

Me moriré en París con aguacero,
un día del cual tengo ya el recuerdo.
Me moriré en París - y no me corro -
tal vez un jueves, como es hoy, de otoño.
César Vallejo

La relación con la muerte hace al propio origen de nuestra música ciudadana. Las guerras de la segunda mitad del siglo diecinueve, las persecuciones étnicas y religiosas y la hambruna, fueron todas formas de violencia que generaron en el continente europeo, las corrientes inmigratorias hacia nuestro país, justamente, para evitar la muerte. También las hubo de otros lugares del medio oriente, pero en menor número, provenientes de las actuales, Libia y Siria.

El marco social donde surge aquel tango primitivo, es la Buenos Aires de 1880, que tenía una población de alrededor de 200.000 habitantes, gran parte de ella producto de esa inmigración. En 1910, por este fenómeno, la ciudad crece a 1.200.000 habitantes y el tango adquiere su modo reconocible.

Estamos en presencia de una resultante testimonial, sólo posible de comprender a partir de una visión integral de nuestra historia y de nuestra cultura.

21- Enrique Santos Discépolo y Luis César Amadori, en su tango *Desencanto* (1936).

Esa increíble fusión cultural de tan diversas sangres con nuestra vena española y nativa, hicieron el milagro de expresarse en una comunión musical y espiritual. Es una síntesis sin antecedentes, que hace del tango un género universal e incomparable, donde sobresale el aporte del componente italiano que llegó en gran número.

La muerte aparece en el tango -tanto en sus títulos como en sus letras-, con distintos significados. Respecto a los primeros recordemos "El tango de la muerte", título de dos obras homónimas, que trataremos más adelante. En cuanto a la propuesta poética, está preponderadamente enfocada a los seres humanos, a la muerte física y, en muchas ocasiones, a la abstracta, pero hay algunos títulos referidos a la naturaleza que también tiene sus difuntos.

El fin de la vida, es decir, la muerte como tal, aparece en ese clásico del repertorio gardeliano y que todos recordamos por su relato, en extremo doloroso:

Carlos Gardel

> Sus ojos se cerraron...
> y el mundo sigue andando.
>
> Esta frase, muy lograda, es una síntesis dramática de la inconsolable pena por la muerte de la mujer amada. ¡Y qué decir de la segunda parte!:
>
> ¡Por qué sus alas tan cruel quemó la vida!,
> ¡por qué esta mueca siniestra de la suerte!
> Quise abrigarla y más pudo la muerte,
> ¡Cómo me duele y se ahonda mi herida!
> (*Sus ojos se cerraron*, de Carlos Gardel y Alfredo Le Pera)

Resulta desgarrador el momento descripto por Le Pera; uno ve al personaje como si estuviera viendo una película.

Pero la suma melancólica y romántica, la poesía toda, está en los versos de Homero:

Su voz no puede ser,
su voz ya se durmió.
¡Tendrán que ser nomás
fantasmas de mi alcohol!
(*Tal vez será mi alcohol*, de Lucio
Demare y Homero Manzi[22])

Hay muchísimos ejemplos más:

Paloma, cómo tosías
aquel invierno, al llegar...
Como un tango te morías
en el frío bulevar...

Homero Manzi

(*La que murió en París*, de Enrique Maciel
y Héctor Blomberg)

O ese clásico:

En un bulín, cuatro velas
alrededor de un cajón,
en el cajón una muerta
y una imagen del Señor.
(*Ofrenda maleva*, de Guillermo Cavazza y
Jacinto Font)

Horacio Ferrer

Están los casos en el que el protagonista
anuncia su propia muerte:

Llegará, tangamente, mi muerte
enamorada,
yo estaré muerto, en punto, cuando sean
las seis.
(*Balada para mi muerte*, de Astor Piazzolla
y Horacio Ferrer)

Ástor Piazzolla

22- Tango que, en la década del 40, tuvo que cambiar su título por la censura y pasó a ser *Tal vez será su voz*.

Algo parecido ocurre en aquellos amargos versos de Podestá:

Esta noche para siempre terminaron mis hazañas
un chamuyo misterioso me acorrala el corazón,
alguien chaira en los rincones el rigor de la guadaña
y anda un algo cerca 'el catre olfateándome el cajón".

Es el anuncio de una muerte próxima, la confesión de un hombre resentido, lleno de encono, alejado de Dios, desencantado de su vida, una muerte pagana:

Yo quiero morir conmigo,
sin confesión y sin Dios,
crucificao en mis penas
como abrazao a un rencor.
Nada le debo a la vida,
nada le debo al amor:
aquélla me dio amargura
y el amor, una traición.
(*Como abrazado a un rencor*, de Rafael Rossi y Antonio Podestá).

Una variante también, en el campo de las personas, resulta el fin del amor, la muerte de los sentimientos y hasta los sentimientos de muerte.

Un ejemplo, la letra de Camilloni cuando relata el dolor del amante abandonado:

Fuimos los dos un alma
inseparable
y de pronto hacia el olvido
se desvió tu corazón.
(*Cuando muere una esperanza*, de Arturo Gallucci y Julio Camilloni)

Pedro Maffia

Y cuando oscurece, la nostalgia mata:

Noche oscura de tu pelo
que pintó mi espera larga.
Noche oscura de este sueño
que en una guitarra
se muere de amor.
(*Se muere de amor*, de Pedro Maffia y Cátulo Castillo)

En cuanto a las letras referidas a la pasión y el deseo, están aquellos versos que impuso Floreal Ruiz:

Manuel Sucher

Tu boca puede más que mi cordura
y me tortura la tentación,
con sólo imaginar que tú me besas
ardo en intensa fiebre de amor.
(*Muriéndome de amor*, de Manuel Sucher y Carlos Bahr)

Resulta evidente, en todo el desarrollo del tango, que este hombre tenía una "calentura" incontrolable.

En el tango que sigue, está la variante de la amenaza de muerte. El preso manifiesta su sentimiento de venganza:

Te debo un vuelto, acaso una bicoca,
para saldar la deuda, gran berreta,
y te prometo, por lo que a mi me toca,
que apenas salga, chau
ya sos boleta.
(*Boleta*, de Enrique Cadícamo)

133

Un comentario aparte merece el tratamiento del suicidio. Hay varias tangos que lo mencionan pero, como suele ocurrir en la letrística del género, de forma diversa.

> Al suicidio consciente hacés la pera
> aguardando tal vez una sorpresa.
> Pero un día, quizás en la oficina,
> sin darte cuenta de que ya estás harto,
> quedándote en la boca una aspirina
> te piantarás del todo en un infarto.
> (*El piro (El escape)*, milonga de Edmundo Rivero y Luis
> Alposta)

El tipo no tuvo suficiente coraje para suicidarse pero se murió igual.

Otro caso parecido que, sin nombrar la palabra, insinúa la posibilidad:

> ¡Cruel en el cartel, te ríes, corazón!
> ¡Dan ganas de balearse en un rincón!
> (*Afiches*, de Atilio Stampone y Homero Expósito)

Pero el ejemplo más apropiado lo da mi amigo Alposta:

Edmundo Rivero

> Le dio manija al gas, cerró con llave...
> y en la mesa quedó como una clave
> la boleta del Prode con tres puntos.
> (*Tres puntos*, milonga de Edmundo Rivero
> y Luis Alposta)

Un caso muy curioso, con música del Zorzal Criollo, contienen aquellos versos que expresan el temor de fracasar en el intento, el suicidio fallido.

Pero hay cosas, compañero,
que ninguno las comprende:
uno a veces se defiende
del dolor para vivir,
como aquel haciendo alarde
del coraje en el sufrir
no se mata de cobarde
por temor de no morir.
(*Me da pena confesarlo*, de Carlos Gardel, Alfredo Le Pera y
Mario Battistella)

Es realmente una metáfora muy original, que describe una parábola increíble de la psicología del personaje.

Pero si hay un tango realmente original en el tratamiento de la muerte es, sin duda, aquel en el que el finado da consejos a los vivos. Y, como si fuera poco, su letra contiene una hermosa poesía de una ternura infinita:

Hoy, que no estoy,
como ves, otra vez
con un tango que no puedo gritar...
Yo, que no tengo tu voz...
Yo, que no puedo ya hablar...

Y más adelante:

Nunca quieras mal,
total
la vida ¡qué importa!
Si es tan finita y tan corta
que al fin,
el piolín se corta...
No te aflija el esquinzao
del dolor,
y si el amor te hace caso,

no le niegues tu pedazo
de candor,
que el lindo creerle al amor...
(*Mensaje*, de Enrique Discépolo y Cátulo Castillo)

¡Un tangazo! Qué otra cosa se podía esperar de estos dos monstruos.

Dando vuelta la hoja, en el ámbito de la naturaleza, los temas referidos a la muerte animal y vegetal no son tantos, nombraremos algunos: *Mi caballo murió* (de Modesto Romero Martínez y letra de Anselmo Cuadrado Carreño), *Mueren los caranchos* (milonga de Néstor Feria), *La mariposa y la muerte* (de Armando Pontier y Leopoldo Marechal), del disco "14 Con el Tango" -que produjo Ben Molar-, *En tu pecho muere una rosa* (de Alfredo De Angelis y Marvil).

El tango de la muerte

Para finalizar esta reseña, contaremos una breve historia que dimos en llamar: "Idas y vueltas con el tango de la muerte". Se trata de un equívoco entre dos tangos homónimos, característica frecuente de muchas obras en el universo del género; aquellas con igual título pero diferentes en sus músicas y en sus letras (cuando las hay). *El tango de la muerte* es un buen ejemplo. Con esta macabra denominación se realizaron dos tangos, una película y un sainete.

Resulta evidente que el primero en el tiempo —que no tenía letra—, era desconocido hasta hace muy poco por los exegetas del género, me estoy refiriendo a la composición de Horacio Mackintosh, un músico del que sólo tenemos algunas partituras pero del cual no sabemos nada. Y esto lo infiero por la confusión en que cayeron algunos escritores que lo mencionan. El segundo tiene música y letra de Alberto Novión y lo grabó Carlos Gardel (disco Odeon, 18059, matriz 991/1). También lo hizo Roberto Firpo en forma instrumental (disco Odeon, 6112, matriz 956). Ambos, en 1922.

Lo cierto es que, en 1917, José Agustín Ferreyra, ese reconocido pionero de nuestro cine nacional, escribe y dirige un film con el título que nos ocupa (estrenado el 9 de abril), posiblemente inspirado en la obra de Mackintosh.

El tango de la muerte, de Mackintosh, llegó al disco por única vez en 1918, interpretado por la Orquesta Típica Severino, de José Arturo Severino (disco Victor 69722-B).

Tampoco es descabellado suponer que pudo haber ocurrido al revés, y fue el músico quien se inspiró en el cineasta. Nuestro amigo e investigador Enrique Binda nos brindó los datos del registro de la partitura: Nº 16.569 del 5 de julio de 1917.

La confusión que constatamos aparece en un artículo firmado por Ricardo Ostuni, "José Agustín Ferreyra: los tangos de un pionero del cine argentino", en la revista Tango Reporter de Los Angeles (Estados Unidos), dirigida por nuestro amigo Carlos Groppa.

Allí está escrito textualmente: «Ferreyra no fue un letrista profesional; ocasionalmente escribió letras para distintos tangos incluidos como *leit motiv* en sus películas. Sólo nos han llegado cinco de esas letras, aunque debió haber escrito varias más a lo largo de sus años. Cada una de las que conocemos corresponde a un film y tiene su pequeña historia. Sin embargo —y de modo paradójico— en su film inaugural, "El tango de la muerte", no recurrió a la letra cantada del tango de Horacio Mackintosh con letra de Alberto Novión, sino al verso de indudable prosapia orillera, para que cada personaje definiera su estirpe».[23]

Novión no tuvo ninguna relación con la obra de Mackintosh. En realidad, la obra de Novión tiene música y letra propia. Este tango mortuorio, recién se dio a conocer en 1922, en ocasión del sainete homónimo que también le pertenece.

23- Ostuni, Ricardo, "José Agustín Ferreyra: Los Tangos de un pionero del cine argentino". *Tango Reporter*. Los Ángeles, nº 121, junio 2006. Disponible en internet en: http//www.tangoreporter.com/nota-ferreyra.html.

En el exquisito libro *Historia del Sainete Nacional*[24] el escritor nos relata la obra teatral de Alberto Novión, autor nacido en Bayona (Francia) y radicado desde muy joven en Montevideo (Uruguay).

Refriéndose a él, afirma: «Cultivó todos los géneros, inclusive la revista, y alternó la acción escénica entre las clases pobres y el hampa, la ciudad y el campo, los menesterosos y la clase media, a la cual perteneció por muchos aspectos de su cultura y conformación espiritual».[25]

Destaca además, que fue autor de muchas obras, algunas de muy buena calidad y otras, decididamente mediocres. Entre estas últimas sitúa el "El tango de la muerte", a la que califica de sub-sainete, y a la que únicamente se la recuerda por un hecho tangencial: en ella cantó la actriz Eva Franco —por primera vez— el tango *Loca*, de Manuel Jovés y versos de Antonio Viergol. El sainete se estrenó el 5 de agosto de 1922, por la compañía Arata-Simari-Franco y, en la partitura del tango están las caras de los tres actores ilustrando la tapa.

Muy distinta es la imagen de la partitura de Mackintosh, que pertenece a la época de las bellas ediciones en cartón que se editaron hasta 1920, aproximadamente. En ella, se aprecia el dibujo de una pareja elegantemente vestida, e la que el hombre está a punto de clavar un puñal en el pecho de la dama.

La confusión mencionada también la encontramos en la muy completa colección "Todo Gardel", de 50 discos editados por Altaya en el 2001, en cuya guía del oyente (fascículo 43, página 32), dice: «La música de *El tango de la muerte* se debe al compositor Horacio Mackintons (*sic*), de quien la única referencia que hemos hallado es que figura su nombre en la grabación que de esta página, realizó la orquesta de Roberto Firpo y que es puramente instrumental». Otro error, porque como ya dijimos, Firpo grabó el tango de Novión no el de Mackintosh, pero en forma instrumental.

El error se repite en las referencias discográficas del excelente libro *Gardel. La biografía.*, de Julián y Osvaldo Barsky (Editorial Taurus, 1ª edición, diciembre 2004).

24- Gallo, Blas Raúl, *Historia del sainete nacional*, Buenos Aires: Editorial Quetzal, 1958.

25- Ostuni, op. cit.

En conclusión, existen dos tangos distintos, el más antiguo de Horacio Mackintosh, instrumental, editado por Breyer Hermanos (en 1917) y otro, con letra y música de Alberto Novión, editado por E. S. Castiglioni y Cía. (en 1922).

> Qué me importa de la vida
> si nadie me va a llorar,
> quién me lloraba se ha muerto
> y esa muerte me ha matao.
> (*El tango de la muerte*, de Alberto Novión)

Como corolario trágico, una vuelta más. La obligada mención de *Plegaria*, tango de Eduardo Bianco dedicado al Rey Alfonso XIII de España, que tuvo la siniestra peculiaridad de haber sido obligado a tocar en los campos de concentración —en la segunda guerra mundial—, cuando los condenados marchaban hacia su ejecución y, por tal razón, se lo apodó: "El tango de la muerte"[26].

Algunos títulos y versiones fonográficas de los tangos relacionados con este capítulo: la muerte

A la muerte de una madre (estilo de Arturo de Nava), por Arturo de Nava, Victor 63874-B, matriz H-269/1 (16/1/1912).

Afiches (de Atilio Stampone y Homero Expósito), por OT Stampone con Héctor Petray, Odeon 41248-A, matriz 21743 (3/1/1957); por Goyeneche con OT Stampone, RCA-Victor AVS-4152, matriz AAAY-3751 (3/10/1972); por Adriana Varela con su conjunto, Melopea CDMSE 5047 (1993).

Alguien se muere de amor (de Lalo de los Santos y Charly Bustos), por Adriana Varela con su conjunto, Melopea CDMSE 5047 (1993).

26- Para más información sobre este tema, ver: Nudler, Julio, *Tango judío. Del ghetto a la milonga*, Buenos Aires: Sudamericana, 1998, página 27 a 32.

Amar hasta morir (de Antonio Fassa y Jorge Burbridge), por OT De Angelis con Juan Carlos Godoy, Odeon 7004, matriz 29320 (25/7/1963); por OT Fresedo con Roberto Yanes, Columbia 33421, matriz CAO 544 (15/4/1966).

Amor que muere (vals de Juan de Dios Filiberto y Arturo Kolbenheyer), por Ignacio Corsini con guitarras, Odeon 18449-A, matriz 2554/1 (1925) y Odeon 18591-A, matriz 4421/1e (13/9/1929); por OT Canaro con Charlo, Odeon 4482-A, matriz 3358e, (17/10/1928); por Orquesta Porteña Filiberto, Victor 39497-B, matriz 59806 (16/10/1941) y RCA-Victor AVE 116 (1959).

Aquellos que se fueron (de Atilio Stampone y Eladia Blázquez), por OT Stampone con Carlos Cabrera y Buenos Aires Ocho, Microfón SEL-1903-70036 (1980); por Cecilia Aimé con OT Stampone, EPSA Music 070068002 (2005).

A tu memoria, madrecita (vals de Alberto Cosentino), por OT Los Provincianos con Luis Díaz, Victor 37553, matriz 74431 (30/1/1934).

Balada para mi muerte (de Astor Piazzolla y Horacio Ferrer), por Amelita Baltar con conjunto, CBS-Columbia 9005 (16/03/1970); por Roberto Rufino con OT O. Requena, Microfón I 457 (1973); por Susana Rinaldi con orquesta, Barclay 91018 (1979).

Besos que matan (de Guillermo Barbieri y Eugenio Cárdenas), por Carlos Gardel con guitarras, Odeon 18210-A, matriz 720/2e (6/5/1927); por OT Fresedo, Odeon 5265-A, matriz 1990e (2/2/1928).

Boleta (de Enrique Cadícamo), por Adriana Varela con su conjunto, Melopea CDMSE 5076 (1995).

Como abrazado a un rencor (de Rafael Rossi y Antonio Podestá), por Carlos Gardel con guitarras, Odeon 18854-B, matriz 6859 (16/9/1931); por Edmundo Rivero con guitarras, Philips 82176 PL (1967).

Como se muere de amor (de Daniel Álvarez), por OT De Angelis con Floreal Ruiz y glosas de Néstor Rodi, Odeon 3772, matriz 13340 (4/11/1943); por OT De Angelis con Roberto Mancini, Odeon 7073, matriz 29910 (24/3/1964); por OT Basso con Floreal Ruiz, Music Hall 636, matriz 30117 (1963).

Como se pianta la vida (de Carlos Viván), por Carlos Viván con OT P. Maffia, Brunswick 1418-A (1930); por OT Aieta, Columbia 5308-B, matriz 370152-1 (1930); por Roberto Maida con orquesta, Columbia 6903-B, matriz 370223-2 (1930); por OT R. Tanturi con Alberto Castillo, Victor 39730-A, matriz 69931 (15/9/1942).

Cuando muere el corazón (de Juan Carlos Bera y Antonio Chidichimo), por OT Basso con Oscar Ferrari, Odeon 51862-B, matriz 20677 (23/12/1955).

Cuando mueren nuestros sueños (Muchacha) (de Víctor Buchino y Roberto Del Pino), por Edmundo Rivero con orquesta, Victor 68-0207, matriz 94459 (26/12/1951).

Cuando muere una esperanza (de Arturo Gallucci y Julio Camilloni), por OT Di Sarli con Jorge Durán, RCA-Victor 1A-1116, matriz S 5191 (2/11/1956).

Cuartetas para un ahorcado (de Edmundo Rivero y Luis Alposta), sin registro de grabaciones.

Dejame morir (vals de Luis Mottolese), por Rondalla Cauvilla Prim, Odeon 829-A, matriz 2758 (1925).

Desencanto (de Enrique Discépolo y Luis César Amadori), por OT F. Canaro con Roberto Maida, Odeon 5017-A, matriz 8908 (23/2/1937); por OT R. Canaro con Alberto Tagle, Columbia (FR) DF-2557, CL6919/1 (1938); por Alberto Marino con orquesta, Odeon 30553, matriz 16596 (18/7/1947).

El beso de muerte (de Osmán Pérez Freire y Antonio Viergol), por Ignacio Corsini con guitarras, Odeon 213-A, matriz 979 (1922).

El piro (canción de Edmundo Rivero y Luis Alposta), por Edmundo Rivero con guitarras, Cabal LPL-9003 (1975).

El tango de la muerte (de Horacio Mackintosh), por OT Severino, Victor 69722-B, matriz G-1930/1 (3/5/1917).

El tango de la muerte (de Alberto Novión), por Carlos Gardel con guitarras, Odeon 18059-B, matriz 991/1 (1922); por OT Firpo, Odeon 6112-A, matriz 956 (1922); por Pilar Arcos con orquesta, Columbia 2384-X, matriz W 95087 (1926).

Elegía para la muerte de un tanguero (Confuseta-Melancolía94-Epílogo) (de Máximo Pujol), por Víctor Villadangos en solo de guitarra (1995).

Ella vive en mi memoria (vals de Juan Maglio y José Fernández), por Mario Pardo con guitarra, Odeon 6665-A, matriz 3972e (18/4/1929); por OT Pacho con Carlos Viván, Odeon 7585-B, matriz 2942e (27/7/1928); por Trío Pacho, Odeon 6863-A, matriz 4979 (3/12/1929).

En el cielo (de Enrique Alessio y Enrique Lary), por Argentino Ledesma con orquesta, Odeon (8/10/1957); por OT D´Arienzo con Jorge Valdez, RCA-Victor 1A-1403, matriz TB 304 (22/8/1957); por Argentino Ledesma con orquesta, Microfón I 493 (1974).

En tu pecho muere una rosa (de Alfredo De Angelis y Marvil), por OT De Angelis con Rubén Améndola, Odeon 6505-B, matriz 43306 (21/1/1977).

Gaucho muerto (ranchera de Renzo Massobrio, Juan Caldarella y Francisco Brancatti), por Massobrio-Caldarella, Odeon 614, matriz 4969 (29/11/1929).

Has muerto para mí (de Francisco Lomuto y Carlos Pesce), por OT F. Lomuto con Príncipe Azul, Odeon 7861-A, matriz 6039 (16/9/1930).

Hasta después de muerta (vals de Ricardo González), por Orquesta Típica, ERA 2004, matriz 166 (1916). Registro Nº 18088 (13/12/1917).

Hasta la muerte (de Juan Maglio y Jorge Luque Lobos), por OT Pacho con Carlos Viván, Odeon 7564-A, matriz 2036e (10/2/1928); por OT Maglio, Odeon 7483-A, matriz 3866 (1926).

Hasta morir (vals de Alfredo Marengo y José Zatzkin), por Charlo con guitarras, Odeon 16268-B, matriz 6723/1 (9/6/1931); por OT F. Canaro con Charlo, Odeon 4708-A, matriz 6312/1 (10/11/1930).

Inocencia (de Mercedes Simone), por Mercedes Simone con guitarras, Victor 47075-B, matriz 44531/2 (24/4/1929) y con orquesta, Victor 38118-B, matriz 93525 (24/2/1937).

La mariposa y la muerte (de Armando Pontier y Leopoldo Marechal), por Aída Denis con orquesta, del LP "14 con el Tango", Fermata LP-2901 (1966).

La muerte de Juan Bertana (milonga de Carlos Solari y Julián Centeya), por Carlos Solari con orquesta, Matus 103 (sin fecha).

La muerte de la milonguita (milonga de Francisco Canaro y Héctor Bonatti), por Ignacio Corsini con guitarras, Odeon 203-A, matriz 478 (1921); como tango por OT Mefugos, Disco Criollo 005, matriz 311 (c. 1920); por OT Firpo, Odeon 693-A, matriz 530/1 (1921).

La muerte del ángel (de Astor Piazzolla), por Quinteto Piazzolla, CBS-Columbia 8351 (1962); por Quinteto Piazzolla RCA-Victor TL 2 50032 (1982), 1987), por Quinteto Piazzolla con Gary Burton, WEA 80720 9 (1986).

La muerte del payador (estilo de Diego Munilla), por Diego Munilla, Victor 65165-A y B, matrices H 457-1 y H 458-1 (30/1/1912).

La que murió en París (de Héctor Blomberg y Enrique Maciel), por Ignacio Corsini con guitarras, Odeon 18635-A, matriz 6548/2 (11/3/1931); por Alberto Castillo con su orquesta, Odeon 7702-A, matriz 13560 (3/2/1944); por OT Firpo con Príncipe Azul, Odeon 3018-A, matriz 6861 (17/9/1931).

Me da pena confesarlo (de Carlos Gardel, Alfredo Le Pera y Mario Battistella), por Carlos Gardel con guitarras, Odeon 18882-B, matriz 7353 (22/2/1933).

Me moría con tu adiós (de Miguel Ángel Pepe y Eradio Minotti), por Sexteto Tito Ferrari con Martha Varez, Ecco Sound 18359 (1997).

Me tiro a muerto (de Juan Polito y Dante A. Linyera), por OT Pacho con Carlos Viván, Odeon 7599-A, matriz 3526/1e (29/12/1928).

Mi caballo murió (de Anselmo Cuadrado Carreño, Luis Fernández García y Modesto Romero Martínez), por Celia Gámez con orquesta, Odeon SO 5539 (1931); por Imperio Argentina con guitarras, Parlophon 26065, matriz 129434 (1932).

Muerte (de Astor Piazzolla), por OT Piazzolla, Trova DA 5005 (1975).

Muerte de Juan Tango (de Leonardo Sánchez), por Quinteto Juan José Mosalini-Antonio Agri, Indigo LBLC 2522 HM 83 (1996).

Muerte de mi madre (milonga de Juan Pedro López), por Juan Pedro López, Victor 63737-A y 69967-A, matriz H-346/1 (22/1/1912).

Muerte de Santos Vega (escena de Arturo Mathon), por Arturo Mathon con OT y guitarra, Columbia T 862, matrices 59101-1 y 59102-1 (1914).

Muriéndome de amor (de Manuel Sucher y Carlos Bahr), por OT Di Sarli con Jorge Durán, RCA-Victor 1A-1165, matriz 12 GZTB 021 (12/12/1956); por Edmundo Rivero con orquesta, TK E-10142, matriz 1429 (1956); por OT Francini con Julia Vidal, RCA-Victor 68-2486, matriz 12G2TB002 (14/11/1956); por OT Basso con Floreal Ruiz, Odeon 52037-B, matriz 21398 (9/10/1956).

Murió el amor (de Emilio Marchiano), por OT F. Canaro, Odeon 4253-A, matriz 308e (11/1/1927).

Murió el malevo (de Edgardo Donato), por OT F. Canaro con Charlo, Odeon 4427-A, matriz 2554e (2/5/1928).

Murió el malevo (de Héctor Varela y Carlos Waiss), por OT H. Varela con Rodolfo Lesica, Pampa PM 14070, matriz MAI 1146 (16/6/1953).

Murió la pebeta (de Fernando Navarrete), por OT Fresedo, Victor 77266-B, matriz BA-397/2 (17/9/1923).

Murió la vecinita (de Gregorio Rivero y Nolo López), por OT Victor con Alberto Gómez, Victor 37728-A, matriz 86772 (21/2/1935).

No hay cosa como la muerte (¿Dónde se habrán ido?) (milonga de Gustavo Leguizamón y Jorge Luis Borges), por Carlos Varela con su conjunto, M&M TK-28279 (1999).

Ofrenda maleva (de Guillermo Cavazza y Jacinto Font), por Carlos Gardel con guitarras, Odeon 18861-A, matriz 6847/1 (4/9/1931).

Oro muerto (Jirón porteño) (de Julio Navarrine y Juan Raggi), por OT Firpo, Odeon 8663-B, matriz 851e (3/6/1927) y Odeon 6468-A, matriz 3954 (1926); por OT Pacho, Odeon 7487-A, matriz 4050 (1926); por Carlos Gardel con guitarras, Odeon 18175-A, matriz 4287 (1926).

Perdón de muerta (de Pablo Rodríguez y Francisco Gorrindo), por Mercedes Simone con orquesta, Victor 47608, matriz 60624 (11/2/1931).

Plegaria (de Eduardo Bianco), por OT Bianco-Bachicha con Juan Raggi, Odeon (FR) 165098-B, matriz KI 1187/2 (22/4/1927); por OT

Bianco con Mario Visconti (1939); por OT Fresedo con Ricardo Ruiz, Victor 38964-A, matriz 39265 (20/4/1940).

Por no morir de amor (de Martina Iñiguez y Jorfer) por Héctor Corola con guitarras, Sol JF 60007 (1997).

Quererte y morir (de Santiago Devin y Emiliano Calvento), por Santiago Devin con bandoneón y guitarra, Odeon 7892-A, matriz 7418 (8/5/1933).

Quiero morirme de vos (de Enrique Monelli y Raúl Pingolino), por Conjunto Aquitango con Nora Murell, CD sin datos.

Rencor (de Charlo y Luis César Amadori), por Charlo, Victor 37327, matriz 66982 (12/12/1932); por Carlos Gardel con guitarras, Odeon 18876-A, matriz 7334 (25/1/1933).

Responso (de Aníbal Troilo), por OT Troilo, TK S 5048-A, matriz 102/51 (29/5/1951) y RCA-Victor AVL 3461, matriz MAAB 3806 (25/4/1963); por OT Stampone, Microfón I 19 (1962).

Se fue la pobre viejita (de Agustín Magaldi, Pedro Noda y Enrique Cadícamo), por Agustín Magaldi con guitarras, Brunswick 1625-A, matriz 667 (1930); por OT Donato, Brunswick 1081-A, matriz 2292 (1931).

Se muere de amor (de Pedro Maffia y Cátulo Castillo), por OT Piana con Jorge Demare, Victor 60-0452, matriz 79698 (19/5/1944); por OT Di Sarli con Mario Pomar, Music Hall 1015B, BA 1028 (1952).

Se murió el amor (de Mateo Coppola y Ernesto Casciani), por OT Pacho con Carlos Viván, Odeon 7599-B, matriz 3527e (23/11/1928).

Se te muere la salú (de Alberto Muñoz), por Claudia Tomás con su conjunto, Lantower 10028 (2004).

Si esto es morir (de Alberto Muñoz) , por Claudia Tomás con su conjunto, Lantower 10028 (2004).

Sus ojos se cerraron (de Carlos Gardel y Alfredo Le Pera), por Carlos Gardel con orquesta, Victor 32457-A, matriz BVE-89225/1 (19/3/1935); por OT F. Canaro con Nelly Omar, Odeon 5293-B, matriz 16335 (26/3/1947); Edmundo Rivero con guitarras, Philips 82200 PL (1967); por Hugo del Carril con orquesta, Serenata, matriz 32020 (31/3/1964).

Tal vez será mi alcohol (Tal vez será su voz) (de Lucio Demare y Homero Manzi), por OT Demare con Raúl Berón, Odeon 8065-A, matriz 12757 (6/5/1943); por Libertad Lamarque con orquesta, Victor 60-0131 (25/6/1943).

Testamento de arrabal (de Oscar Castagniaro y Raúl Hormaza), por OT Pugliese con Jorge Vidal, Odeon 30608-A, matriz 17515 (7/12/1949); por OT F. Sassone con Rodolfo Galé, Victor 63-0777, matriz 94202 (30/5/1951).

Tres puntos (milonga de Edmundo Rivero y Luis Alposta), por Edmundo Rivero con guitarras, Cabal LPL-9003 (1975); por Daniel Melingo con su conjunto, DBN 51720 (2000).

Triste memoria (de Roberto Firpo), por OT Firpo, Odeon 6477-A, matriz 4163 (1926) y Odeon 3087-A, matriz 4548/1e (5/9/1929).

Un poco menos que morir (de Edurado Gassa y Abel Aznar), por María Garay con orquesta, OCG G-10001 (1979).

Unidos en la muerte (vals de Jaime Vila y José Fernández), por Oscar Ugarte, Odeon 14010-A, matriz 8269 (13/8/1935).

Vas muerto con el disfraz (de Charlo y Enrique Cadícamo), por OT F. Canaro con Charlo y coro, Odeon 4627-A, matriz 5209 (11/3/1930); por Charlo con guitarras, Odeon 16245-B, matriz 5210/2 (11/3/1930).

Vas muerto en la parada (de Mortimer Birriel y Antonio Casciani), por OT D´Arienzo con Alberto Echagüe, Victor 68-1142, matriz S 1650 (18/9/1953).

Y morirme después (de Antonio Salvini), por Juan Pulido con orquesta, Columbia 2765-X, matriz W 95861 (1927).

Yo que por tus besos me moría (vals de Pascual Francia y Melecio Pérez), por OT F. Lomuto con Fernando Díaz, Victor 37186-A, matriz 66702 (3/5/1932).

CAPÍTULO VIII

La noche y sus valses nocturnos

En esta noche vuelvo a ser
aquel muchacho soñador...[27]

Un nacimiento oscuro, sin orillas,
nace en la noche de verano,
en tu pupila nace todo el cielo.
Octavio Paz

En el repertorio tanguero existen muchos temas cuyos títulos evocan la noche, seguramente, el momento más romántico del día, pero también las horas en las que más profundamente se siente la tristeza y la soledad.

Son muchísimos las páginas que la inspiración de nuestros creadores dedicó al final del día, en este libro reseñaremos los valses —los tangos irán en un segundo trabajo, en otro volumen—, y lo hicimos a partir del material discográfico, tomando la versiones más destacadas, como también de las partituras que fuimos encontrando y que fueron más de cincuenta. Por supuesto, no se trata de una cifra definitiva ni nada que se le parezca, seguramente hay más, el universo del tango es inconmensurable.

A la temática noctámbula no podían faltar la luna y las estrellas, signos del amor y el romanticismo recurrentes en títulos y letras, por tal motivo incluimos valses alusivos.

Una curiosidad que surgió en el presente relevamiento, es la cantidad de grabaciones realizadas sobre este tópico por la orquesta de Francisco Canaro. Otra observación la constituye el predominio de las

---

27- José María Contursi, de su vals *Bajo un cielo de estrellas* (1941).

piezas cantadas sobre las instrumentales aunque, honestamente, con letras simples de mediocre calidad.

Pocas de estas páginas fueron abrazadas por el éxito, con la excepción de algunas como *Noche de Atenas, Luna de arrabal, Bajo un cielo de estrellas* y *Estrellita del sur* para nombrar algunas; la mayoría —entre las que hay melodías muy bellas—, su repercusión se limitó a la época de su creación y hoy están absolutamente olvidadas.

Si bien se trata de historias con situaciones diferentes, en general, estas se limitan a dos relatos antitéticos tanto por el clima como por los sentimientos que manifiestan sus personajes. En unos, la noche es el testigo de las desventuras amorosas y los engaños; en otros, es el marco de farras y alegrías, de serenatas y románticas conquistas.

En el mencionado *Noche de Atenas*, el ambiente nocturno de esa lejana ciudad —cuna de la cultura occidental—, aporta al protagonista, un consuelo a su pena de amor:

> Tus noches, Atenas, me hablan de amor,
> cual una bella canción.
> Tu hermosa luna,
> con su fulgor,
> acompaña mi dolor...
> (*Noche de Atenas*, de Horacio Pettorossi)

Es evidente, que en su recorrido por Europa, Pettorossi sintió nostalgias que inspiraron su música y su pluma. Este vals lo compuso en Atenas (Grecia), en el año 1931, a su regreso a París se encontró con Gardel, quien le prometió llevarlo al disco, cosa que hizo en Buenos Aires en su última estadía en Argentina, en 1933.

Parecida es la trama de *Bajo un cielo de estrellas*, el vals no explica el motivo de la separación pero el hombre camina el barrio y rememora a la muchacha que dejó esperando su incumplido regreso:

> En esta noche vuelvo a ser
> aquel muchacho soñador
> que supo amarte y con sus versos
> te brindó sus penas...

148

Hay una voz que me dice al oído:
"Yo sé que has venido
por ella... ¡por ella!"
Qué amable y qué triste es a la vez
la soledad del arrabal
con sus casitas y los árboles que pintan
sombras.
Sentir que todo... que todo la nombra,
¡qué ganas enormes me dan de llorar!
(*Bajo un cielo de estrellas*, de Enrique
Francini, Héctor Stamponi y José María
Contursi)

José María Contursi

Algo muy diferente ocurre en *Luna de arrabal*, donde el personaje invita a los amigos a una serenata, en un clima festivo y optimista:

Muchachos, vamos que la luna quiere
oír
la serenata pintoresca de arrabal...
la noche es tibia, duerme el barrio y
es zafir
el cielo lleno de estrellitas de cristal...
¡Muchachos pronto! que es tan bello
saludar
a la novia que duerme inocente...
Las dedos en el diapasón
con un "allegro" arrancarán
y entonces mi alma subirá a su balcón...
(*Luna de arrabal*, de Julio César Sanders y Enrique Cadícamo)

Enrique Cadícamo

Con similar tenor y más romántica, *Noches de plata*, en el que el hombre enamorado le canta a la mujer amada:

Escucha, mujer hermosa,
de mi guitarra las quejas
que se enredan en tus rejas,

como madreselva en flor.
Mañana, cuando despiertes,
levántate a recogerlas,
que son cascadas de perlas
del manantial de mi amor.
(*Noches de plata*, de Rafael Iriarte y Alfredo Navarrine)

La letra es bastante alambicada pero debemos tener en cuenta la época en que fue escrito este tema.

Y como contracara estos antiguos versos de Vicente Planells del Campo:

Oye, que en este triste canto va,
la pena de mi alma que
jamás podré borrar,
la dicha de mi vida fue
truncada por engaños
que en tu amor yo hallé.
(*En el silencio de la noche*, de Roberto Firpo y Vicente Planells del Campo)

Es la queja de un hombre que, en una noche silenciosa, le canta a la mujer infiel.

Hay un vals de Cadícamo que parece estar en el esquema gentil de los primeros ejemplos de este capítulo:

Viejo amor de París
aun guardo de ti
mi más tibia emoción...

En el comienzo da toda la sensación que el hombre guarda lindos recuerdos de un amor pasado, pero apenas unos versos más adelante la letra derrumba esa idea:

Y entre unas espirales de humo azul
verte surgir, ¡Mujer!...

Sentirte aparecer
como una sombra y escuchar
tu carcajada cruel,
tu gesto altivo y tu maldad.
(*Noches blancas*, de Juan Carlos Cobián y
Enrique Cadícamo)

En conclusión, la noche en el vals tanguero no tiene términos medios, o es una fiesta o una tragedia; es el relato de un romance o de una infidelidad; es un encuentro de felicidad o una separación desgarradora.

Algunos títulos y versiones fonográficas de los valses relacionados con la noche:

Anoche estuve llorando (arreglo en vals de Carlos Alberto Sánchez), por OT De Angelis con Lalo Martel, Odeon 52484-B, matriz 23919 (6/4/1959).

Anoche soñé (de José Bohr), por OT F. Canaro con Eduardo Adrián, Odeon 5201-B, matriz 11526/2 (22/10/1941).

Anoche te soñé (de Mario Canaro y Abel Aznar), por OT H. Varela con Jorge Rolando y Ernesto Herrera, CBS-Columbia 21025, matriz 2641 (8/8/1961); por Quinteto Pirincho, Odeon 52767-A, matriz 27819 (11/5/1962).

Bajo un cielo de estrellas (de Enrique Francini, Atilio Stampone y José María Contursi), por OT M. Caló con Alberto Podestá, Odeon 8362, matriz 11088 (12/3/1941); por OT F. Lomuto con Fernando Díaz, Victor 39263-A, matriz 39850 (9/4/1941); por Aldo Campoamor con guitarras, Victor 39379, matriz 59730 (21/8/1941); por Jorge Vidal con guitarras, Magenta (1972); por Rubén Juárez con orquesta, EMI-Odeon 6906 (1978); por Las Bordonas canta Ignacio Cedrún, edición independiente (2010); y varias más.

Canción de luna (de Juan Cao, Mario Orrico y Miguel Buranelli), por OT J. Cao con Alberto Bianchi, Sondor 5123-A, matriz 1944 (1947).

Cielo y luna (de Héctor Varela y Ernesto "Tití" Rossi), por Héctor Varela, CBS-Columbia 8300, matriz 2575 (27/6/1961).

Dímelo esta noche (de Renzo Massobrio), por Trío Los Nativos, Odeon 2029-A, matriz 8541 (20/4/1936).

Duendes en la noche (de Ismael Spitalnik), por dúo Mauricio Marcelli-Normando Lazara, grabación no comercial.

El vals de aquella noche (de Ángel Ciriaco Ortiz y Enrique Cadícamo), por Trío Ciriaco Ortiz, Victor 37554, matriz 74437 (6/2/1934).

En el silencio de la noche (de Roberto Firpo y Vicente Planells del Campo), por Ada Falcón con OT F. Canaro, Odeon 11202-A, matriz 6426/1 (20/3/1931); por OT F. Canaro con Charlo, Odeon 4700-A, matriz 6330 (14-11-1930); por Charlo con OT F. Canaro, Odeon 16258-A, matriz 6383/1 (21/11/1930).

En la noche azul (de Francisco Maquieira y Juan Carlos Patrón), por OT F. Canaro con Francisco Amor, Odeon 5179-B y LDB 110-A, matriz 10977 (9/1/1941).

Esa noche (de Tito Ribero y Carlos Waiss), por OT De Angelis con Julio Martel, Odeon 3796, matriz 15532 (24/5/1946); por OT D. Federico con Carlos Vidal y Oscar Larroca, Victor 60-1000, matriz 82240 (22/7/1946).

Esta noche me quedo a tu lado (de Tomás Chiofalo), por OT F. Canaro con Charlo, Odeon 4763-B, matriz 6900 (14/10/1931).

Estrella fugaz (de Luis Stazo y Enrique Cadícamo), por orquesta dirigida por Leo Lipesker con la voz de Marta Cortés, BGM (1969).

Estrellita del sur (vals peruano de Felipe Coronel Rueda), por Alberto Castillo con su orquesta, Odeon 55320, matriz 17998 (11/5/1951); por OT A. Gobbi con Jorge Maciel y Héctor Coral, Victor 63-0065, matriz 94114 (26/4/1951); por OT Kaplún con Rodolfo Díaz, TK S-5072, matriz 62 (1952).

Estrellita mía (de Alberto Soifer y Roberto Ratti), por OT F. Canaro con Ernesto Famá, Odeon 5134-B, matriz 10455 (9/5/1940); por OT

E. Donato con de Horacio Lagos, Romeo Gavioli y Lita Morales, Victor 39103, matriz 39516 (30/9/1940).

Feliz noche de amor (de Florindo Sassone y Rodolfo Otero), por Rodolfo Lemos con orquesta, Almalí (1982).

Flor de una noche (de Pedro Datta), por OT Firpo, Odeon 476-A, matriz 55 (1916).

La canción de la noche (de José Gola y César Gola), por OT F. Lomuto con Jorge Omar, Victor 37814, matriz 86924 (8/8/1935).

La noche que me esperes (de Juan Canaro), por OT F. Canaro con Roberto Maida, Odeon 5057-A, matriz 9207 (8/11/1937; por Quinteto J. Canaro con Andrés Falgás, Victor 38451, matriz 12278 (13/5/1938); por OT Pugliese con Alberto Morán, Odeon 55372-A, matriz 18339 (28/1/1952).

Luna (de Osvaldo Donato y Sandalio Gómez), por OT E. Donato con Horacio Lagos, Romeo Gavioli y Lita Morales, Victor 38916, matriz 39188 (24/1/1940).

Luna de arrabal (de Julio César Sanders y Enrique Cadícamo), por OT F. Lomuto con Fernando Díaz, Victor 37859, matriz 93053 (27/12/1935); por Hugo del Carril, Victor 38030, matriz 93397 (4/11/1936); por Alberto Castillo y su OT, Odeon 7700-B, matriz 13422/1 (7/12/1943) y muchas otras.

Luna de plata (de Osmar Maderna y Miguel Caló), por Miguel Caló con Raúl Iriarte, Odeon 8384-B, matriz 13282 (19/10/1943).

Mal de luna (de Luis Martino y Julio Camilloni), por Luis Tolosa con Las Guitarras Argentinas, Almalí 147 (1993).

Mi estrella (de José Razzano y Saúl Salinas), por Dúo Gardel-Razzano, Odeon 18049-A, matriz 784 (1922); por Dúo Salinas-Raggi, Odeon 415-B, matriz 178 (1919).

Noche calurosa (de Roberto Firpo), por OT Firpo, Odeon faz A 86284 y disco 522-A, matriz 326 (1914); por OT Firpo, Odeon 524-A, matriz 343 (1914); por OT dirigida por R Firpo, ERA 1973, matriz 104 (1915); por OT Ferrer, Victor 69209-A, matriz B-18673/1 (15/11/1916); por Cuarteto Firpo, Odeon 3500-B, matriz 8868 (19/12/1936) y Victor 60-0537, matriz 79841 (11/9/1944); Cuarteto Los Ases, Victor 39229, matriz 39800 (14/2/1941); por Cuarteto Cambareri, Pampa PM 11006, matriz MAI 115 (22/11/1950).

Noche calurosa (de Julio De Caro y Máximo Vago), por OT J. De Caro con Luis Díaz, Brunswick 1262-B, matriz 1682 (1931).

Noche de estío (de Domingo Vassalotti y Fortunato Botti), por el dúo Alberto Gómez y Augusto Vila, Victor 47688-B, matriz 60699/3 (1/4/1931).

Noche de estrellas (de José Luis Padula y Enrique Cadícamo), por OT F. Canaro con Ernesto Famá, Odeon 5096-B, matriz 9839 (28/3/1939); por OT Víctor con Mario Corrales, Victor 38827, matriz 12965 (4/10/1939).

Noche de mayo (de Osvaldo Pugliese y Eduardo Moreno), sin registro de grabaciones.

Noche de plata (de Rafael Iriarte y Julio Navarrine), por Charlo con guitarras, Odeon 16230-B, matriz 3944/2e (13/5/1929); por Ada Falcón con OT F. Canaro, Odeon 11197-B, matriz 4627/1 (16/10/1929); por Ignacio Corsini con guitarras, Odeon 18643-B, matriz 6419 (25/11/1930); por OT F. Canaro con Charlo, Odeon 4710-A, matriz 6204 (22/10/1930).

Noche de primavera (de Juan Caldarella y Francisco Brancatti), por Trío Los Nativos, Victor 79598-B, matriz BA-683/2, (21/10/1925) y Victor 80847, matriz 44074/2 (8/5/1928).

Noche de tormenta (de José De Cicco y Alberto Acuña), por Ignacio Corsini con guitarras, Odeon 18597-B, matriz 4716e (18/10/1929); por OT F. Lomuto con Príncipe Azul, Odeon 7860-A, matriz 6012 (9/9/1930).

Noche deseada (de Francisco Canaro, Guillermo Pelay e Ivo Pelay), por OT F. Canaro con Juan Carlos Rolón, Odeon 52229-A, matriz 22379 (19/8/1957).

Noche primaveral (de Bernardino Terés), por OT F. Canaro con Francisco Amor, Odeon 5185-B, matriz 10815 (5/11/1940).

Noche silenciosa (de Ignacio Corsini), por Ignacio Corsini con guitarras, Victor 63717-A y 69965-A, matriz H-481/1 (2/2/1912), es un disco muy difícil porque es el segundo más antiguo del cantor.

Noche silenciosa (de Juan A. Carluccio), por Jazz Band Avilés, Odeón 8308-A, matriz 3015e (13/8/1928).

Noche veneciana (de Luis D'Andrea), por OT F. Canaro con Ada Falcón, Odeon 4588-A, matriz 4677 (9/10/1929).

Noches de amor (de Francisco Canaro), por OT F. Canaro, Atlanta 3046, matriz 10 (circa 1917); por OT F. Canaro, Telephon 3116 (circa 1918); por OT F. Canaro, Odeon 4341-B, matriz 1090e (27/7/1927); por OT F. Canaro, Odeon 5157-A, matriz 8603 (3/6/1936).

Noches de Atenas (de Horacio Pettorossi), por OT F. Canaro con Ernesto Famá, Odeon 4851-B (17/4/1933); por Carlos Gardel con orquesta, Odeón 18889-A, matriz 7480 (31/7/1933); por OT F. Sassone con Jorge Casal, Victor 60-1906, matriz 91538 (10/1/1950).

Noches blancas (de Juan Carlos Cobián y Enrique Cadícamo), por Charlo con guitarras, Odeon 16107, matriz 8890 (11/1/1937).

Noches correntinas (de Juan Giliberti), por OT E. Donato con Horacio Lagos, Lita Morales y Romeo Gavioli, Victor 38854, matriz 39074 (14/11/1939); por Cuarteto Cambareri con Alberto Casares, Pampa PM 11036-B, matriz MAI 361 (5/9/1951; por Juan Giliberti con guitarras, Odeon 14031, matriz 8995 (10/5/1937).

Noches de frío (de Roberto Firpo), por Banda Atlanta, Atlanta faz 65272 (1912); por Francisco Bianco con guitarra, ERA 1206, matriz 139 (1916); por Francisco Bianco con OT Firpo, Odeon 122-B (1916); por Quinteto Criollo Tango Genaro, Atlanta faz 65149 (1912); por OT Firpo, Odeon faz A 86002, matriz BA 051 (1913); por Cuarteto G. Espósito, ERA 62051 (1913/14); por Cuarteto Ni más ni menos, ERA 62186 (1913/14); por OT Criolla Bachichini, Tocasolo sin Rival 4009 y Sonora 9004, matriz 28079 (1913/14); por Quinteto Polito, Homokord 70722 (4/2/1914); por OT Firpo, Odeon 523-B, matriz 363 (1914); por OT F. Canaro, Atlanta 3023, matriz 61 (1915); por Firpo en solo de piano, Odeon faz A 86075 y disco 901-B, matriz BA 118 (1913); Cuarteto Firpo, Odeon 3507, matriz 9130 (4/7/1937); Cuarteto Firpo, Odeon 55106-A, matriz 17658 (19/5/1950).

Noches de insomnio (de Gibrante y Antonio Salera), por OT Caldarella con Mercedes Sucre, RCA-Victor 60-2280-A (1953).

Noches de invierno (de José Luis Padula y Enrique Cadícamo), por OT Víctor con Lita Morales, Victor 38161, matriz 93598 (30/4/1937).

Noches de Mar del Plata (de José Antonio Romero), por OT F. Canaro con Charlo, Odeon 4745-A, matriz 6756 (8/7/1931).

Noches de Montevideo (Brisas del Plata) (de Roberto Luratti), por OT Luratti con Carlos Burgos y las hermanas Méndez, Sondor 5181-B, matriz 2427 (1949).

Noches de serenata (de Héctor Demattei), por Cuarteto Los Ases, Victor 39182, matriz 39699 (10/12/1940).

Noches orientales (de Roberto Firpo), por dúo Bazán-Firpo, Odeon 897-A (1917).

Noches sin sueño (de Miguel Ángel Navarro), por Edmundo Rivero con guitarras, Victor 68-0370, matriz S 38 (12/8/1952).

Nocturno (de Agustín Bardi y Francisco García Jiménez), por Charlo con OT Canaro, Odeon 16112-B, matriz 5498 (2/5/1930).

Oscuras noches (de Hugo Fernández, Néstor Fernández, Osvaldo Fernández y Argentino Ledesma), por Argentino Ledesma con guitarras, Magenta CD88149 (1999).

Reflejos de luna (de Roberto Firpo), por dúo de pianos de Roberto Firpo e hijo, Odeon 3550-B, matriz 14936/1 (24/9/1945); por Cuarteto Firpo, Odeon 55446-A, matriz 18436 (11/6/1952).

Romance en la noche (de Martín Darré y Julio Albano), por OT F. Lomuto con Alberto Rivera, Victor 60-0250, matriz 77364 (9/11/1943).

Se apagó una estrella (de Emilio Pellejero, Gerónimo Yorio y Julio Santanera), por OT Pellejero con Carlos Roldán, Sondor 5033, matriz 1258 (1945); por OT D´Arienzo con Armando Laborde, Victor 60-1163, matriz 82558 (23/12/1946).

Sombras de luna (de Sacri Delfino y Alejandro Szwarcman), por Trío El Berretín con Patricia Ferro Olmedo, Universidad Nacional de Lomas de Zamora CD-1842 (2000).

Una noche de amor (de Juan Divasto y Juan Belando), por OT Maffia con Francisco Fiorentino, Columbia 6028-B, matriz 370547 (1931).

Una noche en Okayama (de Pastor Cores, Norberto Ramos y Orlando Calautti), por Trío Yumba, Fono F.T. 914 (1973).

CAPÍTULO IX

La historia y el ejército

Y al grito de guerra
los hombres se matan...[28]

De pie en el ataúd de la garita,
junto al fusil me abrumo.
El chajá del cuartel mi nombre grita,
y la lluvia es un humo.
José Pedroni

Una rica fuente de inspiración que tuvieron los compositores de los primeros tiempos del tango fue la historia y, en especial, nuestras luchas por la independencia. De este modo aparecen, las obras referidas al Ejército Argentino y a los hechos sobresalientes de nuestra historia militar, sus protagonistas o, simplemente, las anécdotas de la vida castrense o alguna de sus rutinas o actividades.

Consultamos muchas partituras, las más interesantes las trataremos en este capítulo, sin seguir un estricto orden cronológico. Las primeras que comentaremos son las relacionadas con el General José de San Martín y sus batallas en Chile, en el marco de su recorrido libertario.

Chacabuco (de Carlos Hernani Macchi), dedicado: «Al distinguido Dr. Gowland». Este título hace referencia a la batalla librada el 12 de febrero de 1817, en la cuesta andina de ese nombre, donde San Martín derrotó a los españoles, conducidos por el Brigadier Rafael Maroto. Los estrategas la han considerado, para su tiempo, un modelo del arte militar. Macchi fue violinista y flautista, integró el cuarteto

---

28- Alfredo Le Pera del tango *Silencio* (1933).

La Armonía junto al "Negro" Leopoldo Thompson (guitarra), Manuel Firpo (bandoneón) y José Bonano (violín). También estuvo en los conjuntos de Juan Maglio y de Domingo Santa Cruz. Fue gran amigo de Eduardo Arolas y, entre sus muchas obras podemos citar: los tangos *Anita, Buen amigo, Curupaity, Don Quijote, El clásico, El fierrazo, El gracioso, El impertinente, El Maldonado, El paisanito, El reservado, Gente fina, María Angélica, Meté tiza, Neutral, Olivos, Pepino, Primer agua, Puro brillo, Sacale el jugo, San Isidro, Sarita, Villa Crespo*; los valses *Carmencita, Dulce ilusión, Emilia, Jirones del alma, Lía, Lo pensaré, María Luisa*.

Cancha Rayada (de Alejandro Carlos Rolla), «Dedicado a los Sres. Luis A. Terragno y Ricardo B. Bergallo». El tango evoca la derrota ante los realistas —conducidos por el General José Ordóñez—, en las proximidades de la ciudad de Talca. Rolla, fue violinista en la década de 1910. Escribió un método de estudio primario de bandoneón, fue maestro de numerosos violinistas y de su obra se destacan: *Bajo causa, Bicarbonato, Bocanegra, De mi cosecha, El barquinazo, En punta* y *Plata vieja*. A veces usaba el seudónimo Paul Frederik.

Eduardo Arolas

Maipo (de Eduardo Arolas), registrado por muchos intérpretes, data de 1918, al cumplirse el centenario de la batalla. Un crítico musical dijo: «Notas que erizan la piel. Melodía estremecedora. Dolor con orgullo». El combate que inspiró a este tango fue muy sangriento, duró 6 horas y, a partir de esta victoria del General San Martín ante las tropas realistas —comandadas por el General Mariano Osorio—, se afianzó definitivamente la libertad de Chile.

Arolas es, a mi entender, el máximo compositor del tango, sus obras contienen casi todas tres partes que, como alguna vez me dijo el recordado Osvaldo Requena, cada parte podría ser un tango diferente. Es el autor preferido de los arregladores, por la belleza de sus melodías y por la gama de matices que refugian las mismas. Basta recordar algunas de sus obras maestras: *Una noche de garufa* (el primero, de 1909) y, en orden alfabético: *Ali-*

ce, *Anatomía*, *Catamarca*, *Comme il faut*, *Derecho viejo*, *El Marne*, *La cachila*, *Fuegos artificiales* (en colaboración con Roberto Firpo), *La guitarrita*, *Lágrimas*, *Papas calientes*, *Rawson*, *Retintín*, *Viborita*, entre más de cien obras compuestas en el lapso de doce años.

Como ya dijimos, se escribieron muchas obras sobre temas atinentes al ejército y la actividad militar. Algunos de ellos, cuyas partituras consultamos son:

El 2 de línea (de Pedro Sofía), «A mis camaradas los conscriptos del 90 del Regimiento 2 de infantería de línea». Sofía fue un compositor dedicado a la música de cámara pero que también hizo tangos: *Bordoneando*, *Echale arroz a ese guiso*, *El archivista*, *El cabo Fels*. Tuvo un conservatorio, fundó la biblioteca Esnaola y, durante 30 años, fue director de la Asociación Argentina de Música de Cámara.

Cabo Cuarto (de Alfredo Bevilacqua), «Dedicado al Teniente Coronel de la Nación Domingo Cedeyra». La expresión alude al suboficial encargado de conducir al personal de guardia. El compositor fue uno de los más grandes exponentes de la Guardia Vieja, pianista y director, compuso los tangos *Gran muñeca*, *Independencia*, *Minguito*, *Reconquista* y *Venus*, este último su primer tango (1902).

El lampazo (de Hermes Peresini), «Dedicado al teniente Juan Fernández Otaño». El autor fue violinista, director y compuso entre otras páginas, los tangos *Chela*, *Ñatita*, *Negra mala*, *Redoblona* y *Violetita*.

El recluta (de Arturo De Bassi), «A mis amigos Menéndez y Arturo Astudillo». Fue pianista y clarinetista, vinculado al ámbito teatral hizo varios éxitos: *El caburé*, *El incendio*, *La catrera* y *Resaca*.

El clarín (de Carlos Nasca "El Gaucho Relámpago"), «Dedicado al Teniente Coronel Fermín Barrera Pizarro». También compuso *¡Atención!*, «Dedicado al Sr. D. Martín». Este italiano fue pionero de la industria discográfica, fundó el sello ERA, fue editor, dirigió su propia formación la Rondalla del Gaucho Relámpago, y compuso algunos tangos: *Trompito*, *Puro corte*, *Qué dirán*, *Invierno*, *El eléctrico* (homónimo al de Vicente Greco), *El indiscutible*, *Hagan buches*, *Quién lo diría*, *El clarín*, *Feria franca* y *Los cardales*.

Conscriptos (de Pancho Nicolín), «Dedicado a los Señores Jorge Durán, Miguel Suárez, Virgilio Poggi y Raúl Quiroga». Nicolín fue pianista y no tenemos otra información de este músico, aunque sabemos de la existencia de otro tango suyo *Tocalo más fuerte*.

Derecho al Cuatro (de Juan A. Buratore), «Dedicado a mis amigos Antonio Bozzolla y Rodolfo Parodi (hijo)». De este autor tampoco tenemos datos.

Diana (de R. Mazzeo), «Dedicado al amigo Pedro Estillo». Tampoco hay información del autor. Podría tratarse de Alfredo Rosario Mazzeo, quien fuera violinista de Juan D´Arienzo y compositor de *Lamento*, *Los 33 orientales* y *La muchacha del tango*, con letra de Luis Rubistein, entre otros. Falleció el 3 de agosto de 1954.

R. 4 (Regimiento 4) (de Eusebio Severo Giorno), compuesto en 1913; «Dedicado a jefes y oficiales del R.4 de infantería». Giorno fue pianista y arreglador en la orquesta de Enrique Rodríguez desde 1936 hasta 1945. Además compuso varios temas. Su página más conocida y muy popular en su época es el vals *Con tu mirar*, que tiene varias versiones: fue grabado en discos Nacional por la orquesta de Juan Maglio con la voz de Carlos Viván (1928); dos veces por Charlo, la primera con guitarras (1928) y la segunda con Canaro (1930); se destacan además, las versiones del dúo Ruiz-Acuña, la de Mario Pardo (ambas de 1929) y la de Ariel Ramírez en piano, acompañado por el percusionista Domingo Cura (1976).

El artillero (de Eduardo Villegas y Juan José Villegas), «Dedicado a la clase 1895 de la R. P. Montada». Juan José figura en la nómina de SADAIC, en 1941, es lo único que sabemos.

Centinela alerta (de Arnaldo Barsanti). Fue director, compositor y autor teatral, dirigió el Quinteto Polito en la grabación del tango *Chupadedo*. Admiraba la música clásica, varias de sus composiciones llevan títulos de óperas: *Otello*, *Rigoletto*, *La traviata*, *Il trovatore* y otras, inspiradas en obras nacionales, es el caso de *Las de Barranco*. También hizo *Anastasio, el Pollo*, *Don Pipiolo*, *El farolero*, *Flor de damasco*, entre otros. Fue cónsul en Alemania, antes de la segunda guerra mundial.

Centinela alerta (de Enrique Delfino y letra de Carlos R. De Paoli), con una dedicatoria: «Afectuosamente para el amigo Raúl Bazzani».

Estrenado en 1927 por el autor, en el sainete "Pata de palo" en el Teatro Nacional.

Epopeyas (1810-1910) (de V. V. Guridi), sin más datos.

6ta. del R2 (de Peregrino Paulos), este es el título primitivo del clásico tango *Inspiración*. «Dedicado a la sexta compañía del regimiento 2 de infantería». El título se lo sugirió su hermano, el pianista Niels Jorge Paulos, en homenaje a sus compañeros del servicio militar. No conocemos la partitura original. Tuvo numerosas versiones y fue Luis Rubistein quien le puso una letra que nada tiene que ver con la intención inicial.

Granaderos argentinos (lancero de Miguel Sciutti). Del mismo autor tenemos otra partitura, muy antigua, editada por Breyer Hermanos, el vals *Reminiscencias*, con un dibujo de una mujer con una cinta en el cuello y firmada: Ch. Chaplin, ¿será de Charles Chaplin el dibujo? No tenemos otra información del compositor.

En la línea de fuego (de Alberto Rodríguez), «A mi querido amigo Hernando Sañudo». El autor nació en Tacuarembó (Uruguay), era bandoneonista y está considerado el maestro de Minotto Di Cicco. Vivió muchos años en Avellaneda. Integró las primeras formaciones de Osvaldo Fresedo, quien le registró once temas, entre los años 1925 y 1933. Entre ellos: *Acuarelas*, *Flores*, *Del pasado*, *Percantina* y *Tus ojos*.

Sargento Cabral (de Manuel Campoamor), «Dedicado al distinguido señor Leopoldo Corretjer». Se trata de un homenaje al sargento correntino Juan Bautista Cabral, que el 3 de febrero de 1813, en el combate de San Lorenzo y, a costa de su vida, salvó al General San Martín que había quedado atrapado bajo su caballo. Este pianista y compositor fue otro de los importantes músicos de la Guardia Vieja. De su obra se destacan: *La c...ara de la l...una*, *Mi capitán*, *La franela*, *¡Ahí no más!* y *Gallo viejo*.

Curupaytí (de Augusto Berto), «Dedicado a mis amigos Luis Teisseire, José Fuster

Augusto Berto

y Espinosa Nava». Era una localidad de la República del Paraguay, ubicada en la confluencia de los ríos Paraguay y Paraná. Allí, el 22 de septiembre de 1866, las fuerzas de la Triple Alianza al mando del General Mitre, con 20.000 hombres, atacaron a los paraguayos al mando del General José Eduardo Díaz, quien rechazó el ataque. Hubo 5.000 bajas.

Respecto a este notable músico de la primera horneada del tango, podemos citar algunas páginas de su obra: la primera composición de Berto fue el vals *Penas de amor,* de 1905 y después hizo su clásico tango *La payanca*, al que siguió otro no menos famoso, *Don Esteban.* Además están: *¡Qué dique!, La biblioteca, Flora, Queja gaucha, De pura yerba, Mitad y mitad, La oración, Recóndita, Qué bronca, Negrita, Fray Mocho, La camorra, Como me gusta, Nació parao, Jhenny, Matilde, Azucena, Belén, Caballo de bastos, Humaitá, El periodista, No interesa, Papá en puerta, Temple gaucho, De la vida milonguera, Cuentos andaluces, Angelina, El gauchito, La cruz del recuerdo, Elenita, Nunca lo sabrás, La telefonista, El ternero, Calandria* (vals).

Reconquista (de Alfredo Bevilacqua), «Dedicado al escribano Esteban Benza». Buenos Aires sufrió la primera invasión inglesa el 27 de junio de 1806. Comandaba las tropas el Brigadier William Carr Beresford. Luego de dos semanas, cuando la ciudad ya estaba a punto de ser sometida, la resistencia criolla, bajo el mando de Santiago de Liniers, un francés al servicio de la corona española, logró reconquistarla. Los ingleses se rindieron el 12 de agosto.

Juan Maglio

Tacuarí (de Juan Maglio "Pacho"), fue grabado por el autor y, también, por el Cuarteto del Centenario. Evoca la heroica batalla del 19 de marzo de 1811, en Paraguay, donde el General Manuel Belgrano con un puñado de hombres y una gran astucia, logra hacer retroceder a 2.000 soldados del enemigo, para luego pactar con el comandante español una retirada digna, con intercambio de prisioneros.

Algunos títulos y versiones fonográficas de los tangos relacionados con este capítulo:

Chacabuco (de Carlos Macchi), por Orquesta Teatro Odeon, Odeon X 86.276 (1913); por Cuarteto del Centenario, RCA-Victor AVSP-4632 (1978).

Chacabuco (de Federico Lafémina y Arturo César Senez), por OT De Caro, Victor 79625-A, matriz BA-737/2 (30/12/1925).

Cancha rayada (de Alejandro Rolla), sin registro de grabaciones.

Cabo Cuarto (de Alfredo Bevilacqua), por Banda Atlanta, Atlanta faz 65.277, matriz desconocida (1912).

Centinela alerta (de Arnaldo Barsanti), sin registro de grabaciones.

Centinela alerta (de Enrique Delfino y Carlos R. De Paola), por OT F. Canaro con Agustín Irusta, Odeon 4278-A, matriz 637e (21/4/1927); por Enrique Delfino, Odeon 6532-A, matriz 815/2e (14/6/1927); por Mario Pardo, Odeon 6620-A, matriz 1322e (14/9/1927); por Azucena Maizani, Odeon 11046-B, matriz 1184/1e (12/8/1927).

Conscriptos (de Pancho Nicolín), sin registro de grabaciones.

Curupaytí (de Augusto Berto), por OT Select, Victor 72804-B, matriz B-24402/1 (24/8/1920).

Derecho al Cuatro (de Juan A. Buratore), sin registro de grabaciones.

Diana (de R. Mazzeo), sin registro de grabaciones.

Diana (milonga de Domingo Branda y Silverio Manco), por Arturo Calderilla, Atlanta faz 66.306, matriz desconocida (1913/14).

El artillero (de Eduardo Villegas y Juan José Villegas), por Cuarteto Centenario, RCA-Victor AVSP-4632 (1978).

El clarín (de Carlos Nasca), por Rondalla del Gaucho Relámpago, ERA 61487 (1911/12).

El conscripto (de Alfredo Eusebio Gobbi), por Orquesta Polyphon, Polyphon 14617, matriz 20504 (1911/12).

El lampazo (de Hermes Peresini), sin registro de grabaciones.

El recluta (de Arturo De Bassi), por Rondalla del Gaucho Relámpago, ERA 60672 (1909/10).

El recluta (chamamé de Mario Millán Medina), por Lorenzo Barbero con Roberto Florio, Pampa PM 16057, matriz MAI-1319 (15/3/1954).

El sargento Cabral (de Juan Bautista Fulginiti), sin registro de grabaciones.

El 2 de línea (de Pedro Sofia), por Filarmónica Porteña, Columbia S 2021, matriz 57062/1 (1912); por Cuarteto del Centenario, RCA-Victor AVSP-4632 (1978).

En la línea de fuego (de Alberto Rodríguez), sin registro de grabaciones.

Epopeyas (1810-1910) (de V. V. Guridi), sin registro de grabaciones.

Granaderos argentinos (lanceros de Miguel Sciutti), sin registro de grabaciones.

Granaderos argentinos (marcha de A. Viberti), por Rondalla, Homokord 70536 (1913).

Maipo (de Eduardo Arolas), es una de las tantas obras maestras de Arolas que cuenta con muchas grabaciones, las más importantes: por OT Firpo Odeon 555-A, matriz 90 (1919); por OT J. De Caro, Victor 80821-A, matriz 44022/1, (28/3/1928) y Odeon 5459-A, matriz 11406 (2/9/1941) y Pathé P11066-A, matriz MAI-1074 (10/4/1953); por OT P. Maffia, Odeon 7180-B, matriz 8654 (24/7/1936); por OT D´Arienzo, Victor 38702-A, matriz 12751 (18/4/1939); por OT F. Sassone, Victor 63-0106, matriz 94234 (13/6/1951); por Cuarteto Troilo-Grela, Victor AVL-3464, matriz MAAB3469 (13/9/1962); por OT F. Salamanca, Music Hall (1964), una de las versiones que más me gusta.

R. 4 (Regimiento 4) (de Eusebio Severo Giorno), sin registro de grabaciones.

Reconquista (de Alfredo Bevilacqua), por Cuarteto del Centenario, RCA-Victor AVSP-4632 (1978).

Sargento Cabral (de Manuel Campoamor), por Banda de la Guardia Republicana de París, Gath & Chaves, matriz 219 (1907); por Manuel Campoamor en piano, Odeon 11210, matriz desconocida (1907); por

Cuarteto del Centenario, RCA-Victor AVSP-4632 (1978); por Cuarteto O. Bozzarelli, Estudio Gismondi LD 30006 (1981).

Sargento Cabral (de Juan Carlos Cacaviello y Pascual Clausi), sin registro de grabaciones.

6ta. del R2 (de Peregrino Paulos), antiguo título de *Inspiración*. De esta obra hay incontables versiones discográficas ya con su título definitivo; por OT Firpo, Odeon 6037-A, matriz 737 (1922). Como dato curioso, Aníbal Troilo lo grabó cuatro veces (1943, 1951, 1952 y 1957).

Tacuarí (de Juan Maglio "Pacho"), por OT Pacho, Columbia TX 764, matriz 57210/1 (1913); por Cuarteto del Centenario, RCA-Victor AVSP-4632 (1978).

CAPÍTULO X

La marina

Mar... mar,
hermano mío...[29]

Gimiendo por ver el mar,
un marinerito en tierra
iza al aire este lamento:
¡Ay mi blusa marinera;
siempre me la inflaba el viento
al divisar la escollera!
Rafael Alberti

Al igual que el ejército y la aviación, la fuerza naval y la marina comercial fueron fuente de inspiración en la letrística tanguera, aunque el número de títulos es sensiblemente inferior.

La Marina de Guerra fue desde sus comienzos una fuerza aristocrática ligada a Inglaterra, a diferencia del ejército que estaba influido por la escuela militar alemana.

Un hecho circunstancial acercó el tango a la armada y fue a raíz de una película, "La muchachada de a bordo", en la que una pegadiza marcha de Alberto Soifer —tema central de la misma—, se convertiría en su música oficial. Dicho film se estrenó el 5 de febrero de 1936, fue dirigido por Manuel Romero, autor además de la letra de la marcha. El reparto fue estelar: Santiago Arrieta, José Gola, Alicia Barrié, Tito Lusiardo y Luis Sandrini. La versión definitiva de la marcha —actualmente vigente—, está registrada en el surco, por la Banda de la Marina, dirigida por el compositor y arreglador Martín Darré y cantada por Jorge Sobral.

29- Horacio Sanguinetti del tango *Tristeza marina* (1942).

Otra marcha, en este caso creada a pedido de las autoridades, es *Rumbo al mar*, primero titulada *Vamos rumbo al mar* y cuyo autor fue el pianista y director Carlos Figari.

Una metáfora romántica pero con título marino es el caso de *Marejada*, tango de Roberto Firpo. En la portada de la partitura se observa un barco y, en un recuadro, el dibujo de un marino cuyo epígrafe señala: «Al Sr. Bonifacio del Carril». Los versos, muy posteriores a la música, pertenecen a Vicente Planells del Campo y relatan el regreso al país del protagonista, luego de un largo viaje, donde encuentra muy cambiada a la mujer amada. La marejada, en cuestión, simboliza los problemas del amor.

El torpedero (de Rosendo Mendizábal), «Dedicado al Sr. Fernando Casabel». El autor es uno de los grandes músicos de la guardia vieja.

Mi capitán (de Manuel Campoamor), «A mi amigo Francisco Solano González, Capitán General del puerto de Paraguay». El autor compuso *La c...ara de la l...una*, uno de los denominados "tangos prostibularios" por su título que esconde una segunda intención.

Fragata Sarmiento (de Luis Conde), no tenemos ningún dato del autor.

Otro con igual título: *Fragata Sarmiento* (marcha de Diego Centeno), fue compuesto unos cuantos años más tarde, a partir de un poema de Felipe Mitre Navas. Se conoció en 1938, debido al interés que despertaron sus versos en el cantor Roberto Guerra, de efímera trayectoria. Admirador y seguidor —en cuanto a estilo y repertorio—, de Agustín Magaldi. Transitó algunas emisoras de la época y escenarios casuales. Cuando la providencia lo puso frente a estos versos, le propuso a Centeno que los musicalizara y, según él mismo contara, lo consiguió en pocas horas. Resultó una marcha-canción, que le permitió, el 3 de noviembre de 1942, grabar su único disco. El compositor, fallecido el 4 de enero de 1959, estuvo ligado artísticamente a la carrera de Magaldi, quien incluyó en su repertorio, sus tangos: *Carne y uña*, *Huerfanita*, *Moneda falsa* y los valses *Alma mía* y *Suspiros*. Felipe Mitre Navas, nacido el 8 de noviembre de 1909, poeta, periodista, fue el autor del popular tango: *Libertad*, con música de Magaldi.

El acorazado Moreno (de Fortunato Cardullo), «Dedicado al Capitán de Navío Ismael Galíndez», quien era el comandante del acorazado en ese momento. No tenemos datos del autor.

Finalmente, cuatro títulos más, íntimamente ligados pues todos hacen referencia a la misma nave:

El incorporado (de Ernesto Zambonini), «Dedicado a A. J. Moneta, jefe del Acorazado Rivadavia». El autor se inició antes de comenzado el siglo XX. Actuó en prostíbulos de pueblos del interior, en cafetines de La Boca, tocó junto a Eduardo Arolas, integró el conjunto del Tano Genaro Espósito, pero lo más importante fue su actuación con Roberto Firpo. No por haber descollado, sino por un incidente entre ambos que zanjó dándole un puntazo en la barbilla del director. Pero el remate llegó con dos tangos: *Recuerdos de Zambonini*, por supuesto dedicado a la pequeña cicatriz que permaneció en el rostro de Firpo y, el más difundido de todos por su musicalidad *La clavada*.

Acorazado Rivadavia (de Ángel Villoldo), «Dedicado al comandante y oficialidad del primer Dreadnought argentino».

Dreadnought Rivadavia (de Luís D´Argenio), «Dedicado al Sr. Eduardo Rezabal».

Dreadnought Rivadavia (de Carmelo Liparini), «Dedicado al señor comandante, oficiales y tripulación del primer acorazado argentino». De estos dos últimos compositores, no tenemos datos.

¿Cuál fue la importancia del acorazado Rivadavia y por qué en dos casos se lo llama Dreadnought?

Cuando en el año 1904 se desató la guerra ruso-japonesa, en los astilleros italianos se estaban terminando de construir dos acorazados por encargo del gobierno argentino: el Rivadavia y el Moreno. Necesidades de aquel momento, provocaron la venta de ambos a los japoneses en alrededor de 17 millones de yens. Allí, fueron rebautizados "Kasuga" y "Nishin", e intervinieron en Tsushima, la batalla que llevó a la rendición de los rusos. Luego, el "Kasuga" sirvió de guardacostas hasta 1919 cuando ya, fuera de servicio, se transformó en museo. Varios países, entre ellos la Argentina, enviaron veedores para sacar conclusiones para sus respectivas flotas. El veedor argentinoo fue el nombrado A. J. Moneta.

Esta guerra demostró que las naves alcanzaban largas distancias pero que el armamento de mediano calibre no estaba al alcance de las circunstancias, sólo podían llevar cuatro cañones de 305 mm de mortífero poder.

En 1906, comenzaron a llevarse a la práctica las teorías del genio naval italiano Vittorio Cuniberti, sobre la importancia del armamento pesado. Se necesitaba una nave mucho mayor, más pesada y más rápida. El almirante británico Sir John Fischer, observando el desarrollo de los motores de turbina, lo creyó posible y, siguiendo a Cuniberti, produjo una revolución naval tal, que todos los acorazados quedaron obsoletos cuando dio con la construcción de una nave a la que llamó "dreadnought", dotada de 10 cañones de 305 mm. Dos grupos de turbinas Persons que producían 23.000 HP, podían desarrollar una velocidad de 21 nudos y, con carga completa, llegar a las 31.000 toneladas. Tenía 160,6 metros de eslora, 25 de manga y 8 metros de calado. Los acorazados Rivadavia y Moreno, tenían estas características, eran dos "dreadnoughts".

"Dreadnought" o su sinónimo "fearnought", quiere decir literalmente: miedo a nada, o más correctamente para la ocasión: el que no teme a nada.

En la revista Caras y Caretas, N° 680, del 14 de octubre de 1911, se observan fotografías de su construcción en Massachussets, Estados Unidos y un interesante párrafo: «Los acostumbrados acorazados comparados con los actuales nos parecen algo así como modestos torpederos otomanos».

Primero se terminó de construir el Rivadavia, de allí la consideración en que se lo ha tenido. A partir de estos buques, nuestra flota se transformó en la más poderosa de Latinoamérica.

Títulos, registros y versiones referidas a la marina

Ángel Villordo

Acorazado Rivadavia (de Ángel Villoldo), Registro N° 12317 (11/1/1915).

Acorazado Moreno (de Fortunato Cardillo), Registro N° 13337 (15/9/1915).

Adiós marinero (de Arturo Gallucci, Félix Lipesker y Reynaldo Yiso), por OT Francini-Pontier con Alberto Podestá y Raúl Berón, Victor 60-1189, matriz 83210 (16/1/1947); por OT De Angelis con Julio Martel y Carlos Dante, Odeon 30404, matriz 16152 (27/12/1946); por OT Piazzolla con Aldo Campoamor y Héctor Insúa, Odeon 30352-B, matriz 15856 (7/10/1946).

Amor de marinero (de Dante Gilardoni, Marcelino Hernández y Roberto Cassinelli), por OT De Angelis con Roberto Florio, Odeon 52462, matriz 23699 (11/12/1958); por OT Leocata con Oscar Macri, Music Hall 15621, matriz 16344 (2/4/1959); por OT Figari con Ricardo Argentino, RCA-Victor 1A-1690, matriz JAAB769 (20/11/1958).

Amarras (de Carlos Marchisio y Carmelo Santiago), por Alberto Castillo con orquesta, Odeon 7706, matriz 13854 (9/6/1944); por OT D´Arienzo con Héctor Mauré, Victor 60-0497, matriz 79782 (21/7/1944); por OT H. Varela con Héctor Mauré, CBS-Columbia 15135, matriz CAO-640 (28/04/1955).

Barcos amarrados (de Julio Navarrine y Juan Mazaroni), por OT Firpo, Odeon 8676-B, matriz 1059e (21/7/1927).

Con ella en el mar (vals de Enrique Francini y Horacio Sanguinetti), OT Francini-Pontier con Raúl Berón, Victor 60-1039, matriz 82328 (4/9/1946).

Dársena sur (milonga de Gilberto Gensel y Juan Carlos Cáceres), por Juan Carlos Cáceres, Discos CNR CD- 21601 (París, 2003).

Dos años a la marina (vals de Miguel Padula y Alfredo Roldán), por Dúo Juannino, Victor 69724-B, matriz G1899/1 (30/4/1917); solo de acordeón, Telephon 4012 (1919); por Trío Ciriaco Ortiz, Victor 60-1609, matriz 83921 (18/5/1948).

Dreadnought Rivadavia (de Luis D´Argenio), sin registro de grabaciones.

Dreadnought Rivadavia (de Carmelo Liparini), Registro N° 12508 (9/3/1915).

El barco María (de Carlos Viván y Horacio Sanguinetti), por OT Demare con Raúl Berón, Odeon 8072, matriz 13507 (12/1/1944); por OT F. Lomuto con Carlos Galarce, Victor 60-0436, matriz 79683 (11/5/1944); por Reynaldo Martín con orquesta, Vaivén CD 421069 (1997).

El incorporado (de Ernesto Francisco Zambonini), Registro N° 12794 (28/5/1915).

El lobo de mar (de Francisco Payá y Florencio Parravicini), de la opereta en dos actos del mismo nombre. Registro N° 7309 (14/4/1913).

El mar entre los dos (de Juan Canaro e Irma Lacroix), por Rodolfo Lesica con orquesta, Microfón I-479 (1973).

El marino (de José Vicente Pini), Registro N° 9153 (11/10/1913).

El submarino (de Francisco Esmella), Registro N° 14702 (15/6/1916).

El torpedero (de Rosendo Mendizábal), Registro N° 1642 (26/5/1911).

En cada puerto un amor (de Félix Lipesker y Carlos Bahr), por OT Fresedo con Oscar Serpa, Victor 60-0573, matriz 79928 (9/11/1944).

Fragata Sarmiento (de Luis Conde), Registro N° 12437 (26/2/1915).

Fragata Sarmiento (mazurca de José Matheu García), Registro N° 24787 (21/5/1920).

Fragata Sarmiento (marcha de Diego Centeno y Felipe Mitre Navas), por Alberto Margal con guitarras, Odeon 30806, matriz 17486 (17/11/1949); por Roberto Guerra con guitarras, Victor 39777, matriz 84038 (4/11/1942).

Frente al mar (de Mariano Mores y Rodolfo Taboada), por Orq Mores con Susy Leiva, Odeon (27/2/1963); por OT Basso con Jorge

Durán, Music Hall 608, matriz 30040 (1962); por Héctor Mauré y su conjunto, Odeon 52786, matriz 28801 (18/3/1963); OT Troilo con Roberto Rufino, RCA-Victor 31A 4209, matriz 3795 (23/4/1963); por Orq. Mores con Antonio Prieto, Odeon MTOA/E 3559 (29/07/1963); por OT D´Arienzo con Jorge Valdez, RCA-Victor 31A-0291, matriz MAAB3949 (08/08/1963).

Ilusión marina (vals de Antonio Sureda y Gerónimo Sureda), por OT F. Canaro con Charlo, Odeon 4689-A, matriz 6228 (29/10/1930); por Anita Palmero con guitarras, Odeon 13602-B, matriz 6434 (1930); por Ada Falcón con OT F. Canaro, Odeon 11200-A, matriz 6353 (18/11/1930); por Charlo con OT F. Canaro, Odeon 16270-A, matriz 6749 (2/7/1931); por OT Pugliese con Alberto Morán, Odeon 7689, matriz 16263 (28/1/1947);

La estrella y el mar (de Osvaldo Peralta y Leopoldo Díaz Vélez), sin registro de grabaciones.

La marina (de Augusto Gentile), por OT Firpo, Odeon 8764-A, matriz 2489e (19/4/1928).

La novia del mar (de José Ranieri, Elías Randal y Horacio Sanguinetti), por OT Di Sarli con Oscar Serpa, Victor 60-1636, matriz 83982 (22/6/1948) y Music Hall 1042-B, matriz BA 1083 (1952).

Llegando a puerto (de Mario Demarco y Enrique Lary), por OT D'Arienzo con Mario Bustos, RCA-Victor 1A-2025, matriz TB0139 (8/5/1957).

Marcha de la Armada (marcha de Alberto Soifer y Manuel Romero), por OT F. Canaro con Roberto Maida, Odeon 4982-A, matriz 8539 (13/4/1936); por Martín Darré con Jorge Sobral.

Marejada (de Roberto Firpo y Vicente Planells del Campo), por Orquesta Criolla Firpo, Odeon A 86121, matriz BA 049 (1913); por Firpo en solo de piano, Odeon faz Λ 86076 o disco 902 (1913); por OT Ferrer, Victor 67607-A, matriz B-15933/1 (22/4/1915); por OT Criolla JBT (dirigida por Arolas), Sonora 7009 o Tocasolo sin Rival 3014, matriz 28439 (1913/14).

Marinera (de Pedro Laurenz y Carlos Marín), por OT H. Varela con Ernesto Herrera, CBS-Columbia 20818, matriz 1608 (14/8/1958); por OT F. Canaro con Marcelo Paz, Odeon 52404, matriz 23418

(28/8/1958); por OT D´Arienzo con Jorge Valdez, RCA-Victor 1A-1671, matriz JAAB0742 (29/10/1958); por OT Troilo con Ángel Cárdenas, Odeon 52519, 24088 (4/6/1959).

Marinero (de Antonio Scatasso y Francisco Ruiz París), por OT F. Canaro, Odeon 4111-A, matriz 2888 (1925); por Ignacio Corsini con guitarras, Odeon 18435-A, matriz 2827 (1925); por OT Firpo, Odeon 6361-A, matriz 2858 (1925).

Marinero (de Enrique Rodríguez y Enrique Cadícamo), por OT E. Rodríguez con Armando Moreno, Odeon 7250-A, matriz 12553 (8/2/1943).

Mi capitán (de Manuel Campoamor), por Banda de la Guardia Republicana de París, Gath & Chaves 228, (circa 1908); por Banda de Policía, ERA 60841 (1910); por M. Campoamor en solo de piano, Odeon A85006 (1910); por Orq. Columbia, Columbia T444, matriz 55848 (1911); por Orq. Militar, Gloria 60202 (circa 1910); por Gran Orquesta Polyphon, Polyphon 13568, matriz 20103 (1910/11); por Banda Ítalo Argentina, Odeon A 85021, matriz Bg23 (1910).

Vamos rumbo al mar (Rumbo al mar) (marcha de Carlos Figari), (sin datos)

Se va la lancha (de Edgardo Donato, Héctor Artola y Francisco Bastardi), por OT Pacho con Carlos Viván, Odeon 7568, matriz 2213 (16/3/1928).

Sin barco y sin amor (de Erma Suárez y Enrique Lary), por OT Varela con Rodolfo Lesica, CBS-Columbia 15122, matriz 615 (29/3/1955); por OT Rotundo con Floreal Ruiz, Pampa 14133, matriz MAI-1650 (9/6/1955); OT D´Arienzo con Armando Laborde, RCA-Victor 1A-0159, matriz TB0093 (13/3/1957).

Tristeza marina (de José Dames, Roberto Flores y Horacio Sanguinetti), por OT J. García y sus Zorros Grises con Alfredo Rojas, Odeon 7410-B, matriz 12763 (13/5/1943); por OT Dames con Roberto Flores, Victor 60-0150 (1943); por Libertad Lamarque con orquesta, Victor 60-0191-A (11/8/1943); por OT Di Sarli con Roberto Rufino, Victor 60-0194, matriz 77215 (7/9/1943); por

Viejo marino (de Rodolfo Carrera Sotelo), por OT Pacho con José Galarza, Odeon 9024-A, matriz 4188e (7/6/1929).

CAPÍTULO XI

La aviación nacional

Y, mientras tanto, cruzando el cielo
sigue su vuelo el nuevo halcón...[30]

Una vez que hayas volado,
caminarás por la tierra mirando al
cielo, donde estuviste y donde tardarás en volver.
Leonardo da Vinci.

Entre los tangos que dieron testimonio de los acontecimientos de época o de los meros hechos cotidianos, un lugar de privilegio lo tienen aquellos dedicados a la aviación nacional y a los pioneros de la actividad aérea.

Las hazañas de los valientes pilotos que forjaron nuestra aviación, los hechos que rodearon los vuelos, los récords logrados y demás vicisitudes al respecto, fueron motivo de inspiración de compositores y letristas.

El nombre y apellido de esos héroes tuvieron su justo homenaje, tanto en los títulos como en las dedicatorias de las partituras. En primer lugar, debemos citar las obras referidas al ingeniero y deportista Jorge Newbery, a quien se lo considera el padre de la aviación argentina y a quien se le dedicaron más páginas.

Jorge Alejandro Newbery nació en la ciudad de Buenos Aires el 29 de mayo de 1875. Estudió en los Estados Unidos donde fue alumno de Thomas Alva Edison y se recibió de ingeniero electrónico. Fue un deportista privilegiado. Se destacó en esgrima, además, fue "yachtman",

---

30- Amadeo Canale, de su tango *Duggan* (1926).

automovilista, campeón de boxeo y lucha greco-romana. También, el primer argentino que voló en globo, "El Pampero", con el que cruzó el Río de la Plata el 25 de diciembre de 1907, y el primero en volver a cruzarlo, ida y vuelta, en avión, entre otras muchas proezas aeronáuticas. Sobre su figura se construyó un mito a partir de su trágica muerte en Mendoza, el 1 de marzo de 1914.

La letra de uno de los clásicos del género lo recuerda sin mencionar su nombre, tan sólo con una frase:

> Amainaron guapos junto a tus ochavas,
> cuando un cajetilla los calzó de cross.
> (*Corrientes y Esmeralda*, de Francisco Pracánico y Celedonio Flores)

Ese cajetilla al que alude la frase es Newbery y en ella se resalta su condición social y su afición al boxeo.

Títulos en su homenaje:

Jorge Newbery (de Aquiles Barbieri).

Prendete del Aeroplano (de José Ez curra), dedicado: «Al Presidente del Aero Club, señor Jorge Newbery».

De pura cepa (de Roberto Firpo), dedicado: «Al distinguido Sportman Jorge Newbery».

Jorge Newbery

Jorge Newbery (del guitarrista Luciano Ríos).

Newbery (de Roberto Firpo).

Un recuerdo a Newbery (de José Arturo Severino), dedicado: «A la memoria del malogrado aviador argentino Jorge Newbery, mayo de 1914».

Tu sueño (vals de Eduardo Arolas), dedicado: «Al malogrado Jorge Newbery».

A la memoria de Jorge Newbery en el primer aniversario de su muerte (estilo de Carlos Gardel y José Razzano), que lo evoca:

En un abrazo inmortal
la guitarra y el poeta,
sollozan por el atleta
de la Aviación Nacional...
¡Newbery, el cóndor genial.

Una mención aparte merecen los tangos: *El Pampero* (de José De Caro) y el homónimo de Luis San Martino (hay otro del tenor Tito Schipa). Ambos se refieren al globo que tripuló Newbery junto a Aarón Anchorena, en la que fue su primera ascensión y en el que, más tarde, hallara la muerte su hermano Eduardo Newbery, el 17 de octubre de 1908. Excepto *El Pampero* (de Schipa-1934) que no sé si está dedicado a este tema.

Entre los otros aviadores que también tuvieron su testimonio en las páginas del tango se encuentran:

Benjamín Matienzo nació el 9 de abril de 1891, voló 1135 kilómetros desde Buenos Aires a su provincia nativa, Tucumán, y falleció intentando un cruce de la cordillera de los Andes, entre el 28 y 29 de mayo de 1919. Sus restos fueron encontrados seis meses después.

Matienzo (Perdido en las cumbres) (de Udelino Toranzo), «A la memoria del malogrado aviador Benjamín Matienzo».

Matienzo (de Domingo Salerno) y otra página homónima de Alfredo de Rosa.

Pedro Leandro Zanni nació en Pehuajó, Provincia de Buenos Aires, el 12 de marzo de 1891 y falleció a causa de un accidente automovilístico, el 29 de enero de 1941. Entre sus muchas hazañas, el 18 de julio de 1915 obtuvo el triple récord sudamericano de aviación en la prueba de distancia y velocidad al unir El Palomar y Villa Mercedes, provincia de San Luis.

Zanni (de la guitarrista Ana Schneider de Cabrera), «Con motivo de la doble travesía de los Andes».

Zanni Beltrame (de Elio Rietti), dedicado: «A los intrépidos y valientes aviadores Pedro Zanni y Beltrame».

El Gato (de Atilio Cattaneo), «Al Teniente 1° Pedro Zanni». Este título se debe al apodo que le pusieron al piloto, quien pese a sufrir varios accidentes aéreos siempre salió ileso. Lo paradójico de esto, es que murió en un choque de autos.

Teodoro Fels nació en Uruguay el 8 de mayo de 1891 y murió en Buenos Aires, el 22 de julio de 1969. Superó la hazaña de Newbery de cruzar el Río de la Plata siendo soldado conscripto, al hacerlo desde la base de El Palomar hasta Montevideo, ida y vuelta, batió el record mundial en el vuelo sobre agua (1 de diciembre de 1912). Por esta hazaña fue felicitado, homenajeado y ¡sancionado! por el ejército, por haber contravenido las reglamentaciones militares.

Teodoro Fels

Tras cumplir su arresto, fue ascendido a cabo (conforme se cita, en el sitio web de la Fuerza Aérea)[31].

El Cabo Fels, de Pedro Sofía: «Como tributo y admiración por su admirable travesía en aeroplano sobre las aguas del Plata».

Don Teodoro (de Vicente Mazzoco), «Al joven piloto cabo conscripto Teodoro Fels, con motivo del vuelo a Montevideo, en diciembre de 1912».

Bartolomé Cattaneo, de nacionalidad italiana, perteneció a la fuerza aérea argentina. Fue el primero en cruzar en avión el Río de la Plata, pero sólo de ida ya que volvió en barco.

Cattaneo (de Francisco Peirano), dedicado: «Al intrépido e insigne aviador italiano».

Vicente Almandós Almonacid, fue héroe de la Primera Guerra Mundial, el primero en cruzar la cordillera de Los Andes en vuelo nocturno e impulsor de la aviación comercial. Se le dedicaron:

A Chile de noche, vals de Emilia Baddia de Burugua.

Almonacid (de Agesilao Ferrazzano), «Al valiente aviador Vicente Almandós Almonacid».

31- www.fuerzaaerea.mil.ar/prensa/vercomunicado.asp?id=706

Almonacid (de Humberto Tallone).

Vuelo nocturno (de Domingo Salerno).

Antonio Parodi nació en la localidad de San Martín, en la Provincia de Buenos Aires, el 25 de mayo de 1890. En agosto de 1917 realizó un doble cruce del Río de la Plata, desde El Palomar a Montevideo. Después de cumplir 6:55 horas de vuelo efectivo, aterrizó habiendo sobrevolado 400 kilómetros de agua continuos, por lo que obtuvo el record sudamericano. También realizó un doble cruce por la cordillera de Los Andes. Falleció en la ciudad de Buenos Aires el 12 de marzo de 1978.

De ida y vuelta (de Ana Schneider de Cabrera), «Al aviador Antonio Parodi, como homenaje a su viaje de ida y vuelta a Chile».

El Trío (de Santos Aschieri (hijo)), «A los Ases de la Aviación Argentina, Capitanes Antonio Parodi, Pedro Zanni y el Capitán de Fragata Marcos Zar».

Eduardo Alfredo Olivero nació en Tandil, Provincia de Buenos Aires, el 2 de noviembre de 1896. Como otros hijos de europeos, en la Primera Guerra Mundial fue a pelear —en su caso, por Italia—. Participó en 25 combates en los cuales derribó a nueve aviones enemigos. Se había alistado como soldado raso y regresó a la Argentina, como Capitán y como un héroe de guerra. Batió el record mundial de altura, cuando superó los 8000 metros. Fue el primero, junto a su alumno Bernardo Duggan y el mecánico Emilio Campanelli, en unir en vuelo a Buenos Aires con New York, en 1926. Fue instructor de Osvaldo Fresedo. Falleció en 1969.

Olivero (de José Martínez), dedicado: «Al intrépido aviador argentino Eduardo Olivero».

Bernardo Duggan, no tenemos datos de las fechas de nacimiento y muerte de este legendario piloto. Se lo recuerda por ser parte del histórico raid a New York, junto a Olivero y Campanelli, en 1926.

Duggan (de Vicente De Cicco y Zerreit Guonaram), dedicado: «A los intrépidos aviadores argentinos: Bernardo Duggan, Olivero y a su mecánico Campanelli, en ocasión de su admirable raid New York-Buenos Aires».

Duggan, Olivero, Campanelli (Los tres ases) (de Rafael Petruccelli y Silliti con letra de Azor).

Antonio Locatelli nació en Bérgamo, Italia en 1895. En el año 1919, con un biplano SVA 10 de 260 hp, batió el récord aéreo sudamericano de distancia, al unir los océanos Pacífico y Atlántico, en vuelo directo desde Chile hasta El Palomar. Sobrevoló los Andes por las altas cumbres, recorrió 1700 kilómetros en 7 horas y 30 minutos y realizó el primer correo aéreo internacional entre ambos países. Murió en Etiopía, peleando por su país en la guerra del Africa Oriental, en 1935.

Locatelli (de Enrique Delfino), dedicado: «Al intrépido aviador Teniente Antonio Locatelli».

El Léon de la Guardia (vals de Pascual de Gullo), «Homenaje de admiración y cariño al intrépido aviador Teniente Antonio Locatelli».

Francisco De Pinedo, aviador italiano que unió en 1927 su patria con Buenos Aires.

Coronel De Pinedo (de Enrique Vendittuoli y Guillermo Cavazza).

De Pinedo (de Alberto Fresco y Martín Vilanova).

Existen otros tangos y dos grandes músicos inspirados en la aviación. Un ejemplo: el tango *La ratona*, de Osvaldo Fresedo. Y aquí vale la pena una reseña sobre este gran músico que además fue un intrépido piloto.

Osvaldo Fresedo

Osvaldo Nicolás Fresedo obtuvo su brevet de piloto número 231, en el año 1923, fue su instructor Eduardo Olivero, considerado entre los primeros "locos del aire" (como llamó a los aviadores, un periodista de la época) y a quien el maestro le dio algunas lecciones de bandoneón.

Ese mismo año se organizó una carrera aérea en la ciudad de La Plata, en la que participaron aviadores extranjeros. La ganó Fresedo con una máquina Curtiss JN-4 de 90 hp y recibió un cheque de $ 2000.

El brigadier Ángel María Zuloaga en su libro *La victoria de las alas*[32], expresa: «Fresedo fue uno de los pilotos destacados en esos difíciles comienzos». Y el propio Fresedo comentó en un reportaje: «En una oportunidad Olivero, con una maquinita de no más de 4 metros de largo, batió el récord de altura, yo también la utilicé, se llamaba "La Ratona", así llamé a un tango mío estrenado y grabado en 1923, dedicado a la temeridad de Olivero, aunque en la partitura figura: "Dedicado a la compañía Argentina de Aeroplanos UDET"».

Otro título suyo fue, *Desde las nubes*, con letra de Amadeo Canale, dedicado «A los soñadores del espacio con motivo del 2º Gran baile de los Aviadores, 1924» y estrenado por Azucena Maizani, en el Tercer Baile de Los Aviadores, en el Teatro Ópera. También colaboró con su hermano Emilio, empleado en los diarios La Razón y La Nación, trayendo notas y material fotográfico de Montevideo. Lo metía en un tubo de goma que arrojaba en la plaza Colón, detrás de la Casa de Gobierno, donde lo recogía su hermano.

Osmar Héctor Maderna, este gran pianista y director fue piloto civil y obtuvo su brevet, sólo un año antes de su muerte en un accidente. El hecho ocurrió a las 17:20 horas del sábado 28 de abril de 1951. Su máquina era un Euroscope 415-CD. Junto a otro avión similar sobrevolaban la ciudad de Lomas de Zamora, cuando cerca del Parque Municipal las alas se rozaron y cayeron en tirabuzón desde 200 metros de altura. Los comentarios periodísticos conjeturaron que el acercamiento pudo deberse a algún tipo de juego entre los pilotos. Que el cielo fue para él una gran atracción lo prueban los títulos de algunas de sus composiciones: *Concierto en la luna*, *Lluvia de estrellas*, *Luna de plata*, con Miguel Caló, *En tus ojos de cielo* y *Fui golondrina perdida*. En su homenaje, hay un tema de Orlando Trípodi, *Notas para el cielo*.

Osmar Maderna

32- Zuloaga, Ángel María, *La victoria de las alas. Historia de la aviación argentina*, Buenos Aires: El Ateneo, 1948.

Algunos títulos y versiones fonográficas de los tangos relacionados con la aviación:

A Chile de noche (vals de Emilia Baddia de Burugua), sin registro de grabaciones.

A la memoria de Jorge Newbery en el primer aniversario de su muerte (estilo de Carlos Gardel y José Razzano), Registro N° 12510 (11/3/1915), sin registro de grabaciones.

A la memoria de Jorge Newbery, (melodía triste de Arturo Mathón), por Arturo Mathón con OT, Columbia T 861, matriz 57441-2 (1914).

A Newbery (estilo de Roberto Firpo), por OT dirigida por Firpo, ERA 62427 (1914); por OT Firpo, Odeon A 86270, 521-B y 508-B, matriz 311 (1914).

Aeroplano (de Juan C. Martínez), por OT Biggeri, ERA 62225 (1913/14).

Almonacid (de Agesilao Ferrazzano), sin registro de grabaciones.

Almonacid (de Humberto Tallote), sin registro de grabaciones.

Barógrafo (de Roberto Firpo), por OT Ferrer, Victor 67600-A, matriz B-16135/5 (6/1/1916); por OT Firpo, Odeon 506-A (1914); por OT dirigida por Firpo, ERA 62397 (1914).

Capitán Aracena (de Osmán Pérez Freire), por OT Firpo, Odeon 6189-B, matriz 1302 (1923).

Cattaneo (de Francisco Peirano), Registro N° 640 (7/1/1911).

Comandante Franco (de Francisco Canaro y Pedro Numa Córdoba), por OT F. Canaro, Odeon 4155-A, matriz 3608 (1925); por Ignacio Corsini con guitarras, Odeon 18459-A, matriz 3652/1 (1926); por OT Firpo, Odeon 6441-A, matriz 3684 (1926).

Comandante Franco (pasodoble de Juan Pujol), por Jazz Band Carabelli, Victor 79634-B, matriz BAVE-759/1 (5/4/1926).

Coronel De Pineda (de Vendittuoli y Guillermo Cavazza), sin registro de grabaciones.

Corrientes y Esmeralda (de Francisco Pracánico y Celedonio Flores), por OT Sánchez Gorio con Osvaldo Bazán, Columbia 15192, matriz CAO 73 (10/12/1955); por Francisco Fiorentino y su OT, Odeon 30201-B, matriz 14616 (9/5/1945).

De ida y vuelta (de Ana Scheider de Cabrera), Registro N° 24070 (10/3/1920).

De Pinedo (de Alberto Fresco y Martín Vilanova), sin registro de grabaciones.

De Pinedo (de Domingo Caffaro y Andrés Gaos (h)), por OT Fresedo, Odeon 5118-A, matriz 422e (22/2/1927).

De pura cepa (de Roberto Firpo), por OT Firpo, Odeon A 86000, matriz BA 045 (1913); por Cuarteto de G. Espósito, ERA 62063 (1913/14); por Quinteto Polito, Homokord 70721 (1914); por OT Gobbi, Arena Record 261 y Sonora 9012, matriz 28228 (1913/14); por Cuarteto Ni más ni menos, ERA 62162 (1913/14); por Mario Pardo con guitarras, Odeon 6681-B, matriz 4486/1 (29/11/1929).

Desde las nubes (de Osvaldo Fresedo y Amadeo Canale), por OT Fresedo, Victor 77564-B, matriz BA-489/1 (11/3/1924).

Desengaño (de Francisco Canaro, Juan Canaro y Juan Andrés Caruso), por Trío Canaro, Odeon 6901-B , matriz 1108 (1923); por Carlos Gardel con guitarras, Odeon 18086-B, matriz 1592 (1923); por OT Firpo, Odeon 6182-A, matriz 1251 (1923).

Don Teodoro (de Vicente Mazzoco), sin registro de grabaciones.

Duggan (de Vicente De Cicco y Zerreit Guonaram), por OT Pacho, Odeon 7503-A, matriz 4525 (1926).

Duggan, Olivero, Campanelli (Los tres ases) (de Rafael Petruccelli, Silliti y Azor), sin registro de grabaciones.

El aeroplano (vals de Pedro Datta), por Enrique Delfino en solo de piano, Victor 69813-B, matriz G-1996/2 (10/5/1917); por Francisco Bianco con OT Arolas, Victor 69584-B, matriz G-2012/1 (15/5/1917); por Francisco Bianco con OT Firpo, Odeon 124-B (1916); por OT Ferrer, Victor 67783-B, matriz B-17161/1 (16/2/1916); por OT F. Camarano, ERA 1984, matriz 131 (1916); por OT Firpo, Odeon 527-B (1916).

El aeroplano (de Domingo Biggeri), por OT Biggeri, Odeon faz A 86135 y disco 601-B, matriz BA 214 (1913).

El aeroplano (de C. A. Prince), por Banda Municipal, Columbia T 500, matriz 55933 (1911).

El Buenos Aires (de Alfonso Diez Jone), sin registro de grabaciones.

El Cabo Fels (de Pedro Sofía), por Rondalla, Homokord 70328 (1913); por Quinteto Criollo Augusto, Atlanta faz 65570, disco Nº 837 (1913/14).

El descenso (de Luis Segundo del Curto), Registro Nº 15257 (14/9/1916).

El Gato (de Atilio Cattaneo), Registro Nº 14692 (13/6/1916).

El León de la Guardia (vals de Pacual de Gullo), por OT Firpo, Odeon 628-A, matriz 207 (1919).

El Pampero (de José De Caro), sin registro de grabaciones.

El Pampero (de Luis San Martino), sin registro de grabaciones.

El Pampero (de Tito Schipa), sin registro de grabaciones.

El Trío (de Santos Aschieri (hijo)), sin registro de grabaciones.

El vuelo ciento dos (de Alberto Harari y Juan Tiggi), por OT Basso con Héctor de Rosas, Music Hall 12610, matriz 30660 (1965).

Fels (vals de Francisco San Lío), por Filarmónica Porteña, Columbia S 2022, matriz 56969 (1912).

Franco sólo (de Julio De Caro y Carlos Marambio Catán), por Juan Pulido con orquesta, Victor 78904-B, matriz BVE-36028/3 (6/8/1926); por OT Firpo, Odeon 8603-A, matriz 4333 (1926).

Jorge Newbery (de Luciano Ríos), por Cuarteto del Centenario, RCA-Victor AVSP-4632 (1978); por OT Pacho, Columbia T 916, matriz 59187 (1914), publicado como *Newbery*.

Jorge Newbery (de Domingo Barbieri), Registro Nº 11038 (24/4/1914).

Jorge Newbery (marcha de Juan B. Aragonés), Registro Nª 10866 (31/3/1914).

Jorge Newbery (triste de Ricardo J. Podestá), Registro N° 11497 (22/6/1914).

La Ratona (de Osvaldo Fresedo), por OT Fresedo, Victor 77182-B, matriz BA-361/2 (8/8/1923).

Locatelli (de Enrique Delfino), por OT Firpo, Odeon 461-A, matriz 239 (1920); por OT Select, Victor 72806-A, matriz B-24404/3 (30/8/1920); por Orq. Telephone, Telephone 3174 (circa 1920).

Matienzo (Perdido en las cumbres) (de Udelino Toranzo), Registro N° 25263 (6/7/1920).

Matienzo (de Domingo Salerno), sin registro de grabaciones.

Matienzo (de Alfredo de Rosa), sin registro de grabaciones.

Matienzo (de Genaro Nerón Domínguez), Registro N° 3207 (17/7/1922).

Matienzo (de Ramón Gómez Clara), Registro N° 23487, (19/1/1920).

Muy del aeroplano (de Alfredo Eusebio Gobbi), por OT D'Ambroggio, Orophon 1856 y Arena 281, matriz 28289 (1913/14); por Orq. Gobbi, Homokord 70059 (1912).

Olivero (de José Martínez y Antonio Buglione), por OT Firpo, Odeon 6012-A, matriz 644 (1921); por OT Pugliese, Odeon 55330, matriz 18300 (10/12/1951).

Pájaro de oro (de Juan Velich y de Francisco Brancatti), sin registro de grabaciones.

Planeando (de Salvador Grupillo), por OT Victor, Victor 37938-A, matriz 93205 (12/6/1936).

Prendete del Aeroplano (de José Ezcurra), sin registro de grabaciones.

Tu sueño (vals de Eduardo Arolas), sin registro de grabaciones.

Triste fin (de Amelia R. Benvenuto), sin registro de grabaciones.

Triunfo de aviación (marcha de Eugenio Barone), sin registro de grabaciones.

Un recuerdo a Newbery (de José Arturo Severino), Registro N° 10946 (7/4/1914).

Vuelo nocturno (de Domingo Salerno), por OT Firpo, Odeon 466-B, matriz 263 (1920).

Zanni (de Ana Schneider de Cabrera), Registro N° 24986 (7/6/1920).

Zanni Beltrame (de Elio Rietti), por OT F. Lomuto, Odeon 7612-B, matriz 2233/1 (1924).

COMO ABRAZADO A UN RENCOR
TANGO

Letra de
ANTONIO M. PODESTA

Música de
RAFAEL ROSSI

Como se muere de Amor
TANGO-CANCION

LETRA Y MUSICA DE
DANIEL ALVAREZ
2ª Edición

El Tango de la Muerte

TANGO
SENTIMENTAL

LETRA
Y
MÚSICA
DE
Alberto NOVIÓN

EL TANGO DE LA MUERTE

TANGO
para PIANO

por Horacio MACKINTOSH

En el cielo
TANGO

Letra de
ENRIQUE LARY
Música de
ENRIQUE ALESSIO

Hasta despues de muerta
VALS para PIANO por
RICARDO GONZALEZ

INOCENCIA

Tango Sentimental

MERCEDES SIMONE

La muerte del ángel

Música de ASTOR PIAZZOLLA

Otro gran éxito de IGNACIO CORSINI

La que Murió en París

TANGO

ENRIQUE MACIEL

Versos de
Héctor Pedro Blomberg

Música de
ENRIQUE MACIEL

ORO MUERTO

Tango
Canción

Grabado por Carlos Gardel

Música y letra de
JULIO NAVARRINE y JUAN RAGGI

A S. M. el Rey DON ALFONSO XIII, símbolo de la democracia española

PLEGARIA

TANGO-CANCIÓN

Letra y música de Eduardo Bianco

RENCOR

TANGO

Letra de
AMADORI

Música de
CHARLO

RESPONSO
TANGO
Música de ANÍBAL TROILO

SE MUERE DE AMOR
TANGO
Letra de Cátulo Castillo
Música de Pedro M. Maffia
A.U.R.A.

TAL VEZ SERA SU VOZ
TANGO
Lucio Demare
Música de LUCIO DEMARE
Versos de HOMERO MANZI
EDITORIAL EK JULIO KORN

Bajo un Cielo de Estrellas
(POR ELLA...)
Vals
Miguel Caló
de FRANCINI STAMPONI y CONTURSI
JULIO KORN

FLOR DE UNA NOCHE
5º VALS DE MODA
PARA PIANO POR PEDRO DATTA
$0.80
3ª EDICIÓN

LA MUJER DE LA NOCHE LARGA
Vals canción
Música de Marcelo Raigal
Letra de Miguel Jubany

LUNA DE ARRABAL
Vals
"El Corazón que Canta"
MUSICA DE
Julio C. Sanders
LETRA DE
Enrique Cadícamo
ALFREDO A. PERROTTI

NOCHES
DE ATENAS
VALS
para Canto y Piano
Letra y Música de
HORACIO PETTOROSSI

CABO CUARTO
Tango brillante
PARA
PIANO
por
Alfredo A. Bevilacqua

A los distinguidos Sres. LUIS A. TERRAGNO y RICARDO D. BERGALLO
Cancha Rayada
11º TANGO MILONGA
PARA PIANO POR
ALEJANDRO C. ROLLA

Al distinguido Dr. FERNANDO GOWLAND
CHACABUCO
TANGO
COMPADRITO
para PIANO por
Carlos H. Macchi

DIANA
TANGO
para PIANO por
R. Mazzeo

EL ARTILLERO
TANGO
EDUARDO Y J. JOSÉ VILLEGAS

MAIPO
TANGO DE SALON PARA PIANO
POR
EDUARDO AROLAS

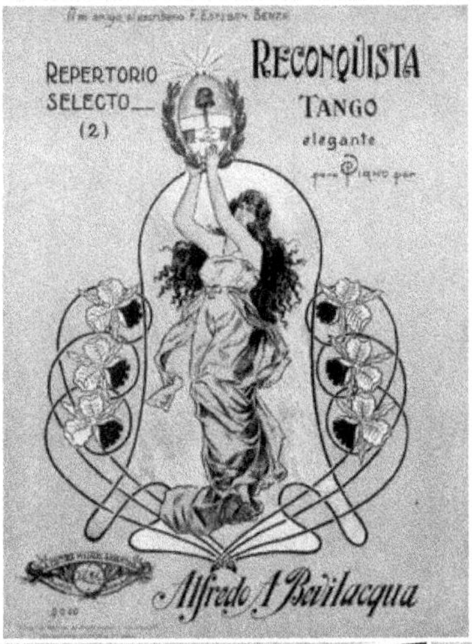
REPERTORIO SELECTO (2)
RECONQUISTA
TANGO
elegante
para Piano por
Alfredo A. Bevilacqua

ACORAZADO RIVADAVIA
TANGO ARGENTINO
PARA PIANO
POR
ANGEL G. VILLOLDO

AMOR DE MARINERO
TANGO
Música de Dante Gilardoni
Letra de Cholo Hernández y Roberto de Wilde
SENSACIONAL EXITO DE ARGENTINO LEDESMA Y SU GRAN ORQUESTA QUE DIRIGE JORGE DRAGONE

CARNE DE MAR
TANGO PARA PIANO
JOSE TINELLI

DREADNOUGHT "RIVADAVIA"
—TANGO— PARA PIANO POR
CARMELO LIPARINI

Lucio Demare

EL BARCO "MARIA"

TANGO
LETRA DE
Horacio Sanguinetti
MÚSICA DE
Carlos Viván

JULIO KORN

TANGO
DE LA OPERETA
EN DOS ACTOS
EL LOBO DE MAR
LETRA DE
FLORENCIO PARRAVICINI
MÚSICA DE
F. PAYÁ

FRENTE AL MAR
TANGO
LETRA DE
RODOLFO M. TABOADA
MÚSICA DE
MARIANO MORES

ILUSION MARINA

VALS

Letra de JERONIMO SUREDA
Música de ANTONIO SUREDA

Mañana
ZARPA UN BARCO
TANGO

LUCIO DEMARE
CARLOS DI SARLI

LETRA DE
H. MANZI
MÚSICA DE
LUCIO DEMARE

JULIO KORN

MAREJADA
TANGO CRIOLLO
PARA PIANO POR
ROBERTO FIRPO

MARINERA
TANGO

Mi CAPITAN
TANGO
Nº8
para PIANO
por
M.O. CAMPOAMOR

El éxito de Donato-Zerrillo en el Select Lavalle
SE VA LA LANCHA
TANGO
Letra de
F. Bastardi
Música de
E. Donato y Q. Artola

1914-1915
A LA MEMORIA DE
JORGE NEWBERY
EN EL PRIMER ANIVERSARIO DE SU MUERTE
GARDEL-RAZZANO

DE IDA Y VUELTA
Tango Milonga
para Piano y Canto
Letra de RICARDO VELASCO
Música de A. S. DE CABRERA

Don Teodoro
Tango
Criollo
V. Mazzoco
2ª Edición

El Aeroplano
Tango por
Domingo Branda

La Ratona
Tango
por
O. FRESEDO

Muy del Aeroplano
Tango Criollo
por
Alfredo GOBBI

ORO Y SEDA
TANGO-CANCION
LETRA DE
Amadeo H. Canale
MUSICA DE
OSVALDO N. FRESEDO

Un Recuerdo à Newbery
Tango
Sentimental
para
Piano
por
José A. Severino

CAPÍTULO XII

La historia política

Soy la mujer argentina,
la que nunca se doblega...[33]

La Patria es un peligro que florece:
niña y tentada por su hermoso viento,
necesario es vestirla con metales de guerra
y calzarla de acero para el baile
del laurel y la muerte.
Leopoldo Marechal

El tango también dio testimonio de nuestra historia política con numerosas páginas, en la que se conmemoran a personajes y a episodios trascendentales en la vida de nuestro pueblo. Evocaremos algunos de esos títulos que en su gran mayoría son exclusivamente instrumentales —sin letra—, y sin registros fonográficos.

Los dos primeros títulos evocan la Revolución de Mayo y la Independencia nacional, los dos hechos políticos por antonomasia en la vida de nuestro país: *Veinticinco de Mayo*, de Eduardo Arolas, un homónimo de José Luis Padula y Enrique Cadícamo y *Nueve de Julio*, también de Padula.

Sesenta años más tarde, la llamada Revolución del Parque, que se inició en el Parque de Artillería, que estaba ubicado donde hoy se encuentra la Plaza Lavalle, enfrente del edificio de los Tribunales de Justicia, donde la Unión Cívica, primer partido político orgánico de la Argentina, intentó derrocar al entonces Presidente de la República, Miguel Juárez Celman. La revolución fracasó pero obligó a la renun-

---

33- Enrique Pedro Maroni en *La descamisada* (1951),

cia del mandatario. Ocurrió el 26 de julio de 1890, tras lo cual asumió el poder el vicepresidente Carlos Pellegrini.

Inspirados en el radicalismo, en ese entonces Partido Unión Cívica, rescatamos dos tangos con títulos homónimos:

Unión Cívica (de Domingo Santa Cruz, 1884-1931), «Dedicado al señor Manuel Aparicio». Aparicio fue un caudillo bravo de la ciudad de Buenos Aires, respetado por propios y extraños. Este tango tiene una atrayente melodía, causa por la cual integró el repertorio de las más importantes orquestas.

Unión Cívica (de Pedro Sofía), «Dedicado a la comisión de propaganda de la sección 14».

Rafael Rossi

Don Leandro (de Rafael Rossi, 1896-1982). En homenaje a Leandro N. Alem, político que nació en Buenos Aires el 11 de marzo de 1842 y se suicidó en un carruaje frente al club El Progreso, el 1 de Julio de 1896. Durante su intensa trayectoria política fue diputado en dos ocasiones y senador nacional. En 1890, fue uno de los fundadores de la Unión Cívica, pero luego de la Revolución del Parque, a raíz del pacto entre Bartolomé Mitre y Julio Argentino Roca, rompe su alianza con el primero y conforma la Unión Cívica Radical.

Asimismo, hubo tangos inspirados en el socialismo y sus figuras destacadas. El socialista Alfredo Lorenzo Palacios, fue otra personalidad de la política argentina. Actuó durante más de sesenta años y era hijo natural de padre y madre uruguayos. Nació el 10 de agosto de 1880 en Buenos Aires y falleció el 20 de abril de 1965. En su homenaje están:

Espiante que viene Palacios (de Silvio Di Pascal), «Dedicado a mis estimados amigos Manuel y Juan Carlos Bello». El título hace referencia al proyecto de ley que reprimía la trata de blancas, que luego fuera denominada Ley Palacios. En la carátula de la partitura puede observarse a una mujer -supuestamente en tratativas inconfesables—, con un hombre. A cierta distancia se acerca Palacios con el rollo de papel de la ley en una mano y una espada en la otra.

El socialista argentino (A. Palacios) (de Luis Loiello), «A mis amigos el oficial inspector Ricardo Muñoz y al Sr. Pascual Fernando».

El socialista (de Juan M. Mallada), Tango N° 8 «Al Dr. Alfredo Palacios. Diputado socialista argentino». Al mismo autor le pertenece el tango "La sombra 47", en homenaje a José Sixto Álvarez el creador de la revista Fray Mocho.

Barullo en la barra (de Juan Luis Marini), «Dedicado a la Orquesta Santa Cruz». El título hace referencia a una fuerte discusión que tuvieron en la cámara de diputados Palacios y el Dr. Oyhanarte. El compositor fue pianista y director, integró la orquesta de Arolas en 1917. Otro tango suyo fue *Hospital Durand*. Falleció en 1949.

El español Enrique del Valle Iberlucea fue otro importante representante del socialismo. Nació en Santander, el 18 de abril de 1877 y falleció en Buenos aires, el 30 de agosto de 1921. Fue periodista, escritor, abogado y senador nacional. El tango lo recuerda con una obra:

El socialista (de Antonio Lagomarsino), «Dedicado al senador nacional Del Valle Iberlucea». El compositor fue director de orquestas teatrales del Teatro Apolo y el Royal Theatre. Otros títulos de su autoría: *Afeitate el 7 que el 8 es fiesta, Alsina, Aflojá un peso ché, Cuidado con la pintura, El aurinegro*.

Otros militantes del radicalismo tuvieron tangos:

Del Grosso (de Ernesto Zambonini, 1880-1947), «Dedicado a los correligionarios del subcomité radical Coronel Martín D. Irigoyen, sección 5ª, a su digno presidente Rodolfo C. Del Grosso».

Abstención (de Ernesto Parente), «Al diputado Herminio J. Quirós, por la juventud radical de Concordia, Entre Ríos».

Boina blanca (de Raimundo L. Chartier), «Dedicado al Jefe del Partido Radical Dr. Hipólito Irigoyen».

Radical como Grassi (de María Elena Austi), «Dedicado a los Radicales de la Pampa».

El triunfador (de Leopoldo Corretjer, 1862-1941), «Dedicado al diputado nacional Dr. Pascual Lacasa». El autor compuso la marcha patriótica *Saludo a la bandera* y los tangos: *Apuntá pa´ otro lado*, *Don Viruta y Chicharrón* y *El afilador*.

También, dos personalidades de la política argentina evocados por el tango:

Elpidio (de Paz Hermoso (h)), en recuerdo de Elpidio González (1875-1951), quien fuera Vicepresidente de la Nación de Marcelo T. de Alvear, en 1922. Tuvo una vida política llena de vicisitudes; fue muchas veces preso por su militancia radical, ministro en varias oportunidades y diputado nacional.

Don Lisandro (de Manuel Solano y Juan Augusto), «Al incansable batallador Dr. Lisandro de la Torre, defensor de los altos ideales de la democracia». Lisandro de la Torre nació en la ciudad de Rosario, el 6 de diciembre de 1868 y se suicidó en Buenos Aires, el 5 de enero de 1939. Periodista y abogado, participó en política desde la Revolución del Parque. Duro adversario de Hipólito Yrigoyen, fue presidente de la Sociedad Rural de Rosario. En 1916, fundó el Partido Demócrata Progresista que, al año siguiente lo proclamó candidato a presidente siendo derrotado por el radicalismo. En 1932, ocupó una banca en el senado, sus objetivos fueron la moralidad en la función pública y la lucha contra el monopolio en la venta de las carnes. Luego de un atentado contra su vida y de batirse a duelo con el político conservador Federico Pinedo, tomó la triste decisión final de quitarse la vida.

Ya en épocas más recientes: *El Tapir* (de Atilio Stampone), dedicado al economista y político desarrollista, Rogelio Frigerio (1914-2006).

El peronismo

No podemos dejar de mencionar en esta reseña las obras dedicadas al peronismo con una yapa: la historia sobre el origen de su marcha partidaria.

Antonio Helú y Enrique Pedro Maroni hicieron tres temas: *Descamisado* (tango), *Peronista* (marcha) y *La Descamisada* y, además de *Es el pueblo*, letra y música de Helú.

La milonga de Enrique Lomuto *Argentino cien por cien*. El autor firmó con el seudónimo Julio Duval, la letra es de Rubén Fernández de Olivera, también conocido como "Tabanillo", pero cuyo nombre real era Rubén Nicolás Fernández Barbieri. La partitura editada se caracteriza por traer una sobrecubierta con la fotografía del rostro de Perón, atravesada por los colores de la bandera argentina.

Marcha peronista (de Rodolfo Sciammarella, 1902-1971), que no tiene nada que ver con la marcha *Los muchachos peronistas*.

Y el gran Homero le dedica: *Canto de un payador al General Juan Perón* y *Canto de un payador a la señora Eva Perón*. Ambas ofrendas cantadas por Hugo del Carril, que le puso ritmo de milonga a los versos de Manzi en 1949.

La descamisada, una milonga de Antonio Helú y Enrique Pedro Maroni, que interpretó y llevó al disco la gran Nelly Omar.

Nelly Omar

Hay más temas al final del presente capítulo, en el listado de títulos y versiones discográficas.

Historia de la marcha *Los muchachos peronistas*

Y por último, como cierre a este grupo, la historia resumida del origen deportivo y murguero de la marcha *Los muchachos peronistas*, que escribió mi amigo e investigador Néstor Pinsón con alguna pequeña colaboración de mi parte.

El peronismo marcó a fuego 50 años de la vida política argentina. Con un diseño "movimientista", reivindicó a los sectores más humildes y colocó en el escenario político a los trabajadores, que se organizaron en una única central obrera, la C.G.T..

Fue y sigue siendo el paradigma de lo popular y tiene, como un atributo emergente, la más linda y pegadiza marcha partidaria. Envidiada por el resto del segmento político —a causa de su ferviente melodía que contagia entusiasmo— se la denomina cariñosamente, la marchita.

Los muchachos peronistas, fue estrenada oficialmente cuando la llevó al disco el cantor Hugo del Carril. La intención era difundirla para el aniversario del Día de la Lealtad, el 17 de octubre de 1949.

Lo curioso es que, después de tantos años de aquel acontecimiento, aún se discute su origen y quiénes fueron los creadores de su música y de su letra.

Hugo Del Carril

Respecto a la composición, a través del tiempo, cada vez que se rozaba el tema surgían los nombres del músico y letrista Rodolfo Sciammarella —autor de tangos e infinidad de jingles comerciales—, el de los hermanos Blas y Francisco Lomuto y, por último, el del pianista Norberto Ramos. Más adelante nos encargaremos de ellos.

El 17 de octubre de 1992, en el diario La Nación, el periodista Hugo Gambini afirma que, mucho tiempo antes, un club de barrio tenía como marcha los acordes de *Los muchachos peronistas*. La nota no aclara pero se está refiriendo a la primera parte de la melodía.

Eduardo Giorlandini, a su vez, en sus notas para la revista Tango y Lunfardo del recordado amigo Gaspar Astarita, agrega un nombre ignoto: Vicente Cóppola, quien alrededor de 1926, con una marcha carnavalera, obtuvo el primer premio en un concurso de murgas y dice, sin más explicación, que de allí surge la melodía para la posterior creación de *Los muchachos peronistas*. Tampoco se hace la aclaración, pero se trata del estribillo o coro de la marcha.

Nos estamos acercando a la verdad. El entorno del carnaval y las murgas siguen presentes pero hay que enfocar la cosa en el barrio de Barracas. Más precisamente en la calle Río Cuarto al 1400 donde estaba la sede del club Barracas Juniors. Enfrente de la misma vivía

Juan Raimundo Streiff, electromecánico, empleado del correo, quien además era bandoneonista y llegó a encabezar una sencilla orquesta típica: Streiff-Garaventa, que hizo actuaciones radiales.

Hombre divertido y apreciado entre los vecinos, para los días de fiesta y en especial para los carnavales, provocaba cierta atracción pues salía a recorrer las calles con el bandoneón colgado de su cuello, creando melodías. Una de ellas entusiasmó a los muchachos del club que propusieron crear una marcha que los pudiera representar loando sus humildes logros. Para la letra recurrieron a un vecino, especialista en murgas, "El turco Mufarri". Así surgió, a fines de la década del veinte, la marcha del club Barracas Juniors.

> Los muchachos de Barracas
> todos juntos cantaremos
> y al mismo tiempo daremos
> un hurra de corazón.
> Por esos bravos muchachos
> que lucharon con fervor
> por defender los colores
> de esta gran institución".

Juan Carlos Streiff, hijo del nombrado, afirmó que el tema nunca lo registraron, pero en una ocasión un grupo de personas lo grabó en un disco que luego desapareció.

A esta altura del relato podemos afirmar que las aseveraciones de Gambini y Giorlandini no se contradicen sino que se complementan.

Ocurre que, al poco tiempo, la hinchada del club comenzó a repetir, a modo de estribillo, la música y la letra de una comparsa de La Boca, introduciendo al himno del club que habían hecho Streiff y Mufarri, los compases exactos de lo que luego sería el coro de la marcha peronista.

> ¿Pa' qué bebés
> si no sabés?
> ¿Pa' qué tomás
> si te hace mal?

Tomá tomate
te hace bien."

Esto me lo confirma nuestro amigo Emilio Zamboni, quien enterado sobre nuestra investigación, nos sorprendió cantando exactamente lo arriba transcripto.

Nos contó que el tema lo aprendió de niño, pues a modo de broma, se lo cantaba su padre guitarrista, en la década del treinta.

Otra versión la da Héctor Benedetti, en su libro "Las mejores anécdotas del tango y otras curiosidades", afirma —erróneamente— que la marcha es obra del pianista Norberto Ramos, integrante del cuarteto Los Ases, de la orquesta de Florindo Sassone y del Trío Yumba, quien registró *Los gráficos peronistas*, cuya música es la misma que la de la marcha partidaria.

La fuente es, seguramente, un reportaje a Ramos, realizado por Juan Ayala, para la revista La Maga en 1995: «En 1948 mi padre trabajaba como gráfico en la editorial Atlántida. Yo tenía 15 años y un día se apareció con unos compañeros suyos: Rafael Lauría, Enrique Odera y Guillermo de Prisco. Querían hacer una marcha para los obreros gráficos peronistas y necesitaban de mí para ponerle música. Me cantaron el "Perón, Perón, que grande sos", con una melodía que me dijeron era usada por una comparsa. A los diez días tenía la primera parte, de la letra se encargó Lauría. Fuimos a los estudios Grafasón y allí grabamos *Los gráficos peronistas*, así era la letra:

Los gráficos peronistas
todos juntos triunfaremos
y al mismo tiempo daremos
un hurra de corazón.
¡Viva Perón! ¡Viva Perón!
Por ese gran argentino
que se supo conquistar
a la gran masa del pueblo
combatiendo el capital.

¡Perón, Perón, que grande sos!
¡Mi general cuanto valés!
¡Perón, Perón, gran conductor!
Sos el primer trabajador.

Luego sostiene que: «... cualquiera que sepa un poco de música se da cuenta que la melodía fue realizada por un chico, ya que se basa en tres notas de un tono menor y su dominante. Por eso gustó, porque era sencilla. No pensé en registrarla porque a los quince años de edad lo único que quería era tocar con Los Ases. Con la llegada de la "Revolución Libertadora", ya no pude hacer nada, no podía decir que la marcha era mía. Aparte, no tenía ningún documento que lo probara».

Insiste: «Yo debería cobrar cada vez que se difunde *Los muchachos peronistas*, porque la música es mía, pero como la Ley 11.723 marca que una obra es indivisible, no cobro nada porque la letra no la hice yo y no hay nadie que acredite que Lauría la hizo, ni siquiera su hijo».

El primero de noviembre de 1983 Ramos se presentó en SADAIC para registrar su obra, pero se encontró que ya estaba registrada como de autor anónimo. Al año siguiente consiguió registrar *Los gráficos peronistas*.

Desestimamos esta versión del pianista, atento que la primera parte, que dice haber compuesto, ya existía en la marcha del club Barracas Juniors y los versos que incluyen el término hurra delatan su origen deportivo. Ramos nunca se atribuyó el coro.

Juan Carlos Streiff agrega ciertas vicisitudes vividas por su padre y su familia: «Nunca pudo haber sido compuesta en 1948 porque recuerdo muy bien que la habían grabado y yo escuché el disco mucho tiempo antes de que lo robaran. Cuando comenzó a ser cantada por la gente en la calle, a mi papá por un lado le gustaba, pero por el otro no, porque él no era peronista. Cuando derrocaron a Perón, casi de inmediato, se aparecieron por nuestra casa unos militares de la marina preguntando cuánto le había pagado Perón a mi padre por haberla compuesto. Se encontraron con un hombre viejo y enfermo, viviendo con su familia en condiciones muy humildes».

El nombre de Rodolfo Sciammarella aparece, posiblemente, por confusión, pues él fue autor de varios temas relativos al peronismo, varios de ellos cantados por su esposa Estrella y también es autor por encargo de una marcha solicitada desde Brasil para una campaña presidencial.

La mención de los hermanos Lomuto, colaboradores del movimiento justicialista, es otra confusión, pues ellos fueron los autores de la marcha *4 de junio.*

La historia de la letra es un rompecabezas, pero fácil de armar.

Ya comentamos al hablar de la música, sobre aquella letra de "El Turco Mufarri", para la marcha del Club Barracas Juniors, a fines de los años veinte. Casi dos décadas después es el turno de Rafael Lauría —a quien ya mencionáramos— secretario del gremio de los gráficos. Esta entidad hacía una revista para sus afiliados y, en uno de sus números, Lauría publicó unos versos bajo el título de *Los gráficos peronistas.* Un afiliado mencionó que conocía la marcha de un club de Barracas, en cuya melodía bien podían encajar esos versos.

El médico Oscar Ivanissevich en su libro de memorias "Rindo cuenta", relata: «En una de nuestras visitas al diario Democracia, con la señora de Perón subíamos una escalera mientras cantaba en voz baja con mi amigo Guillermo de Prisco una tonada que él me dijo era la marcha de *Los gráficos peronistas.* Más tarde, al salir, la continuamos en la vereda y la señora nos dijo: "El canto es muy lindo, vamos a la presidencia para que lo escuche el General".»

«En septiembre de 1948» —cuenta De Prisco en la nota de Ayala— «viajé con Ivanissevich a Tucumán que estaba convulsionado socialmente por un fallido atentado. El médico recordó la marcha y se puso a escribir nuevos versos y a mejorar algunos de los que ya estaban. Mandamos a imprimir 30.000 volantes. El título ya era *Los muchachos peronistas.* Se repartieron al pueblo reunido frente a la casa de gobierno de la provincia y ayudados por el cuarteto folklórico de la Fábrica Argentina de Alpargatas comenzamos a cantar. La gente le tomó la mano de inmediato y nos dimos cuenta del tremendo poder que emanaba de esa marcha. El compañero José Spath traía un rudimentario grabador, lo registrado permitió recorrer las calles en un camión y propalar la marcha por un altavoz que cargamos. De regreso a Buenos Aires el médico le solicitó a la directora de coros, María Teresa Volpe de Pierángeli que le hiciera algunos retoques y luego de varios ensayos un grupo de personas la grabamos a viva voz, en los estudios Victor, como registro particular, a nombre del partido peronista». (placa N° P.911)

Por todo lo dicho, podemos concluir que la música, en su primera parte, es de Juan Raimundo Streiff y que el estribillo es un motivo popular anónimo usado por las murgas de carnaval. En todo caso, la participación de Norberto Ramos pudo haber consistido en pasar la melodía a un pentagrama, más allá de algún arreglo para su grabación.

En lo que hace a la letra, sus autores fueron Rafael Lauría y Oscar Ivanissevich, copiando en gran medida, los primitivos versos de "El Turco" Mufarri —para la marcha del Club Barracas Juniors— y agregando otros.

Héctor Mauré registró otra versión de la marchita que en su reverso tiene *La única solución*, marcha de Ramón Oscar Lanas.

Títulos, registros y versiones discográficas referidos a nuestra historia política:

A Leandro Alem (cifra de José Betinoti), por José Betinoti, Atlanta faz 66359 (1913/14).

Abstención (de Ernesto Parente), Registro N° 24364 (12/4/1920).

Al parque, (de J. V. Pini), «Dedicado a F. Castañeda Vega». Compositor de otras obras: *Echale tabaco al pito, El cañadón, El marino, El revolcón*. Sin registro de grabaciones.

Alem y el pueblo (escena radical de Eugenio Gerardo López), por Eugenio López, Columbia T 849, matriz 57410/1, (1914).

Alsina (de Antonio Lagomarsino), por OT Gennaro, Columbia T 631, matriz 57171 (1912).

Argentino cien por cien (milonga de Enrique Lomuto y Rubén Fernández de Olivera "Tabanillo"), por OT E. Lomuto con Roberto Torres, Odeon 7121, matriz 14099 (18/9/1944).

Barullo en la barra (de Juan Luis Marini), Registro N° 10723 (12/3/1914).

Boina blanca (de Raimundo L. Chartier), sin registro de grabaciones.

Caballero Juan Perón (de Samuel Aguayo), sin registro de grabaciones.

Cantilo-Solanet (de Udelino Toranzo), «Dedicado a los señores gobernador y vice de la Provincia de Buenos Aires». Autor del exitoso tango *Jueves*, en colaboración con Rafael Rossi. Falleció el 6 de abril de 1947. Por OT Firpo, Odeon 6066-B, matriz 849 (1922).

Canto al trabajo (marcha de Cátulo Castillo y Oscar Ivanissevich), por Hugo del Carril con orquesta, Victor 60-1728, matriz 91177 (23/1/1949).

Congreso argentino (marcha de Vicente Mazzoco), por Banda del 1° de Infantería, Columbia T1016, matriz 30501 (1910).

Congreso (de Juan Carlos Bazán), Registro N° 15112 (25/8/1916).

Delgrosso (de Ernesto Zambonini), Registro N° 18292 (21/1/1918).

Descamisado (de Antonio Helú y Enrique Pedro Maroni) , sin registro de grabaciones.

Diputrucho (de Atilio Stampone y Héctor Siracusano), registrado en SADAIC el 22/2/1993.

Don Leandro (de Rafael Rossi), Registro N° 17320 (24/8/1917).

Don Lisandro (de Manuel Solano y Juan Augusto), sin registro de grabaciones.

El Congreso (de Santos J. Moyano), «Dedicado al contador Santiago Chimento». Registro N° 17219 (7/8/1917).

El conservador (de José Denna), Registro N° 11690 (23/7/1914).

El 45 (de María Elena Walsh), por María Elena Walsh con orquesta, CBS-Columbia 8830 (1968); por Inés "Galleta" Miguens con orquesta, Epic 10700 (1970); por Susana Rinaldi con orquesta, Interdisc 17005-6 (1982).

El Demócrata Progresista (de Ernesto Zambonini), «Dedicado a las buenas personalidades que forman la comisión del gran partido Demócrata Progresista». Registro Nº 13889 (22/12/1915).

El diputado (de Armando Maristany), inspirado en Alfredo Palacios, pero dedicado: «A mi amigo Angel Radice». Sin registro de grabaciones.

El diputado (de Abel Bedrune), Registro Nº 12660 (20/4/1915).

El distinguido intendente (de Ernesto Zambonini), «Dedicado respetuosamente al intendente Dr. Joaquín Llambías», sin registro de grabaciones.

El hijo del diputado (de Lucio Arce), por Lucio Arce y las guitarras Los del Zaguán, Fonocal CD771 (2007).

El nuevo Congreso (de Ángel Di Jerónimo), Registro Nº 9337 (6/11/1913).

El nuevo gobierno (de Domingo Uggetti), Registro Nº 16391 (12/4/1917).

El parque (de Pedro Datta, 1887-1934), del autor del famoso vals *El aeroplano*. Registro Nº 15311 (25/9/1916).

El parque de la artillería (milonga de Sebastián Piana), con versos de León Benarós (1915-2012). Sin registro de grabaciones.

El parque (1890-1916) (marcha de Alpidio B. Fernández), «Dedicado a Manuel Russo Bascoas», quien fuera director de la orquesta del Teatro Casino y autor, entre otros, del tango *T.V.O.*. Registro Nº 16026 (5/2/1917).

¿El protocolo? (de Alfredo M. Cassini), «Dedicado al distinguido señor Ernesto Benvenuto», sin registro de grabaciones.

El protocolo (de Augusto Gentile), Registro Nº 15480 (19/10/1916).

El Tapir (de Atilio Stampone), por OT Stampone, M&M TK (34) 16015 (1991).

Elpidio (de Paz Hermoso (h)), Registro Nº 7721 (15/6/1923).

El radical (de Angélica Martegani), «Dedicado a la Juventud Radical», sin registro de grabaciones.

El radical (de Luciano Ríos), «Dedicado al Sr. Ambrosio Lisarralde», sin registro de grabaciones.

El radical (de Arnaldo Barsanti), por Cuarteto G. Espósito, ERA 62062 (1913/14); por OT Espósito, Victor 65037-A, matriz H 675/1 (28/2/1912).

El socialista (de Juan Mallada), por Rondalla Vásquez, Atlanta faz 65093, matriz 373z (1912).

El socialista (de Antonio Lagomarsino), Registro N° 7520 (8/5/1913).

El socialista argentino (A. Palacios) (de Luis Loiello), sin registro de grabaciones.

El socialista argentino (de Luis D´Espósito), Registro N° 11193 (6/5/1914).

El triunfo de Rosas (triunfo de Enrique Maciel, Héctor Blomberg y Carlos Max Viale), por dúo Gómez-Vila con guitarras, Victor 37274-B, matriz 66902/1 (7/9/1932).

El triunfador (de Leopoldo Corretjer), Registro N° 781 (2/3/1911).

Es el pueblo (marcha canción de Antonio Helú), por Nelly Omar con orquesta y coro, Victor particular P1457-B (1951).

¡Espiante... que viene Palacios! (de Silvio Di Pascal), Registro N° 10739 (6/3/1914).

Evita Capitana (marcha con la misma música de *Los muchachos peronistas* y letra de Rodolfo Sciammarella), por Orquesta de la Asociación del Profesorado Orquestal (APO) dirigida por D. Marafiotti y coro de la Sociedad Argentina de Cantantes dirigido por H. M. Artola, Victor particular P1550 (1953).

Flor de flor (de Julio De Caro), «Dedico este recuerdo sincero al General don Juan D. Perón y señora doña María Eva Duarte de Perón, afectuosamente», registrado en SADAIC el 4/8/1949, sin registro de grabaciones.

Flores que nacen (vals de Augusto Berto), «Al doctor José María Vergara y al diputado nacional doctor Valentín Vergara», sin registro de grabaciones.

Hacia la cumbre (vals de César Mastroiacovo), «Al leader del Partido Radical Doctor Rogelio Araya».

Hipólito Yrigoyen (de Enrique Maroni), por Ignacio Corsini con guitarras, Odeon 18526-A, matriz 1869 (30/11/1927) y matriz 189/1 (6/2/1928); por OT F. Canaro, Odeon 4390-A, matriz 1928 (9/12/1927); por OT F. Canaro con Ernesto Famá, Odeon 4871-A, matriz 7525 (9/9/1933).

Irigoyen (de Silvestre Arturo Carelli), por Quinteto Carelli, Atlanta faz 65541 (1913/14).

Irigoyen (de Félix Camerano), por Cuarteto Espósito, ERA 62500 (1914).

La Descamisada (milonga de Antonio Helú y Enrique Pedro Maroni), por Nelly Omar con orquesta, Victor particular P1457-A (1951).

La política (de Manuel Lumía), Registro Nº 12966 (16/7/1915).

La 13 de fierro (de Pedro de Toro), «Dedicado al distinguido patriota, ciudadano Sr. S. Mieli», Marzo 23 de 1914. Registro Nº 21738 (8/8/1919).

Los muchachos peronistas (marcha registrada como anónima), por Hugo del Carril con orquesta y coro, Victor particular P1123 (1949); por Héctor Mauré con orquesta y coro, Victor particular P4507 (1952); por Héctor Mauré con orquesta, Music Hall 32063 (28/7/1973).

Madrecita de los pobres (de Félix Scolatti Almeyda y Alfonso Tagle Lara), por Irene de la Cruz, grabación particular (1/8/1951).

Marcha de la construcción (de Rodolfo Sciammarella), por Hugo Marcel con coro (sin otros datos).

Marcha de Luz y Fuerza (de Domingo Marafiotti y Cátulo Castillo), por Hugo del Carril con orquesta (1949).

Marcha del Plan Quinquenal (de Rodolfo Sciammarella), por Héctor Mauré con orquesta y coro, Victor particular P1550 (1953).

Marcha peronista (de Rodolfo Sciammarella), por Héctor Palacios con orquesta, Victor particular P1137-A (sin fecha).

Miralo a Don Hipólito (de Berniero Procaccio), por Cuarteto Típico Criollo La Armonía, Tocasolo sin Rival 3043, matriz 28547 (1913/14).

Nueve de julio (de José Luis Padula), OT Firpo, Odeon 548-B, matriz 35 (1916) y Odeon 8662-B, matriz 849 (3/6/1927); Trío Odeon, Odeon 9617-A, matriz 3064e (27/8/1928); OT F. Canaro, Odeon 4615-B, matriz 4996 (4/12/1929); OT Petrucelli, Victor 47734-A, matriz 60107/2 (4/4/1930); OT Columbia con Ernesto Famá, Columbia Record A5319-B, matriz 370518/1 (1931); por OT Brunswick con Teófilo Ibáñez, Brunswick 1834-B, matriz 2142 (1931); Agustín Magaldi con guitarras, Brunswick 1651-A, matriz 1957 (1931).

Oda a Perón (con una letra de ocasión anónima sobre la melodía del vals de Marino García *Mis harapos*), por Alberto Marino con guitarras (sin fecha).

Otra vez el viejo (de Alfredo Eusebio Gobbi), «En homenaje al Partido Radical y a su ilustre jefe y futuro Presidente Dr.Hipólito Yrigoyen», por OT F. Canaro con Charlo, Odeon 4415-A, matriz 2193e (14/3/1928); dúo Ruiz-Acuña, Odeon 10370-A, matriz 2196e (14/3/1928).

Pebeta peronista (de Santos Maggi y María Maristany), por María Maristany con conjunto Santos Maggi, Centro de Cultura Nacional José Podestá CCNJP-001 (1973).

Perón-Ibáñez (con letra de P. Santillán, adosada a la melodía de *Los muchachos peronistas*), por Alberto Marino con orquesta (1953).

Peronista (marcha de Sebastián Piana y Enrique Pedro Maroni), por OT Attadía con Héctor Pacheco, Odeon Particular, matriz 16903 (10/5/1948).

Política chica (milonga de Evaristo Barrios), sin registros de grabaciones.

Radical como Grassi (de María Elena Austi), Registro N° 24654 (6/5/1920).

Radical... como Oyhanarte (de Nélida Fernández y González), Registro N° 11789 (12/8/1914), sin registro de grabaciones.

Se acabó la mishiadura (de Enrique Rodríguez y José Paradiso), por OT E. Rodríguez con Ricardo Herrera, Odeon 55196-B, matriz 17945 (15/12/1950).

U.C.R. (de Adolfo Pérez "Pocholo"). Compuesto en 1958, durante la presidencia de Arturo Frondizi. (sin datos)

Una carta para Italia (de Santos Lipesker y Reynaldo Yiso), por OT Francini-Pontier con Roberto Rufino, Victor 60-1561, matriz 83854 (24/3/1948).

Unión Cívica (de Domingo Santa Cruz), por OT Pacho, Columbia T 537, matriz 56614/1 (1912); por Cuarteto Espósito, ERA 62056 (1913/14); por OT D´Arienzo, Victor 38368-B, matriz 12073 (7/1/1938).

Unión Cívica (de Pedro Sofía), sin registro de grabaciones.

Unión Cívica Radical (marcha de Pedro Assereto), Registro Nº 10785 (18/3/1914).

Unión Cívica Radical (de Carlos Leitner), Registro Nº 7939 (24/6/1913).

Unión Cívica Radical (de Roque B. Ludueña), Registro Nº 18932 (27/5/1918).

Unión Cívica Radical Principista (de Héctor Penna), Registro Nº 4449 (26/10/1922).

Veinticinco de mayo (de Eduardo Arolas), por Cuarteto del Centenario, RCA-Victor AVSP-4632 (1978).

Veinticinco de mayo (de José Luis Padula y Enrique Cadícamo), por OT F. Canaro con Roberto Maida, Odeon 5069-A, matriz 9398 (9/5/1938).

Canto de un payador a la señora Eva Perón (de Hugo del Carril y Homero Manzi), por Hugo del Carril con guitarras, (1949); por Oscar Alonso con guitarras (década del 70).

Canto de un payador al General Juan Perón, (de Hugo del Carril y Homero Manzi), por Hugo del Carril con guitarras, (1949); por Oscar Alonso con guitarras (década del 70).

Viva la patria (de Anselmo Aieta y Francisco García Jiménez), por Carlos Gardel con guitarras, Odeon 18828, matriz 6095 (25/9/1930).

Viva la patria (de Antonio Scatasso y Alberto Vacarezza), por Ignacio Corsini con guitarras, Odeon 18550-B, matriz 2760 (14/6/1928); por OT Pacho con Carlos Viván, Odeon Odeon 7582, matriz 2837 (27/6/1928).

CAPÍTULO XIII

Las flores, el jardín del tango

la magnolia de tu mano,
desmayada en el fangal...[34]

Una flor
no lejos de la noche
mi cuerpo mudo
se abre
a la delicada urgencia del rocío.
Alejandra Pizarnik

En las tantas búsquedas de partituras y grabaciones, detectamos una cantidad interesante de títulos relacionados con las flores. Hay tangos, valses, algunas milongas y otros géneros del universo tango, muchos de cuales son exclusivamente instrumentales.

En estos casos, intentamos leer profundamente las partituras para obtener pistas de la perfumada causa inspiradora. La dedicatoria, la ilustración y, cuando los hay, sus versos, son los senderos investigativos que hemos seguido. En general, salimos perdidosos, en la gran mayoría de los casos analizados resultó imposible saber el motivo de los nombres. No obstante, reconocimos algunos personajes en los homenajes y nos deleitamos con las ilustraciones, algunas de las cuales exhiben una conmovedora belleza.

En cuanto a las grabaciones, la exclusiva lectura de las etiquetas resultó vana y nos dio pocas pistas. Y las letras, como elemento orientativo, resultaron insuficientes puesto que no siempre están completas y, como ya dijimos, en muchos casos no existen. Este fracaso, no

---

34- Cátulo Castillo del tango *Ventanal* (1960).

resultó un impedimento terminal para descubrir el diferente significado que se le otorga a la palabra flor.

La mayoría de los nombres de las obras, se refieren a las distintas variedades de flores (*La violeta, Flor de cardo, Flor de noche*), en otros, al material que están hechas (*Flor de trapo, Flor de oro*) y, por último, como un modo de acentuar la dimensión o la belleza de algo o de alguien (*Flor de amigo, Flor de milonga, Flor de rea*).

Esta apreciación está referida únicamente al título; en los temas versificados podemos hacer una clasificación conforme al sentido que le quiso dar el autor. En el vals, *Flor de lino*, en un primer momento, se identifica a la amada con la flor, pero luego va más lejos y la menciona como un nombre propio, como si fuera el apodo de la mujer:

Homero Expósito

Yo la vi florecer como el lino
de un campo argentino maduro de sol...

Y más adelante agrega:

Flor de Lino se fue
y el hoy que el campo está en flor
¡Amalhaya! me falta su amor.
(*Flor de lino*, de Héctor Stamponi y
Homero Expósito)

El mismo empleo se da en:

Flor de cardo no vendrá
a llenarme de ilusión.
(*Flor de cardo*, de Miguel Correa y Eugenio Cárdenas)

Otro sentido muy distinto encontramos en *Flor de fango*, aquí el título funciona como un adjetivo, como una descripción de la vida indecorosa de la muchacha. La letra es de mucha ayuda:

Justo a los catorce abriles
te entregaste a las farras,
las delicias del gotán....
Te gustaban las alhajas,
los vestidos a la moda
y las farras de champán.
(*Flor de fango*, de Augusto Gentile y Pascual Contursi)

Una variante aparece en *Flor de milonga*, en el que también se usa la flor como adjetivo, en esta oportunidad, para describir la belleza y las calidades danzantes de la mujer de la noche, aquella que utiliza su aspecto y habilidad para seducir a los hombres. Y en el final, el poeta se permite confesar su pena:

Bellas flores de milonga son
esas paicas locas de placer
que embriagadas con el tango van
entregando el alma a una pasión.
Pero a veces me entristece
cuando en esos entreveros
te marchitan, Flor de Noche,
con el filo de un facón.
(*Flor de milonga*, de Abel Bedrune y Emilio Magaldi)

Son chicas de ley que en su oficio ponen toda su pasión y a veces, les cuesta la vida.

Para finalizar con este rápido análisis, un tango que está envuelto de metáforas y en el que se compara una variedad frutal con el diáfano perfil de la amada, con los delicados azares del *Naranjo en flor*. Expósito resuelve con frescura e imágenes metafísicas, una historia de amor.

Era más blanda que el agua,
que el agua blanda,
era más fresca que el río,
naranjo en flor.
(*Naranjo en flor*, de Virgilio y Homero Expósito)

207

Muchos cantores de la vieja escuela del cuarenta, se resistían a cantar este tango porque no entendían su letra. El querido Luisito Cardei me lo confesó una noche: «Hay tangos rebuscados que no se entiende que quieren decir; si yo no los cazo, no los canto. Además, que falta hace, los cantan todo el mundo».

Pasaremos a detallar los títulos de las partituras, sus dedicatorias y algunas de sus versiones. Pero es interesante señalar que siendo la flor uno de los presentes que los hombres suelen hacer a las mujeres, extrañamente no encontramos dedicatorias a las féminas, excepto en tres títulos.

Algunos títulos y versiones fonográficas de los tangos relacionados con las flores:

Alelí (de Alfredo De Angelis y José Rótulo), OT De Angelis con Carlos Dante, Victor 60-1289-B, matriz 83383 (25/4/1947).

Cardal en flor (de Mario L. Croppi), «Al distinguido Doctor Bernardino Caldora», sin registro de grabaciones.

Clavel (milonga de Osvaldo Sosa Cordero), por OT D´Arienzo con Alberto Echagüe, Victor 60-0602, matriz 79985 (15/12/1944).

Claveles blancos (de Armando Portier y José María Contursi), por OT Francini-Pontier con Roberto Rufino, Victor 60-1741, matriz 91204 (3/2/1949).

Clavel del aire (de Juan de Dios Filiberto y Fernán Silva Valdés), «A mi gran amigo, Doctor Arturo Ameguino, cariñosamente». Infinidad de registros, se destaca el de OT Di Sarli con Jorge Durán, Victor 60-0955, matriz 82147 (6/6/1946).

Color de rosa (de Antonio y Pedro Polito), por OT J. De Caro, Victor 79923, matriz 1639 (2/2/1928); por OT Demare, Odeon 8052, matriz 11501 (8/10/1941); por OT Troilo, Victor 60-0806, matriz 80860 (25/10/1945); OT Fiorentino (Dir: Piazzolla), Odeon 30208 (1945); por OT Troilo, TK E10102, matriz 1262 (18/7/1956).

Como agoniza la flor (canción de Osmán Pérez Freyre), por dúo Gardel-Razzano, Odeón 18090-A, matriz 1597 (1923).

Como las margaritas (estilo de Rafael Rossi), por Carlos Gardel, Odeón 18.187-B, matriz 4552 (1926).

Como los nardos en flor (de Teófilo y Mario Lespes y Eduardo Viera), por Carlos Gardel con guitarras, Odeón 18066-B, matriz 1130 (1923).

De flor en flor (de Eduardo Bonessi y Domingo Gallicchio), por Carlos Gardel con guitarras, Odeon 18095-A, matriz 1812 (1924) y Odeón 18945-B, matriz 5618 (22/5/1930). Luego, con otra letra, se llamó *Desvelo*.

De mi flor (de Roberto Firpo), por OT Firpo, Odeon A 86286, matriz 329 (1914); por OT D'Arienzo, Victor 38601, matriz 12555 (3/11/1938) y RCA-Victor AVL-3705, matriz RAAM6164 (3/8/1966).

Destino de flor (de Roberto Rufino y Alejandro Romay), por Roberto Rufino con OT Francini, RCA-Camden AVS-4624 (3/4/1957).

El cardo azul (estilo de Carlos Gardel y José Razzano), por Carlos Gardel con guitarras, Odeon 18018-B, matriz 66 (1919) y Odeon 18805-A, matriz 5198 (10/3/1930).

El clavel (de Enrique Delfíno y Manuel Romero), sin registro de grabaciones.

El clavelito (de Ángel Cabral y Reinaldo Yiso), por Miguel Montero con orquesta, Odeon 52554, matriz 24702 (13/11/1959), entre otros.

El jardín de mi madre (vals de Manuel Ortiz Araya y Héctor Marcó), por Virginia Luque con trío, RCA-Victor AVS-4618 (1978).

El jardín del amor (vals de Francisco Canaro e Ivo Pelay), por OT F. Canaro con Agustín Irusta y Roberto Fugazot, Odeon 4809-B, matriz 7174 (30/6/1932); por Ada Falcón con OT F. Canaro, Odeon 11231-B, matriz 7211 (12/8/1932); por Virginia Luque con orquesta, RCA-Victor AVS-4878 (1980).

El pensamiento (de José Martínez), «A mi apreciable amigo Samuel Castriota», por Quinteto Criollo Augusto, Atlanta faz 65490 (1913/14); por OT D'Arienzo, Victor 60-0743, matriz 80747 (26/7/1945).

El rosal (canción de Gerardo Matos Rodríguez y Manuel Romero —en la partitura figura como Julio—, su seudónimo), por Carlos Gardel con dúo, Odeon 18872, matriz SO7792 (22/7/1932).

El rosal de las ruinas (de Graciano De Leone), «Dedicado al Dr. Belisario Roldán», sin registro de grabaciones.

El rosal de los cerros (canción de Eduardo Bonessi y José De Cicco), con dos dedicatorias: «Al doctor Juan Luis Basso y señora (Eduardo Bonessi)»; «A Ignacio Corsini como agradecimiento de sus excesivas gentilezas (José De Cicco)», por Ignacio Corsini con guitarras, Odeon 18664-A, matriz 7438/1 (23/5/1933).

En mi jardín (vals de Juan Maglio y Alfredo Bigeschi), por OT E. Donato con Luis Díaz, Brunswick 1089, matriz 2573 (1931).

Eras como la flor (de Roberto Rufino y Mario Arrieta), varios registros, por Alberto Marino y su OT, Odeón 51637, matriz 19793 (9/11/1954).

Flor amarga (de José Puglia, Edgardo Pedroza y Federico Silva), por Orquesta Puglia-Pedroza con Oscar Nelson, Sondor (1952).

Flor campera (de José María Aguilar y Juan Pedro López), por Carlos Gardel con guitarras, Odeon 18800-B, matriz 4393/1e (22/7/1929) y Odeon 18929-B, matriz 4393e (22/7/1929).

Flor criolla (de Emilio Sassenus), «Dedicado al Teniente General Don Rufino Ortega», sin registro de grabaciones.

Flor de abrojo (ranchera de Ciriaco Ortiz y Nolo López), por Trío Ciriaco Ortiz, Victor 38142, matriz 93559 (6/4/1937).

Flor de amigo (de Rodolfo Sciammarella), por OT Di Sarli con Mario Pomar, Victor 1A-0497, matriz S4000 (15/6-/1955).

Flor de arrabal (de Humberto Cristante), por OT Firpo, Odeon 6367-B, matriz 2925 (1925).

Flor de arrabal (milonga de Luis Riccardi), por OT F. Canaro, con Alberto Arenas y Mario Alonso, Odeon 55459, matriz 18522 (11/8/1952).

Flor de cardo (de Miguel Correa y Eugenio Cárdenas), por Carlos Gardel con guitarras, Odeon 18134-B, matriz 2903 (1925).

Flor de cardo (A ella le gusta) (de Samuel Castriota) «Dedicado al distinguido señor Vicente H. Madero», por OT F. Canaro, Atlanta 3028 (1915).

Flor de ceibo (de Eduardo Ponzio y Armando Tagini), por OT F. Canaro con Charlo, Odeon 4496-B, matriz 3424e (31/10/1928); por Mario Pardo, Odeon 6652-B, matriz 3236e (24/9/1928).

Flor de ceibo (de Vicente Romeo), sin registro de grabaciones.

Flor de ceibo (vals de Arturo de Nava), por Roberto Firpo Odeon 8796, matriz 3206 (20/9/1928).

Flor de ceibo (milonga de Amalia de la Vega y Tabaré Regules), por Amalia de la Vega con guitarras, Sondor 754-B, matriz 3367 (c. 1950).

Flor de cobre (de Alberto Muñoz), por Claudia Tomás, Lantower CD-10028 (2004).

Flor de damasco (de Arnaldo Barsanti) «A mis estimados amigos Ortelli Hnos», por Quinteto Polito, Homokord 70699 (1913/14).

Flor de durazno (de Ángel Revide y Lucía Mario) «Dedicado afectuosamente al señor G. Martínez Zuviría», sin registro de grabaciones.

Flor de durazno (vals de José Sciaretta, Primo Cantalupi y Héctor Marcó), por Don Pepe y su Orquesta Característica, Odeon 2264, matriz 11638 (11/12/1941).

Flor de durazno (vals de Francisco Martino), sin registro de grabaciones.

Flor de fango (de Augusto Gentile y Pascual Contursi) «A nuestros amigos señores C. Gardel y J. Razzano», por Carlos Gardel con guitarras, Odeon 18012-B, matriz 33 (1918/19) y por muchos otros intérpretes.

Flor de fango (de Ángel Greatti y Alejandro J. M. Lauros), «Dedicado a mi apreciable amigo Juan Benvenuto», sin registro de grabaciones.

Flor de flor (de Julio De Caro), «Dedico este recuerdo sincero al General don Juan D. Perón y señora doña María Eva Duarte de Perón, afectuosamente», registrado en SADAIC el 4/8/1949, sin registro de grabaciones.

Flor de la pampa (de Manuel Jovés), por Amalia Molina con Orquesta Lacalle, Columbia 2231-X, matriz W 93906 (1925).

Flor de lino (vals de Héctor Stamponi y Homero Expósito), posiblemente uno de los valses más grabados últimamente. Incomparable la versión de OT Troilo con Floreal Ruiz, Victor 60-1292-B, matriz 83388 (29/4/1947); OT M. Caló con Raúl Iriarte, Odeon 30015, matriz 16047 (3/12/1946); por Horacio Molina con orquesta, Confluencia CPP 50761 (1992).

Flor de lis (vals de Pascual De Gullo), «A mi amigo Pío J. Fernández», sin registro de grabaciones.

Flor de Lis (de Enrique Rodríguez y Horacio Sanguinetti), por OT E. Rodríguez con Armendo Moreno, Odeon 7267-B, matriz 13915 (4/7/1944).

Flor de lodo (de Emilio González y Fernando González), «A la simpática señorita Elisa Ceperis, cariñosamente», sin registro de grabaciones.

Flor de loto (de Antonio Rubio Penadés y Andrés Melina), por OT Firpo, Odeón 8921-A, matriz 4878 (15/11/1929).

Flor de milonga (de Abel Bedrune y Emilio Magaldi), «Dedicado al doctor J. A. Martínez Cilveti, caballeresco y gran amigo», por OT De Caro, Brünswick 1207-B, matriz 120 (1929).

Flor de noche (de Emilio De Caro y Pedro Laurenz), por OT De Caro, Victor 79.628-B, matriz BA-744/1 (12/1/1926).

Flor de oliva (vals de Ricardo Malerba y Esteban Milanese) «Con todo respeto, al amigo Alejandro J. Beltrami», sin registro de grabaciones.

Flor de oro (de Pedro P. Gauna), sin registro de grabaciones.

Flor de oropel (de Dimas Lurbes y Enrique Carrera Sotelo) «A la distinguida Srta. Angélica Vanoli», por OT Pacho, Odeon 7545-B, matriz 1251e (26/8/1927).

Flor de pajonal (ranchera de Enrique Maciel y Pedro Blomberg), por OT. Firpo con Carlos Varela, Odeon 8949, matriz 5468 (28/4/1930).

Flor de París (de Mario Nasso), por OT Firpo, Odeon 6430-A, matriz 3603 (1925); por OT Pracánico, Electra 727-B, matriz 189 (c. 1926).

Flor de pasión (de Carlos Alberto Sánchez), por OT Firpo, Odeón 8719-B, matriz 1808e (24/11/1927).

Flor de quimera (de Oscar Beltrán), por Juan Pulido con orquesta, Columbia 2414-X, matriz W 95150 (1926).

Flor de rea (de Salvador Mérico), por OT Pacho con Carlos Viván, Odeon 9003-A, matriz 3673e (20/12/1928); por OT F. Canaro con Charlo, Odeon 4536-B, matriz 4083 (15/5/1929).

Flor de suburbio (milonga de Roberto Firpo), por Cuarteto Firpo, Odeon 3517, matriz 9796 (2/2/1939).

Flor de trapo (de Carlos Geroni Flores y Luis Roldán), «Al distinguido amigo señor César A. Roca y señora», sin registro de grabaciones.

Flor de trapo (de Doroteo Andrada), por OT Firpo, Odeon 6366-A, matriz 2895 (1925).

Flor de trigo (de Vicente Delfino), por Quinteto Polito, Homokord 70845 (17/1/1914).

Flor de un día (vals de Pedro Datta), «A mi buen amigo José Felipetti», sin registro de grabaciones.

Flor de una noche (vals de Pedro Datta), «A los distinguidos señores Luciano Pírez, Nicolás Molina y Genaro Belvisi», por OT Firpo, Odeon 476-A, matriz 55 (1916).

Flor de yuyo (de Manuel Jovés) «Al distinguido Señor Arturo A. Costa», sin registro de grabaciones.

Flor de... zanahoria (de Francisco Miraglia), por OT Pacho, Columbia TX 763, matriz 57229/2 (1913).

Flor del aire (de Eduardo Bolter Bulterini (h)) «A mi amigo Pedro Ciarlotti», por OT Ferrer, Victor 67.688-A, matriz B-16662/1 (13/10/1915); solo de piano por Bill Matthiesen (New York, 1998).

Flor del barrio (de Domingo Greco), por OT F. Canaro Odeon 4051-A, matriz 2362 (1924).

Flor del campo (de Francisco y Oscar Lomuto), por OT Firpo, Odeon 687, matriz 541 (1921); por OT F. Lomuto con Charlo, Odeon 7750-B, matriz 2180e (10/3/1928).

Flor del campo (de Arturo y Teófilo Lespes), sin registro de grabaciones.

Flor del campo (ranchera de Francisco Canaro y Jesús Fernández Blanco), por OT F. Canaro con Luis Díaz y coro, Odeon 4683-A, matriz 6047 (17/9/1930); OT F. Canaro con Ada Falcón y coro, Odeon 11198-B, matriz 6089 (24/9/1930); OT F. Canaro, Odeon, matriz 7155/1 (8/6/1932).

Flor del mal (vals de Juan Carlos Gravis), por OT D´Arienzo con Héctor Mauré, Victor 39197, matriz 39715 (12/12/1940).

Flor del Pigall (de A Lavigna), por OT F. Canaro, Odeon 4218-B, matriz 4528 (1926).

Flor del valle (de Guillermo Barbieri y Luis Garros Pe), por Carlos Gardel con guitarras, Odeon 19016-B, matriz 6879 (28/9/1931), entre otras muchas versiones.

Flor deshojada (de Vicente Spina y Fernández), por dúo Pelaia-Díaz, Electra 203 (c. 1925).

Flor deshojada (vals de Antonio Polito), por OT F. Canaro, Odeon 4736-B, matriz 6714 (29/5/1931).

Flor marchita (de Raúl Sarraceno y Spartaco Regis), «Dedicado a mi querido hermano Roque», sin registro de grabaciones.

Flor marchita (de Ignacio Corsini y Francisco Bohigas), por Ignacio Corsini con OT Firpo, Odeon 18406-B, matriz 1401 (1923); por OT Firpo, Odeon 6168-B, matriz 1199 (1923).

Flor marchita (de Juan Feliú y Carlos Lopettini), por OT Di Sarli, Victor 47156-B, matriz 44704 (14/8/1929).

Flor silvestre (vals de Augusto Gentile), «A mi estimado amigo y celebrado colega señor Francisco Canaro», sin registro de grabaciones.

Flor y flor (de Fausto Frontera), por Sexteto G. Clausi, Chopin LP-502 (c. 1975).

Flor y truco (de Silvestre Arturo Carelli), por Quinteto Criollo Carelli, Atlanta faz 65548 (1913/14).

Florcita (de Agustín Bardi), por OT Firpo, Odeon 6002-B, matriz 588 (1921); por OT Demare, Odeon 8079-B, matriz 14381 (12/1/45).

Florcita criolla (vals de Francisco Carlos Zingoni y Juan Venancio Clauso), por OT Firpo con Carlos Varela, Odeon 8984, matriz 6366 (20/11/1930).

Floreal (de Paquita Bernardo), por OT Cobián, Victor 77187-B, matriz BA-364/3 (14/8/1923).

Floreal (vals de José Fioravante Junnissi). «Dedicado con toda estima a los amigos: José Leone y Rolando Tompson», sin registro de grabaciones.

Floreando (de Román Juri y Roberto Pansera), registrado en SADAIC el 29/6/1954, sin registro de grabaciones.

Flores (vals de Juan Maglio), «A mi estimado amigo doctor Juan S. Dumas», por OT Pacho, Odeon 7561-B, matriz 2001e (6/2/1928).

Flores (de Enrique Maciel), por el dúo Ferrazzano-Flores, Victor 73414-B, matriz BA-47/11 (18/5/1922).

Flores (de Ángel Massini y Alejandro Schujer), OT Firpo, Odeon 8688, matriz 1098 (28/7/1927).

Flores artificiales (de Francisco Federico y Enrique Gaudino), por OT D. Federico con Armando Moreno, Victor 63-0178 (21/7/1952).

Flores de invierno (de Oscar Ferreira), por OT Guido, Victor 47237-B, matriz 44718 (22/8/1929).

Flores del alma (vals de Juan Larenza, Lito Bayardo y Alfredo Lucero Palacios), por Pedro Laurenz con Martín Podestá, Victor 39493, matriz 59971 (7/1/1942), entre otros.

Flores divinas (de Amado Simone y Juan Alvariñas), por OT Firpo, Odeon 6423-B, matriz 3428 (1925); por OT Pacho, Odeon 7461-B, matriz 3307 (1925).

Flores muertas (de Luis Hugue y Adolfo Muzzi), por OT Fresedo con Antonio Buglione, Odeon 5291-B, matriz 3147e (11/9/1928).

Flores negras (tango de Francisco De Caro y Mario César Gomila), por OT De Caro, Victor 79925-B, matriz BAVE-1423/1 (13/9/1927); por OT De Caro, Odeon 5463-A, matriz 12220 (16/9/1942); por OT De

Caro, Pathé P 11046-B, matriz MAI800 (19/9/1952). Existen muchísimas versiones.

Flores que nacen (vals de Augusto Berto), «Al doctor José María Vergara y al diputado nacional doctor Valentín Vergara», sin registro de grabaciones.

Flores que nacen (vals de Antonio Lagomarsino), por la Rondalla Criolla, Homokord 70453 (2/6/1913).

Flores rojas (de Remo Bernasconi), por OT F. Lomuto con Charlo, Odeon 7760-B, matriz 2568e (3/5/28).

Flores rojas (de Oscar Valpreda y Jerónimo Sureda), por OT Firpo, Odeon 8917, matriz 4898 (15/11/1929).

Flores secas (de Juan Carlos Patrón), por OT F. Canaro con Charlo, Odeon 4519-A, matriz 3786e (1/3/1929); por Charlo con OT F. Canaro, Odeon 16220-B, matriz 3790e (1/3/1929).

Flores silvestres (de Battini), por OT Doutry, Orophon 1916, matriz 28530 (1913/14).

Jardín de Francia (de Romeo Gavioli y Antonio Casciani), por Orquesta R. Gavioli, cantado por él mismo, Sondor 5012-A, matriz 1096 (Montevideo, 6/12/1944).

Jardines de África (de Astor Piazzolla), por dúo Piazzolla-Agri, Trova DA-5010 (1977).

La flor de la pulpería (ranchera de Juan Carlos Durán), por OT Maffia, Columbia Record 6007-A (1930).

La flor de los gauchos (vals de Jaime Vila y José Fernández), «Dedicamos con toda admiración a las señoritas Angela, María Luisa, Esther, Dora y Haydée Pieruccioni. Los autores», por OT F. Canaro con Ernesto Famá, Odeon 4824-B, matriz 7273 (22/10/1932).

La flor de mi china (ranchera de Próspero Cimaglia), por OT Di Cicco, Columbia (1930).

La flor del palmar (habanera de Alba Picas y Jesús Fernández Blanco), por Mercedes Simone con Trío Típico, Victor 37589-B (25/4/1934); por OT De Angelis con Carlos Dante (arreglo en tango), Odeon 52273-B, matriz 22775 (26/12/1957).

La flor del pago (estilo de Andrés Chazarreta y Martiniano Leguizamón), por Carmen Moreno con OT Firpo, Odeon 18372, matriz 4288 (1926).

La florista (de Juan Bautista Vescio), por Mercedes Simone con Trío Típico, Odeon (20/3/1936).

La florista porteña (milonga de Antonio Reynoso y Miguel Buranelli), por Juan Cao con Nina Miranda, Sondor (Montevideo, 1947).

La rosa (de Francisco Brancatti y Emilio Castaing), «Dedicado a los señores PONTI & Cia., fabricantes de la Cera Perfumada «LA ROSA»», sin registro de grabaciones.

La rosa (vals de Carlos Gardel, José Razzano y Andrés Cepeda), sin registro de grabaciones.

La violetera (de Anselmo Aieta y Francisco García Jiménez), «A los distinguidos Dr. Julio A. Bertres, Sr. Iván Moreno y al jockey José Canal, muy afectuosamente», por Carlos Gardel con guitarras, Odeon 18191-A, matriz 121e (4/12/1926) y Odeon 18191-A, matriz 472e (12/3/1927).

Los pájaros del jardín (de Carla Pugliese), por Quinteto Carla Pugliese, Fonocal (2004).

Madreselva (de Francisco Canaro y Luis César Amadori), «Estrenado por la aplaudida cancionista Tania en el Teatro Maipo». Esta página tiene incontables versiones y es, posiblemente, la más bella y difundida de su obra. Por OT F. Canaro con Charlo, Odeon 4756-A, matriz 6838 (2/9/1931); por OT F. Canaro con Ada Falcón, Odeon 11215-A, matriz 6839 (2/9/1931); por Carlos Gardel con OT F. Canaro, Odeon 18858-A, matriz 6919 (27/10/1931); por OT F. Canaro con Charlo, Odeon 4779-A, matriz 7027 (12/1/1932); por OT F. Canaro con Roberto Maida, Odeon 5084-A, matriz 9721 (18/11/1938); por OT F. Canaro con Mario Alonso, Odeon 55370, matriz 18277 (26/11/1951).

Malvón (de Oscar Arona y Francisco García Jiménez), «A nuestro barrio », por OT Tanturi con Enrique Campos, Victor 60-0316, matriz 77388 (17/11/1943).

Naranjo en flor (de Virgilio y Homero Expósito) «Al Mayor Oscar Ardito Machiavello, sinceramente. H.E.», con cientos de grabaciones, se destacan, por OT Troilo con Floreal Ruiz, Victor 60-0588, matriz 79946 (23/11/1944); por Roberto Goyeneche con orquesta, RCA-Victor AVS-4211 (1974).

Perfumada flor (vals de Juan Polito y Enrique Dizeo), por OT D'Arienzo con Jorge Valdez, RCA-Victor AVE-391, matriz KAAB1413 (26/11/1959).

Pobre flor (estilo de Carlos Gardel e Isabel Celia Canavari), por Carlos Gardel, Columbia Record T637-A, matriz 56756 (1912)

Pobre flor (Primera ilusión) (vals de Luis Mottolese y Víctor Spíndola), por OT De Angelis con Carlos Dante y Julio Martel, Odeon 3792, matriz 15257 (7/1/1946).

Pobres flores (de Francisco Pracánico y Verminio Servetto), «Al distinguido señor Tomás D. Bernard, afectuosamente», por Carlos Gardel con guitarras, Odeon 18073-B, matriz 1310 (1923).

Rosa criolla (de Nicolás Messuti y Edmundo Bianchi), «En homenaje de admiración y amistad a la Srta. Pierina Dealessi, dedica su autor», por OT Firpo, Odeon 653-A, matriz 382 (1920).

Rosas de abril (vals de Rafael Rossi y Eugenio Cárdenas), por Carlos Gardel con guitarras, Odeon 18216-B, matriz 1043e (20/7/1927) y muchas otras versiones.

Rosa de otoño (vals de Guillermo Barbieri y José Rial), «Dedicado a mi buen amigo Juan B. Zicari», por Carlos Gardel con guitarras, Odeon 18068-B, matriz 1154 (1923) y Odeon 18850-B, matriz 6485/1 (5/12/1930), entre muchos otros registros.

Rosa de pasión (vals de Eusebio Giorno y Manuel Saavedra), por OT F. Canaro con Charlo, Odeon 4754-A, matriz 6791 (22/7/1931).

Rosa Morena (Abuelita Dominga) (milonga candombe de Enrique Maciel y Héctor Blomberg), por OT Di Sarli con Roberto Rufino, Victor 39623-B, matriz 69728 (26/5/1942); por OT F. Canaro con Carlos Roldán, Odeon 5207-B, matriz 11727 (16/1/1942); por Enzo Valentino con orquesta, TK (1953).

Rosal (vals de P. I. Bartolero), «A mi estimado amigo Antonio D'Agostino», por Rondalla Criolla del Gaucho Relámpago, ERA 60.614 (1909/10).

Rosas de amor (vals de Juan Bautista Fulginiti), por Agustín Magaldi, Brunswick 1658-A, matriz 1961 (1931).

Senda florida (de Rafael Rossi y Eugenio Cárdenas), por Carlos Gardel con guitarras, Odeon 18261, matriz KI-2076/2 (22/12/1928); por Carlos Gardel con guitarras, Odeon 18810, matriz 5428/1 (15/4/1930); por Carlos Gardel con OT F. Canaro, Odeon 18856-B, matriz 6486 (5/12/1930).

Ser mina flor de cardo (de Javier González y Adriana Turchetti), por Patricia Barone, PAI CD-3072 (2004).

Un jardín de ilusión (vals de Francisco Canaro e Ivo Pelay), por OT F. Canaro con Ernesto Famá y Ada Falcón, Odeon 4893-A, matriz 7695 (4/5/1934); OT F. Canaro con Ignacio Corsini y Ada Falcón, Odeon 18670-A, matriz 7745 (13/6/1934).

Un jardín en Italia (tango europeo de Ralph Erwin), por OT Sassone, Odeon 55564, matriz 34832 (1968) y Carmusic M-529 (c. 1974).

Una rosa y un farol (de Acho Estol), por conjunto La Chicana canta Dolores Solá, edición independiente (1997).

Viejo jardín (vals de Francisco Antonio Ceraso), por Carlos Gardel con guitarras, Odeon 18848, matriz 5430/1 (15/4/1930).

Violetas (vals de Juan Maglio y Francisco Brancatti), «Dedicado a la Srta. Blanca María Benevedia, afectuosamente», por Ignacio Corsini con guitarras, Odeon 18954-A, matriz 6276/1 (4/11/1930).

Finalmente, llegamos a la conclusión que en el inmenso jardín del tango existen muchas flores más, pero hasta acá llegamos.

CAPÍTULO XIV

Los títulos procaces (prostibularios)

Largué el quilombo reo, por amor,
fui pebeta faifa, budín y fiel...[35]

Se le veía en las caderas y en
la boca, estaba armada para el tango,
nacida de arriba abajo para la farra.
Julio Cortázar

Es muy común leer en muchos escritores, algunos de ellos recién llegados al tango, la calificación de "prostibularios" a una serie de tangos antiguos, cuyas partituras originales eran para piano y sin letra, salvo alguna que otra excepción.

La única razón de esta denominación proviene exclusivamente de los títulos de esos tangos ya que carecían de versos. Títulos, que, por otra parte, en algunos casos habían contenido polcas, mazurcas, música de zarzuelas y otros ritmos anteriores al tango. Ya habían sido usados.

Entonces, la única causa de tal adjetivo parte del título, generalmente de doble sentido o con alusiones picarescas o referidos a partes del cuerpo humano o utilizando palabras vulgares o indirectamente referidos a la copulación. Ya no es el tango y su música y menos su ausente letra, es solamente el nombre del tema, de sus títulos procaces.

Todo esto sería intrascendente si no fuera que esos mismos escritores esconden, detrás de esa clasificación, una pretensión axiológica que intenta demostrar que el origen del tango fue el prostíbulo.

35- Jaez Jarbas de su poema *De otro palo.*

221

Que el tango no nació en una "cuna de oro" coincidimos todos. Pero de allí a decir que es un producto musical parido en casas de tolerancia nos parece temerario, absolutamente desacertado y hasta con un "tufillo" ideológico.

¿Cómo un escritor culto y refinado de Buenos Aires —la París de Sudamérica— podía aceptar esa música nacida en el suburbio pobre, entre gauchos y peones, entre compadritos e inmigrantes, atentatoria al decoro social —prohibida y pecaminosa—, sin exorcizarla?

Había que darle una explicación pintoresca y audaz que justificara su posterior aceptación, pero al mismo tiempo que dejara aclarado que recién a su regreso de Europa esa música arrabalera se hizo socialmente buena. Un verdadero disparate.

Qué decir de ahora, que el tango vuelve a ser escuchado en todo el mundo y con un prestigio tal, que se convirtió en música de gala en Europa y en Estados Unidos. Sucedió lo previsible, aparecieron sesudos escritores, exégetas de Jorge Luis Borges y de Ernesto Sabato, a explicarnos que es y que fue el tango. Representan una galería del snobismo más atrevido, con publicaciones llenas de errores que repiten las inexactitudes inventadas en el pasado, sin tomarse el esfuerzo de estudiar y mucho menos de investigar con un método mínimamente serio, ni siquiera digo científico. Conclusión: el tango está de moda, vende y hay que escribir sobre él.

En virtud de la economía de esfuerzos, los invito a la lectura del excelente libro de Hugo Lamas y Enrique Binda: *El tango en la sociedad porteña, 1880-1920*[36].

Por último y para terminar con este tópico, quiero aclarar una circunstancia que involucra a una de las obras viscerales del repertorio tanguero, me estoy refiriendo a *El choclo*.

En alguna publicación se incluye a este clásico de Ángel Villoldo en este grupo de tangos del lupanar, aduciendo que el título hace referencia al órgano masculino. Nada más inexacto. Irene Villoldo, hermana del compositor, se lo aclaró alguna vez al cantor Juan Carlos Marambio Catán. He aquí sus palabras: «*El choclo* era en realidad

---

36- Lamas, Hugo y Enrique Binda, *El tango en la sociedad porteña, 1880-1920*, Buenos Aires: Ediciones Héctor L. Lucci, 1998.

un personaje malevo y "fioca" que había sentado sus reales en las inmediaciones de Junín y Lavalle, a quien se le denominaba así por el color de sus cabellos». La referencia es interesante porque desmiente además, aquella frase sobre el origen del título que Francisco García Jiménez puso fantasiosamente en labios del compositor: «Pa´ mí el choclo es lo más rico del puchero». (Roberto Selles, Todotango.com, "El choclo y su curiosa adaptación en inglés")

Algunos títulos, registros y versiones fonográficas de los tangos relacionados con este capítulo:

Afeitate el 7 que el 8 es fiesta (de Antonio Lagomarsino), Registro N° 8730 (18/9/1913).

¡Al palo! (de Eduardo Bolter Bulterini), sin registro de grabaciones.

Date vuelta (de Emilio Sassenus), por Rondalla del Gaucho Relámpago, ERA 61612 (1911/12). Registro N° 2442 (4/9/1911).

¡Dejala morir adentro! (de José Di Clemente), Registro N° 27801 (10/5/1921).

De quién es eso (de Ernesto Ponzio), por Rondalla del Gaucho Relámpago, ERA 61437 (1911/12). Registro N° 2399 (17/8/1911).

Dos sin sacar (de autor desconocido), sin registro de grabaciones.

El fierrazo (de Carlos Hernani Macchi), Registro N° 7410 (26/4/1913).

El matambre (de J. B. Massa), Registro N° 6297 (17/12/1912).

El movimiento continuo (de Oscar Barabino), por OT Severino, Victor inédito, matriz G-1943/1 (4/5/1917). Registro N° 15876 (27/12/1916). Editado por Breyer.

El 606 (de Reynaldo Sales de Araujo), por Banda Municipal, Columbia T 480, matriz 55910-1 (1911).

El tercero (de A. L. Fistolera Mallié), Registro N° 28279 (24/8/1921). Editado por Ortelli Hnos.

Empujá que se va a abrir (de Vicente La Salvia), por Rondalla del Gaucho Relámpago, ERA 60642 (1909/10). Registro N° 1506 (4/5/1911).

¿En qué topa que no dentra? (de Alfredo Eusebio Gobbi), por OT Porteña, Orophon 1862, matriz 28247 (1913/14). Registro N° 7645 (28/5/1913).

Hacele el rulo a la vieja (de Ernesto Zoboli), Sexteto de la Guardia, Huinca H-1000 (1972). Registro N° 8407 (30/7/1913). Editado por Ortelli Hnos.

La c...ara de la l...una (de Manuel Campoamor), con muchos registros: por Banda de la Guardia Republicana de París, Gath & Chaves, matriz 218 (circa 1908); por OT Greco, Columbia T 218, matriz 55407-1 (1910); por Manuel Campoamor en solo de piano, Odeon A 85005 (1910); por Orquesta, Homokord 7787 (1910); por Quinteto Pirincho, Odeon 4133-B, matriz 11545 (5/11/1941) y Odeon LDS 758-A, matriz 23934 (9/4/1959); por OT D'Arienzo, Victor AVS-4047, matriz RAAM11876 (30/9/1971).

La lata (de Luciano Alfredo Bonnel), Orquesta Victor, Victor 62675-B, matriz B-8758 (28/3/1910). Registro N° 965 (6/3/1911).

Lavalle y Ombú (de Héctor G. Ventramile), sin registro de grabaciones.

Metele bomba al Primus (de José Arturo Severino), Registro N° 7673 (29/5/1913).

Pan dulce (de Ernesto Julio Rossi (h)), Registro N° 24653 (6/5/1920). Editado por Luis Rivarola.

Papas calientes (de Eduardo Arolas), con varias grabaciones, por OT E. Donato, Victor 38328, matriz 93994 (29/11/1937); por Orq. Pérez "Pocholo", Odeon 41443, matriz 19495 (19/5/1954); por OT Racciatti, Pampa PM 14033, matriz MAI-743 (25/7/1952); por OT F. Sassone, Odeon SLDI-522, matriz 28133 (16/8/1962) y Pais 5004 (1974); por OT Pontier, Victor 68-2469, matriz S-5071 (9/8/1956).

Qué polvo con tanto viento (de Pedro M. Quijano), por Cuarteto O. Bozzarelli, Estudio Gismondi TB-K2-104 (1980).

Sacudime la persiana (de Vicente Loduca), por Rondalla del Gaucho Relámpago, ERA, matriz 61039 (1911/12); por OT Argentina, Victor 65905-B, matriz B-14293/1 (7/1/1914); por OT Criolla Gobbi, Sonora 9014 y Tocasolo sin Rival 4037, matriz 28225 (1913/14). Registro N° 7268 (10/4/1913).

Se le paró... el motor (de Rómulo Pane), Rondalla del Gaucho Relámpago, ERA 60640 (1910/11). Registro N° 1505 (4/5/1911). Editado por La Salvia.

Tocalo más fuerte (de Pancho Nicolín), por Banda Municipal, Columbia T 493, matriz 55950-1 (1911); por Banda de la Guardia Republicana de París, Gath & Chaves, matriz 250 (circa 1908); por Banda de Policía, ERA Grand Record, matriz 60370 (1909/10); por Orquesta, Homokord 7389, (1910). Registro N° 1790 (2/6/1911). Editado por Poggi.

Tocalo que me gusta (de Alberto Masón), Registro N° 6160 (2/12/1912).

Tocame la carolina (de Bernardino Terés). Registro N° 14646 (2/6/1916).

Tocámelo que me gusta (de Prudencio Muñoz), por Sra. R. Delgado y Sr. Crespo con orquesta, Homokord 70257 (1913). Registro N° 5114 (12/4/1912). Editado por Ortelli.

Tomame el pulso (de Pedro Vicente Festa). Registro N° 16955 (30/6/1917).

Va Celina en punta (autor desconocido), sin registro de grabaciones.

Viejo encendé el calentador (de J. L. Bandami), sin registro de grabaciones.

EL PAMPERO
VALS
PIANO
POR EL PROF.
JOSÉ DE CARO

003862
EL LEON DE LA GUARDIA
Vals
para
Piano
Por
PASCUAL DE GULLO

Pájaro de Oro
TANGO CANCIÓN
LETRA Y MÚSICA DE
J. M. VELICH
y
F. BRANCATTI

AL
PARQUE
TANGO CRIOLLO
para PIANO por
J. V. PINI.

BARULLO EN LA BARRA
Tango Criollo
para Piano por
JUAN MARINI

"CANTILO-SOLANET"
GRAN TANGO DE ACTUALIDAD
PARA PIANO POR
U. Toranzo

"FLORES QUE NACEN"
VALS
para piano
POR AUGUSTO P. BERTO

Al leader del Partido Radical Doctor Rogelio Araya
HACIA LA CUMBRE
VALS BOSTON
PARA PIANO POR
C. MASTROIACOVO

Dedicado a los Radicales de la Pampa
RADICAL COMO GRASSI
TANGO
PARA
PIANO
POR
Maria Elena Austi

UNIÓN CÍVICA
TANGO
para Piano por
DOMINGO SANTA CRUZ

"PREGONERA" y "REMOLINO"
ALELI
TANGO
GRABADO POR
ALFREDO DE ANGELIS
OSMAR MADERNA
LETRA DE
José Rotulo
MUSICA DE
Alfredo De Angelis
JULIO KORN

CLAVEL DEL AIRE
(CANCION PORTEÑA)
Letra de Fernán Silva Valdés
Música de Juan de Dios Filiberto

Del repertorio de de José Basso
JOSE BASSO
Grabado en discos FRANCINI - PONTIER
JOSE BASSO
Claveles Blancos
TANGO
Letra de J.M. CONTURSI
Música de ARMANDO PONTIER
JULIO KORN

EL JARDIN DEL AMOR
VALS
DE LA OBRA
"LA MUCHACHADA DEL CENTRO"
IVO PELAY
FRANCISCO CANARO

EL
PENSAMIENTO
Tango
Argentino
Riquísimo
JOSÉ MARTINEZ

El Rosal de los Cerros
LEYENDA
GAUCHA
Brillante Creación del celebrado Cantor Nacional IGNACIO CORSINI
MUSICA DE
EDUARDO BONESSI
LETRA DE
JOSE DE CICCO
Ediciones Musicales

DE LA PELICULA SONORA
LUCES DE BUENOS AIRES
MUSICA DE
G.H.MATOS
RODRIGUEZ
EL ROSAL
CANCION
Letra de Julio Romero

FLOR DE CARDO
Tango Para Piano
Eugenio Cárdenas
Miguel Correa
$0.20

FLOR DE CARDO
(A ELLA LE GUSTA)
TANGO
para Piano por
Samuel Castriota

FLOR DE DAMASCO
TANGO
para Piano por
ARNALDO BARSANTI

FLOR DE MILONGA
Tango con Variación
Letra de
EMILIO MAGALDI y ABEL BEDRUNE
Música de

FLOR DE NOCHE
MUSICA DE
E. De Caro y P. Laurenz

FLOR DE TRAPO
TANGO
LETRA DE
LUIS ROLDÁN
MUSICA DE
Carlos G. Flores

Flor de un dia
6ª VALS de MODA
PARA PIANO POR PEDRO DATTA

FLOR DE UNA NOCHE
5° VALS DE MODA
PARA PIANO POR PEDRO DATTA

FLOR DEL AIRE
TANGO PARA PIANO
E. A. BOLTER BULTERINI

La Flor de los Gauchos
VALS CRIOLLO

Letra de J. Fernandez   Música de J. VILA

La Violetera
TANGO para Piano y Canto

Letra de: F. GARCIA JIMENEZ
MUSICA DE: Anselmo Aieta

Grandioso Éxito del dúo ACUÑA-DIAZ
La Flor de los Payadores
Milonga

Música y Letra de
Alberto H. Acuña
Ediciones Musicales
JULIO KORN

MADRESELVA
TANGO

Letra de L. C. Amadori   Música de Francisco Canaro

A nuestro barrio...
MALVON
TANGO
RICARDO TANTURI
F. Garcia Jimenez
Oscar Arona
JULIO KORN

Naranjo en Flor
TANGO
LETRA DE
HOMERO EXPÓSITO
MUSICA DE
VIRGILIO EXPÓSITO
RAMON SOPENA

SENDA FLORIDA
TANGO
CANCION
Insuperable creación
del inimitable cantor
CARLOS GARDEL
Letra de
E. Cárdenas
Música de
Rafael Rossi

¡Afeitate el 7
SETIEMBRE
7
SETIEMBRE
8
que el 8 es fiesta!
TANGO DRAMATICO
para Piano
por ANTONIO LAGOMARSINO

¿DE QUIEN...
ES ESO?
E. PONZIO

EMPUJÁ QUE
SE VA A ABRIR
MUSICA
Tango Criollo
VICENTE LA SALVIA

METELE BOMBA AL P...RIMUS

Tango Compadre por

J. ARTURO SEVERINO

0.50

LA C....ARA DE LA L...UNA

Tango Nº 4

MANUEL O. CAMPOAMOR

PAPAS CALIENTES

Tango Milonga

Para PIANO POR

Eduardo Arolas.

GRAN EXITO EN EL ROYAL PIGALL

¡Que Polvo Con tanto Viento

Tango

PEDRO M. QUIJANO

SACUDIME LA PERSIANA

Tango para Piano

VICENTE LODUCA

TOCAME LA CAROLINA

TANGO sobre motivos de las populares CANCIONES LA MARQUESITA y LA CAROLINA

POR B. TERES

"Este libro tuvo un final feliz gracias a la inestimable ayuda de grandes amigos: Néstor Pinsón, Enrique Binda, Luis Alposta, Enrique Espina Rawson, Héctor Lucci, Federico García Blaya, Norberto Regueira, Silvina Damiani, Raúl Naftali y el resto de componentes y colaboradores del portal Todo Tango.com.

A todos ellos, muchísimas gracias."

"Las ilustraciones de este libro fueron aportadas por Todo Tango.com y por la Academia Nacional del Tango."

LIBROS SOBRE EL TANGO Y SUS COSAS, EDITADOS POR NUESTRA EDITORIAL

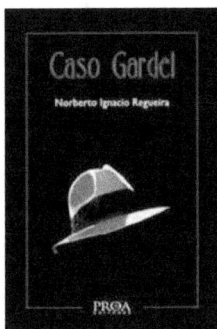

CASO GARDEL de NORBERTO REGUEIRA. La idea no es develar los misterios de un mito, si no la de explicarnos aspectos de la vida del ídolo popular del mismo modo que lo haríamos con una persona común, a partir de los hechos jurídicos de su transcurrir cotidiano.

ARCHIVO GARDEL de Enrique Espina RAWSON. Muestra de la colección más importante de objetos y documentos pertenecientes a Carlos Gardel y a su madre Berthe Gardés

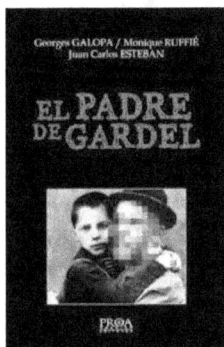

EL PADRE DE GARDEL de GEORGES GALLOPA - MONIQUE RUFFIE - JUAN CARLOS ESTEBAN. Esta breve narración no puede ser más que objetiva. No hay nada que exaltar, ni epopeya que admirar. Su condición es, hasta ahora, de absoluta provisoriedad. Está en el campo de las probabilidades pero coexisten apreciaciones y circunstancias que la acercan, legítimamente, al territorio de lo posible.

EL DESAMPARO DEL JOVEN GARDES de GEORGES GALLOPA y JUAN CARLOS ESTEBAN. Es sabido que Carlos Gardel era hijo natural y que doña Berta solía presentarse como viuda evitando toda referencia a quien no supo ser padre del hijo que había engendrado. Datos inconexos, inciertos y contradictorios alimentaron el mito en detrimento de la Historia; ya Gardel – que "tuvo" distintos lugares y fechas de nacimiento, distintas madres, distintas leyendas –, se le atribuyeron también diferentes padres.

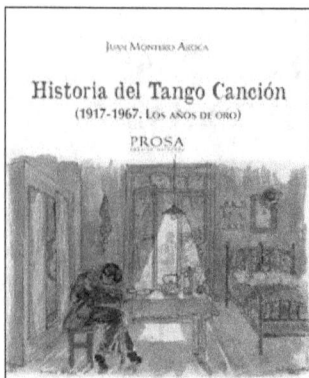

HISTORIA DEL TANGO CANCIÓN de JUAN MONTERO AROCA (1917-1967 - Los años de oro)

Resultado de años de observación y estudio de un español apasionado admirador de nuestra música ciudadana. Recorrer sus páginas ayudará a acercar conocimiento sobre los orígenes, los hacedores, los intérpretes y la historia de nuestra música y la letra de sus canciones.

El autor, en un modo asequible y sin pretensiones académicas, coloquialmente y en tono amable, le permitirá al lector compartir sus vivencias y sobre todo su amor y pasión por el tango. Un libro profusamente ilustrado.

EL TANGO LE DICE A BORGES de Enrique Espina RAWSON. "Tuve la felicidad de acompañar a Borges durante un largo trecho de su vida y de ser testigo de algunos hechos que confirman la curiosa relación que mantuvo con el tango".

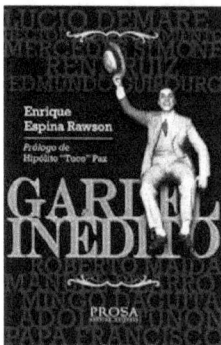

GARDEL INÉDITO de ENRIQUE ESPINA RAWSON. No todo está dicho sobre Gardel. Este libro de Enrique Espina Rawson, recopilación de antiguos reportajes inéditos, así lo demuestra.

EL FRANCES EN EL TANGO de VÍCTOR BENÍTEZ BONED. En los tiempos de Carriego, y hasta los años '30, todo argentino medio, según decía Borges, se consideraba una especie de francés honorario. Si bien en términos comerciales Inglaterra era nuestro principal proveedor y consumidor, en el terreno cultural, desde la literatura hasta la moda femenina debía provenir de Francia.

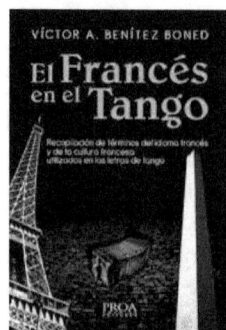

Impreso en la Ciudad Autónoma de Buenos Aires, Argentina,
enero de 2015, en Amerian S.R.L.
(011) 4815 6031 / 0448
info@ameriangraf.com.ar